Frederick Boyle

Über Orchideen

Frederick Boyle

Über Orchideen

ISBN/EAN: 9783959131032

Auflage: 1

Erscheinungsjahr: 2015

Erscheinungsort: Treuchtlingen, Deutschland

F. Boyle.

Über Orchideen.

Deutsche Original=Ausgabe,

herausgegeben von

Dr. F. Kränzlin,

Professor in Berlin.

Mit 8 Farbendrucktafeln.

Berlin.

Verlagsbuchhandlung Paul Parey.

Verlag für Landwirtschaft, Gartenbau und Forstwesen.

SW., Hedemannstraße 10.

1896.

Vorwort des Herausgebers.

Das Buch, welches hier in deutscher Sprache zu allen denen reden soll, die für Orchideen, ihre Kultur und alles, was auf sie Bezug hat, ein reges und stetes Interesse haben, ist von einem Manne verfaßt, welcher als ästhetisch gebildeter und für sein Thema leidenschaftlich begeisterter Laie zu Laien redet. Er will begeistern, wie er selber begeistert ist; er will den Orchideen Freunde erwerben bei allen denen, welche einer Freude an Pflanzen und ganzer Hingabe an die Kultur ihrer Lieblinge fähig sind; er will ein Glück und eine innere Genugthuung, welche er selber tagtäglich erfährt, so vielen Menschen zu verschaffen suchen, als ihm möglich ist. Er versucht alle Mittel der Überredung, in allen Formen, die nach unserem kontinentalen Geschmack oft gar zu opulente Schilderung der Schönheit nicht minder, wie die Ableugnung der Schwierigkeiten ihrer Kultur, die Hoffnung auf möglichen Gewinn durch vorteilhafte Käufe, wie die verlockende Aussicht auf eine mit glücklicher Hand gezogene Hybride. Alles und jedes, was irgend sich beibringen läßt, führt der Autor ins Feld, um den Orchideen und ihrer Kultur neue Gläubige zu gewinnen. Ein Prophet, der an die Lehre glaubt, welche er predigt, und sie ausbreiten will!

Daß Herr Boyle bei den Schilderungen seiner gärtnerischen Versuche und bei den Ratschlägen für beginnende Orchideenzüchter zunächst an England gedacht hat, ist natürlich; aber der Grundgedanke des Werkes gilt auch für unsere Verhältnisse, und auch für uns gelten die Sätze, daß Probieren über Studieren geht, und daß eine ehrliche Begeisterung und Liebe zu den Pflanzen mancher Schwierigkeiten Herr wird, welche zuerst unüberwindlich schienen.

Ich muß noch ein paar Worte über meinen Anteil an der deutschen Ausgabe hinzufügen. Ich erhielt von dem Verleger, Herrn Dr. Parey, das fertige Manuskript mit der Bitte, es einer genauen Revision zu unterziehen, welche freilich dringend nötig war. Die Anfangskapitel hatte ich ganz neu zu übersetzen; bei den späteren Kapiteln, welche von vornherein besser übersetzt waren, habe ich mich darauf beschränkt, die Anglicismen 2c. zu beseitigen, habe aber sonst den Autor zu Worte kommen lassen. Hätte ich mich zu einer vollständigen Umarbeitung des Werkes entschlossen, wozu man mich, wie ich noch einmal bemerke, nicht aufgefordert hatte, so würde ich, so sehr ich den Grundgedanken des ganzen Buches billige, doch sehr vieles anders ausgedrückt haben. In einigen Fällen habe ich durch Noten unter dem Text meiner Ansicht Ausdruck gegeben, aber ich habe mir auch hierin Beschränkung auferlegt. Ein Botaniker muß ja notwendigerweise manches anders beurteilen, als ein Liebhaber, und ich habe es auch hier vorgezogen, den Autor seine Sache allein führen zu lassen. Dies vorweg zu bemerken hielt ich der Kritik gegenüber für erforderlich. — Ich hoffe für den Autor wie für den Verleger, daß das Buch viele Freunde finde und dem Zwecke diene, welchem der Autor sich und seine Feder gewidmet hat: Freude und Begeisterung für die Kultur der Orchideen zu erwecken. Niemand wird es aus der Hand legen, ohne die Befriedigung, welche uns dann überkommt, wenn wir auf eine ganze, aus einem Stück bestehende Persönlichkeit stoßen, und das ist hier der Fall. Dies muß und wird zweifelsohne auch denjenigen Lesern die Lektüre des Buches angenehm machen, welche in dieser oder jener Beziehung anderer Anschauung sind.

Berlin-Gr. Lichterfelde, Frühling 1896.

Dr. F. Kränzlin.

Inhalt.

Einleitung.

Der Zweck, welchen ich durch dies Buch erreichen wollte, ist am klarsten in einem Briefe dargelegt, welchen ich vor einigen Monaten an eine Zeitungs-Redaktion richtete und welchen ich hier im Wortlaut mitteile:

„Ich bin Ihnen dafür dankbar, daß Sie Ihre Leser auf mein kleines Werk aufmerksam machten, in welchem ich mir Mühe gab, zu beweisen, daß es auch für Personen mit bescheidenem Vermögen sehr wohl möglich sei, sich das Glück des Besitzes einer Orchideensammlung zu verschaffen. Diese Erkenntnis allgemeiner zu machen, erachte ich für den Beitrag, welchen ich zu dem Glück meiner Mitmenschen beisteuere, und ich bilde mir ein, daß er ebensoviel wert ist, als manches Wort, welches von Kanzeln oder politischen Rednerbühnen herab gesprochen wird. In einem Punkte aber irrt sich Ihr Berichterstatter, indem er mir zugleich ein Kompliment macht, nämlich darin, daß ich über eine besondere Befähigung zur Orchideenkultur verfügen müsse, wenn es mir möglich sei, diese mit nicht größeren Kosten zu betreiben, als jede andere Kultur von Gewächshauspflanzen und — ohne Gärtner. Ich bin in der glücklichen Lage, eine Menge von Herren zu kennen und einige Damen dazu, welche nach keiner Richtung hin besser daran sind, als ihre Nachbarn und welche, gleich mir, auch keine besonderen Schwierigkeiten gefunden haben. Wenn nun das Vergnügen, welches diese Leute haben, auch nur zu einem geringen Teil durch meine Aufsätze veranlaßt ist, so habe ich meinen Zeitgenossen wenigstens etwas Gutes gethan."

In der Hoffnung, dies erreichen zu können, habe ich frühere Aufsätze zusammengestellt und sehe mit einiger Genug=thuung, daß kaum irgend eine Angabe der Verbesserung bedarf, obwohl manche der Artikel vor Jahren geschrieben sind; aber es geht in diesem Zweige des Wissens, wie in jedem anderen, wer studiert, sammelt fortwährend neue Thatsachen. So habe auch ich versucht, meine Essays entsprechend neuzugestalten, besonders durch Hinzufügung der Artikel über „Bastarderzeugung", ein Thema, für welches das große Publikum bisher kein Interesse hatte, weil es absolut nichts davon erfuhr; denn thatsächlich hat sich niemand die Mühe gegeben, einen Bericht über die wundervollen und überraschenden Ergebnisse zu verfassen, welche auf diesem Gebiete gerade in den letzten Jahren erzielt worden sind. Es liegt nicht in dem Rahmen meines Werkes, den ganzen Umfang dieser Arbeiten darzulegen, jedoch wird jeder, der sich nicht durch die Überschrift des Kapitels abschrecken läßt, finden, wie hochinteressant der Gegenstand ist.

Diese Essays sollen nicht mehr und nicht weniger sein, als Plaudereien eines Mannes von Bildung über Orchideen. Sie enthalten natürlich eine Menge von Thatsachen, welche, wo es nicht zu umgehen war, etwas ausführlich dargelegt sind, sich aber wohl kaum irgendwo in knapperer Form be=handelt finden. Da mich alles interessiert, was Orchideen angeht, so habe ich mir erlaubt, dies bei anderen vorauszu=setzen. Denn es ist bei mir zum Glaubensartikel geworden, daß alles, was einen Gebildeten interessiert, alle Gebildeten interessieren müsse, sofern es nur in einer klaren und an=sprechenden Form vorgetragen wird. Bisher haben Gelehrte und Fachmänner die Freuden der Orchideenkunde auf ihre Art genossen. Sie haben unendliche wissenschaftliche Arbeiten darüber geschrieben, welche in wissenschaftlichen oder Garten=

bauwerken eingesargt sind. Wenige Menschen ahnten, daß
hinter dieser trockenen Außenseite ein erfreulicher Kern stecke.
Orchideen waren von etwas Geheimnisvollem umgeben, ab und
zu drang eine kurze Notiz in die Zeitungen, daß diese oder jene
Pflanze mit einem unglaublichen Namen zu irgend einem fabel=
haften Preise gekauft oder verkauft worden sei. Derartige Nach=
richten tragen in den Augen des Publikums wesentlich dazu
bei, die ganze Frage noch unnahbarer zu machen, und es ist
höchste Zeit, daß dieses Vorurteil dauernd beseitigt wird. Viel=
leicht trägt dies Buch mit dazu bei, und dann hat es seine
Schuldigkeit gethan — wenn es Leser findet.

Die farbigen Tafeln sind verkleinerte Reproduktionen der
Meisterwerke des Herrn Moon und der „Reichenbachia"[1] ent=
lehnt. Ich verdanke die Erlaubnis, sie benutzen zu dürfen,
der Liebenswürdigkeit des Herausgebers dieses Prachtwerkes,
Herrn Friedr. Sander.

Genaue Kulturanweisungen habe ich nicht gegeben.
Niemand ist mehr überzeugt, als ich, daß ein derartiges Buch
hochnotwendig ist; denn niemand hat durch unangenehmere und
kostspieligere Mißgriffe die falschen Angaben der landläufigen
Bücher so zu büßen gehabt, als ich. Obwohl für Anfänger
bestimmt, sind diese Bücher sämtlich doch nur für Eingeweihte

---

[1] Reichenbachia. Chromolithographische Abbildung, Beschreibung
und Kulturanweisung der schönsten Orchideen. Unter Mitwirkung
wissenschaftlicher Autoritäten herausgegeben von F. Sander in St. Albans,
England. Gr. Folio. In Heften à 4 Tafeln nebst Text in deutscher,
englischer und französischer Sprache. Berlin, Verlagsbuchhandlung
Paul Parey. 12 Hefte bilden einen Band. Subskriptionspreis
à Heft 10 M.
    Bereits erschienen:
Erste Serie, Band 1, 48 Tafeln mit Text, 1889.   220 M.
         „   2, 48 Tafeln mit Text, 1890.   120 „
Zweite Serie, „   1, 48 Tafeln mit Text, 1892.   120 „
         „   2, 48 Tafeln mit Text, 1894.   120 „

geschrieben. Und dies ist ganz natürlich. Jeder, welcher es, worin es immer sein mag, zu einer gewissen Fertigkeit gebracht hat, besitzt erfahrungsmäßig keine Vorstellung mehr von der absoluten Unwissenheit des Anfängers. Er nimmt unwillkürlich eine gewisse Summe von Kenntnissen als selbst= verständlich an, und er wird es vernachlässigen, den Schüler über die allerersten Lehrsätze zu unterrichten, obwohl diese die wichtigsten sind. Sodann sind Gärtner in der Regel nicht in der Lage oder daran gewöhnt, das, was sie sagen wollen, formell genügend zu beherrschen und es in der richtigen Art und Weise auszudrücken, dergestalt, daß sie sicher sind, von dem Publikum, für welches sie schreiben sollen, durchaus ver= standen zu werden, namentlich von solchen Leuten, welche noch keine Ahnung von der Sache haben.

Die kurzen Angaben in der „Reichenbachia" sind vor= trefflich, aber wer citiert gern Notizen, welche in Foliobänden zerstreut sind! Veitch's Manual of Orchidaceous Plants ist ein Muster von Klarheit und eine Fundgrube des Wissens. Die verschiedenen Auflagen von Williams' Orchid-Grower's Manual haben den Wert des Buches erwiesen, und ich trage kein Bedenken, dies für das nützlichste der mir bekannt ge= wordenen Werke zu erklären, aber alle sind nur für Leute ge= schrieben, welche die Anfangsgründe hinter sich haben. Dies ist der Grund, weshalb ich einige Winke über die Kultur hin= zugefügt habe, und ich halte sie keineswegs für nutzlos. — Sollte dies kleine Buch eine weitere Auflage erleben, was ich in Anbetracht der vielen Vorarbeiten wünschen muß, so will ich gern noch einmal den Lesern wiederholen, wie absolut un= wissend ich selbst vor 8 Jahren war, und meinen neugeworbenen Genossen mitteilen, wie man Orchideen kultiviert.

Erstes Kapitel.

Wie ich es anfing, Gartenbau zu treiben.

Um meine kleine Villa und alles, was sie enthält, hat sich bei meinen Bekannten ein ganzer Kranz von Sagen gebildet, von denen noch jetzt die eine oder andere erzählt wird. Ich habe dafür gesorgt, daß zu den Wundern meines Hauses noch weitere hinzugekommen sind. Meine Lehr= und Wanderjahre sind vorüber, aber indem ich diesen glücklichsten Teil meines Lebens sehr wider meinen Willen schließe, bleibt mir wenigstens der Trost, daß ich eine hoch interessante Beschäftigung gefunden habe, welche besser zu ergrauten Haaren paßt. In diesem Buche handelt es sich allerdings mehr um mein Orchideenhaus als um mein Haus selbst. Ein Mann, welcher in seiner Jugend wenig Botanik gelernt und dies Wenige möglichst vollständig vergessen hat, entschließt sich nicht leicht zu diesem Gebiet der höheren Gartenkunst, und im Gefühl seiner absoluten Unwissenheit wird er allen den übertriebenen und abenteuerlichen Gerüchten Glauben schenken, welche sich an Orchideen und ihre Kultur knüpfen, und da Aufklärung eine langsam arbeitende Macht ist, wird ein solcher Mann seinen Weg an den Fehlern messen können, welche er gemacht hat, bevor er zum Ziele gelangte.

Mein Grundstück ist annähernd 900 qm groß. Ziehen wir hiervon den Platz für das Haus und die notwendigen Wege ab, so bleibt ein äußerst winziges Stückchen Land übrig, und viele leidlich begüterte Leute in den Vororten

verfügen über Gärten von größerem oder gleichem Umfang.
Die Lage des Grundstückes ist in der Hauptsache eine nörd=
liche, was bekanntlich auch kein Vorzug ist. Auf dieser Seite
habe ich zwischen Haus und Gartenzaun 14 m Abstand,
auf der Ostseite 16 m, auf der Südseite 19 m und auf
der Westseite nur einen schmalen Gang. Wer sich diese Ab=
messungen klar zu machen sucht, wird im besten Falle lachen,
andernfalls die Nase rümpfen und sagen: Das soll ein Garten
sein, über welchen der Herr eine Studie schreiben will? Es
mag Platz genug sein, ein Paar Hunde unterzubringen, oder
eine Partie Lawn-tennis zu spielen, oder einen Teppich zu
klopfen, vielleicht reicht es sogar für eine Versammlung aller
derjenigen Gebildeten, welche Herrn Gladstone aufrichtig be=
wundern, aber nimmermehr für einen leidlichen Garten mit
Rosen, um sie körbeweis zu schneiden, mit Beerenobst, um
Fruchtgelee für eine Familie zu kochen, mit Champignons,
Tomaten, Wasserrosen und Orchideen. Die indischen Gaukler,
welche auf der Veranda eines Bungalow in 20 Minuten einen
Mangobaum hervorwachsen lassen, mögen so etwas fertig
bringen, aber ein ehrlicher Christenmensch nicht. Und doch
versichere ich allen Ernstes, daß ich nicht nur dies fertig
gebracht habe, ich gedenke sogar an die Glaubenskraft meiner
Leser noch ganz andere Anforderungen zu stellen.

Als ich vor nun 16 Jahren meinen Garten zuerst in
Augenschein nahm, stand vor der Vorderthür eine große Cypresse
inmitten eines runden Beetes, auf dessen größerer Hälfte über=
haupt keine Blumen gediehen, auf der kleineren aber nur in
verkümmertem Zustand. Dieser Platz war eingeschlossen von
einem Fahrweg; eine dichte Reihe von Linden, von Cypressen
unterbrochen, überwucherte die Stackete auf allen Seiten, ein
dichtes kleines Bosquet verdeckte die Hinterthür, eine Trauer=
esche, übrigens ein schöngewachsener Baum, stand an der Ost=
seite. Der Anblick dieser hübschen grünen Waldlichtung war

ganz eigenartig, aber ein Kind konnte einsehen, wie groß nach
Abzug des Schattens der verfügbar gebliebene Raum für Gras
und Blumen sein konnte, und wie jammervoll das Aussehen
beider war. Außerhalb dieses dichten Gebüsches war der ver=
fügbare Platz mit Kartoffeln bepflanzt und mit einem großen
Gehege für Hühner besetzt.

Zunächst verpflanzte ich meine Cypresse. Man sagte
mir, Bäume von solcher Größe seien nicht mehr verpflanzbar,
aber es ging trotzdem, und jetzt füllt dieser Baum einen vor=
mals leeren, seitabliegenden Platz in angenehmster Weise aus.
Den Fahrweg ließ ich beseitigen und schuf einen genügend
breiten Fußweg. Alsdann fällte ich eine ganze Anzahl Bäume,
und nun konnte das liebe Sonnenlicht endlich wieder einmal
in meinen Garten scheinen; dann beseitigte ich das Gebüsch
und die Hühnervolièren, deren Bestandteile ich zur Verstärkung
der Umzäunung verwandte, und schließlich auch die Kartoffeln
— kurz, ich machte tabula rasa. Dann entließ ich meine
Arbeiter und begann nachzudenken. Ich hatte die Absicht,
mein eigner Gärtner zu sein; da ich aber schon vor 16 Jahren
einen Abscheu vor dem Bücken hatte und das Knieen mir schwer
fiel, so war ich genötigt, die Beete zu erhöhen. Als ich nach
Jahr und Tag von einer Reise zurückkehrte, fand ich, daß die
eichenen Pfosten, mit welchen die hohen Beete abgesteift waren
und welche aus jungem Holz bestanden hatten, sämtlich ver=
fault waren. Um diesem Übelstand ein für allemal vorzu=
beugen, wählte ich Thonröhren als Pfosten, die erste meiner
Ideen, welche nachträglich die Billigung berühmter Autoritäten
gefunden hat. Erstlich geben sie den Insekten keinen Unter=
schlupf, sodann können sie mit Erde gefüllt als Blumentöpfe
dienen und irgend eine hübsche Schaupflanze aufnehmen, eine
Lobelia, ein Pyrethrum, eine Saxifraga oder was sonst, und
es läßt sich so mit einer festen Kante ein sehr gefälliger An=
blick vereinigen. Aber noch immer mußte ich mich bücken, und

natürlich fiel mir dies mehr und mehr lästig. Eines Tages blitzte ein Gedanke in mir auf, ein Gedanke, welcher später das leitende Prinzip meiner Gartenkunst wurde und vielleicht diese ganze Abhandlung lesenswert macht. Warum sollte ich nicht alle Beete auf einer mir zusagenden Höhe haben, welche mir das Bücken ersparte? Da kein Gärtner früher auf einen ähnlichen Einfall geraten war, so. erschien der Kostenpunkt zunächst als das einzige Hindernis. Da ich gerade damals für längere Zeit von Hause abwesend sein mußte, gab ich den Befehl, daß kein Müll oder Abfall das Haus verlassen sollte, und fand natürlich bei meiner Rückkehr einen gewaltigen Haufen davon vor. Damit nicht genug, schloß ich mit den Straßen= reinigern einen Vertrag und erhielt von ihnen Kehricht zu 1 Schilling die Fuhre.¹) Indem ich mit den Grenzen meines Grundstücks begann, führte ich einen Wall von 3 Fuß Höhe auf, bepflanzte die Grenze mit Strauchwerk und ließ einen hübsch breiten Rand für Blumen. Dies gelang über Er= warten; denn alles, Blumen wie Sträucher, trieben und blühten in diesem Kompost und unter dem Einfluß des Sonnen= lichtes so schön, daß ich auf diesem Wege weiterzugehen beschloß.

Der Boden des Gartens ist schwerer Kies also für Rosen ganz besonders ungünstig, und in noch nicht weit zu= rückliegender Zeit war mein Garten ein Sumpf. Der kleine Rasen= fleck sah nur im Hochsommer erträglich aus. Die Rosenfrage nahm ich zuerst in Angriff. Die Büsche und Hochstämme standen hinter dem Hause, auf der Südseite natürlich, aber eine Reihe von

---

1) Die Abfuhr des Straßenkehrichts macht in vielen Städten Englands viel größere Kosten, als bei uns in Deutschland, dasselbe gilt von der ausgeschachteten Erde bei Neubauten, welche geradezu eine Kalamität werden kann. Der Preis, 1 Schilling für die Fuhre Straßen= kehricht, bedeutet für die Lieferanten ein geradezu glänzendes Geschäft. — Anmerkung des Übersetzers.

Obstbäumen begann ernstlich sie zu beschatten. Erfahrene Leute versicherten mir, daß, wenn ich meine Wälle so hoch aufführte, als ich beabsichtigte, die Bäume unweigerlich eingehen würden. Ich ließ die Warnung unbeachtet, und — meine Bäume gingen nicht ein. Der erhöhte Wall bildet einen auf der Innenseite 9—10 m breiten Halbmond mit 22 m Entfernung zwischen den Hörnern und nach hinten hinter den Obstbäumen viereckig abschneidend. Dort läuft ein Weg entlang, zwischen dem Wall und dem Gartenstacket, und in dem schmalen Raum beiderseits ziehe ich Pflanzen, welche man nicht leicht zu kaufen bekommt, wie Kerbel, Schnittlauch und Esdragon; auch habe ich dort Beete von Sellerie und Mistbeetkästen, welche zur Sommerzeit, wo sie nicht zur Anzucht von Pflanzen gebraucht werden, einige Gurken enthalten. Nicht ein Zoll Boden in meinem Garten ist unbenutzt.

Der Halbmond also ist mit Rosen besetzt. Nachdem das Erdreich des erhöhten Walles sich soviel als möglich gesenkt hatte, stand es noch ca. $^3/_4$ m über dem Pfade; in dieser Höhe trotzten sie jahrelang der Beschattung, und zum größeren Teile werden sie dies fernerhin thun, mindestens so lange, als ich ein Interesse daran habe, daß dort Rosen gedeihen. Trotzdem blieb ein Platz übrig — zum Glück der unwichtigste des ganzen Gartens — wo der von Jahr zu Jahr dichter werdende Schatten die Oberhand gewann, und den ich ihm überlassen mußte. Dort pflanzte ich Saxifraga hypnoides, durch deren Rasen im Frühling Primeln, verschiedene Zwiebelgewächse, alsdann Glockenblumen hervorbrechen, während Töpfe von Scharlach-Geranium und ähnliche Pflanzen den Rand des grünen Teppichs bilden, Pflanzen, welche man je nach Bedarf und Wunsch durch andere ersetzen kann. Die Verwendung dieser Saxifraga ist in der That eine meiner besten Ideen. Da ich fand, daß Gras auf dem steilen Abhang meiner Dämme nicht gedeihen wollte, besetzte ich sie mit einzelnen

Büscheln dieser Pflanze, welche sich ausbreiteten, bis sie sich zu=
sammenschlossen und einen, das ganze Jahr hindurch dauernden
grünen Teppich bildeten, welcher im Frühling zur Blütezeit
weiß erscheint, wie eine unberührte Schneedecke. So also sind
die Pfade meiner Rosenbeete gesäumt, und eine hübschere
Kante ist schwerlich denkbar.

Bei einem so beschränkten Raum ist die Auswahl von
Rosen von Wichtigkeit. Ich habe den Thee=Rosen, Noisette=
Rosen und besonders den Bengali=Rosen den Vorzug gegeben,
da gewisse Rosensorten zu viel Platz fortnehmen. Heute, in
der zweiten Hälfte des Oktober, kann ich 50 Rosen pflücken,
und ich hoffe jeden Morgen, bis zu Ende des Monats, diese
Anzahl zu haben, vorausgesetzt, daß der Oktober hell und
sonnig bleibt. Von den Bengali=Rosen haben sich besonders
zwei Varietäten bei mir bewährt, nämlich Camoëns und Mad. J.
Messimy; ihre Färbung ist völlig anders, als die der anderen
Rosen, die Blumen sind außerordentlich graziös und der Wuchs
ist kräftig.

Der winzige, aber trotzdem recht unangenehme Rasen=
fleck wurde nächstdem in Angriff genommen. Ich hob den
Rasen auf, setzte Drainröhren die Wegkante entlang, füllte
mit Straßenkehricht auf bis zur Höhe der Röhren, und legte
den Rasen wieder darauf. In jede Röhre kam eine Epheu=
ranke, und jetzt bilden die Drainröhren ebensoviel grün um=
rankte Säulen an beiden Seiten des Pfades. — Dergestalt
ist nun in meinem ganzen Garten jedes Stück mit Ausnahme
der Wege über sein ursprüngliches Niveau gehoben, stellen=
weis so hoch, daß es unmöglich ist, vom Wege aus über die
Häupter der Pflanzen hinwegzusehen. Jeder Gärtner wird
verstehen, wie üppig unter diesen Verhältnissen die Pflanzen
gedeihen. Enthusiastische Besucher behaupten sogar, ich hätte
„Scenerie", malerische Effekte und reizende Überraschungen in
diesem Garten von noch nicht 900 Quadratmeter Größe. —

Wie dem sein mag, ich habe sicher Blumen in Hülle und Fülle, Früchte und — völlige Abgeschlossenheit. Obwohl es überall Häuser in der nächsten Nachbarschaft giebt, so ist von ihnen, solange die Bäume belaubt sind, doch nur an gewissen Stellen ein kleines Stückchen sichtbar.

Zweites Kapitel.

Ich war also mein eigener Gärtner. Vor 16 Jahren verstand ich nicht das Mindeste von der Sache, und der Gang meiner Erziehung war ebenso amüsant wie kostspielig (ein nachgerade etwas abgenützter Witz). In diesen so weit zurückliegenden Tagen waren die Geranien, die harten, ausdauernden Stauden und ähnliche jetzt häufige Sachen ziemlich unbekannt. Emsig studierte ich die Kataloge der Züchter, ich hielt Umschau, nicht nur nach Neuheiten, sondern nach interessanten Neuheiten. Keine von allen diesen Pflanzen gedieh, soviel ich mich erinnern kann. Ungeduldig und verstimmt faßte ich einige höchst merkwürdige Entschlüsse, um aus meiner Unwissenheit in gärtnerischen Dingen herauszukommen. Einer dieser Entschlüsse, dessen ich mich noch erinnere, war der, nur Zwiebelgewächse zu kultivieren. Mit Zwiebelgewächsen giebt es keinen Ärger, man pflanzt sie und sie thun ihre Schuldigkeit und blühen. Ein liebenswürdiger Freund in Kew[1]) unterzog sich der Mühe und stellte eine Liste von Pflanzen

---

[1]) Kew, an der Themse oberhalb Londons gelegen, ist berühmt durch die Royal Gardens und das Royal Herbarium. Beide Institute sind die reichsten ihrer Art und der Centralpunkt, an welchen alle An=

zusammen, welche, wenn alles gut ging, das ganze Jahr hin=
durch blühen sollten. Aber siehe da, der Hochsommer zeigte
eine klaffende Lücke, also gerade diejenige Zeit, zu welcher
Gärten am schönsten sein sollen. Gleichwohl ließ ich die
Idee noch nicht fallen, sondern sandte meine Liste an Gardener's
Chronicle zu einer ungefähren Schätzung der Kosten. Diese
beliefen sich auf einige hundert Pfund Sterling, und darauf=
hin ließ ich die Idee fallen.

Mein liebenswürdiger Freund gab mir jedoch eine andere
Idee ein, für welche ich sein Andenken stets segnen werde.
Er machte mir klar, daß Zwiebelgewächse stets steif und ge=
zwungen aussehen, wenn man sie nicht in großen Mengen
pflanzt, wie man es leicht mit den billigeren Sorten, wie
Tulpen und ähnlichen, thun kann. Ein Hintergrund von
niedrigen, lebhaft gefärbten, einjährigen Pflanzen würde dazu
beitragen, diesen Übelstand abzuschwächen. Ich befolgte den
Wink und befolge ihn bis zum heutigen Tage, wo ich mehr
von der Sache verstehe. Seit dieser Zeit sind Frühlings=
Zwiebelgewächse eine Spezialität meines Gartens geblieben.
Ich kaufe sie jährlich im Herbst bei Protheroe & Morris in
Cheapside, aber nicht nach den mir zugesandten Katalogen, und
komme auf diese Art verhältnismäßig billig dazu. Nachdem
ich meine Tulpen, Narcissen und ähnliche hohe Pflanzen
untergebracht habe, fülle ich den Grund der Beete mit Myosotis
oder Silene pendula oder beiden, welche während des
Winters grün bleiben und im Frühling einen dichten Teppich
bilden.¹) Durch ihn hindurch brechen dann die Tulpen, die
schneeweißen Narcissen und die großen goldgelben Glocken des
Daffodill (Narcissus Pseudo-Narcissus) und sehen auf diesem

_____

fragen gärtnerischen und botanischen Inhalts aus England und allen
britischen Kolonien gerichtet werden.

¹) Ist in dem milden Klima von Südengland möglich, bei uns
jedoch absolut undenkbar. — Anmerkung des Übersetzers.

Untergrund viel schöner aus, als auf nackter Erde. Ich möchte die Bemerkung wagen, daß kein Garten auf Erden besser aus= sehen kann, als der meinige, wenn alle diese Zwiebelgewächse mit den Pflanzen, welche ihren Untergrund bilden, gleichzeitig blühen. Ich habe diese Art der Bepflanzung noch nie ander= wärts gefunden.[1])

Noch eines anderen Projektes erinnere ich mich. Wasserpflanzen brauchen bekanntlich keine besondere Pflege, der geschickteste Gärtner kann sie nicht verbessern und der un= geschickteste sie nicht verderben. Ich hatte thatsächlich die Idee, meinen Rasenplatz in ein mit Portlandzement aus= gemauertes Bassin von 2 Fuß Tiefe umzugestalten, welches mit einem Heizapparat versehen werden sollte, um darin tropische Nymphaeaceen und ähnliches zu kultivieren. Die Idee war nicht ganz so thöricht, als Laien es sich vielleicht vorstellen, denn zwei meiner Bekannten haben thatsächlich Victoria regia in offenen Gartenteichen kultiviert, allerdings hatten sie mehr als nur ein Paar Quadratmeter Gartenland.[2]) Ich würde den Plan auch durchgeführt haben, wenn ich sicher gewesen wäre, für die dazu nötige Zeit in England bleiben zu können. Inzwischen ließ ich zwei große Holzkästen und einen kleineren, auf Füßen stehenden konstruieren, welche innen mit Zinkblech ausgekleidet wurden. Meine Herren Sachverständigen hatten viel Freude an meinem Unternehmen und weissagten mir, daß weder Fisch noch Pflanze in diesen Zinkgefäßen

[1]) Daß diese Art der Bepflanzung selten vorkommt, ist richtig: empfohlen ist sie mehrfach in Gardener's Chronicle und auch in den Publikationen des Berliner Vereins zur Beförderung des Gartenbaues. — Anmerkung des Übersetzers.

[2]) Nein, die Idee ist gar nicht so übel und ist auch bei uns u. a. von den Kommerzienräten Borsig in Moabit und Gruson in Buckau bei Magdeburg ausgeführt. Diese Herren hatten aber außer großen Bassins auch eine sehr ausgiebige Heizung zur Verfügung.

leben könnten. In bezug auf Punkt 1 hatten sie recht, aber
im Punkt 2, welches doch ihre eigenste Domäne war, irrten
sie sich wieder einmal gründlich. Jahre lang kultivierte ich
alle Arten von Nymphaeaceen und sonstigen Wasserpflanzen,
welche vortrefflich gediehen, bis meine großen Bassins leck
wurden. Inzwischen hatte ich das ABC der Festlandgärtnerei
gelernt, ließ die Bassins nicht wiederherstellen, sondern machte
einfach Löcher in den Boden, pflanzte Pampasgras und bunt=
blättrige Eulalia in die Mitte, andere ornamentale Gräser an
den Rand, umgab das Ganze mit Lobelia und erneuerte so
im Hochsommer das liebliche Bild der Frühlingsflora. Im
nächsten Jahre werde ich die Bassins mit Anomatheca cruenta bepflanzen, dem am schönsten blühenden Grase, wenn
dieser Ausdruck bei Gräsern überhaupt zulässig ist. Diese
reizende südafrikanische Pflanze ist wenig bekannt, ich hoffe
aber, daß meine Leser mir für diese Notiz Dank wissen werden.
Sie werden den von den Händlern geforderten Marktpreis
sicherlich hoch finden, aber die Pflanze läßt sich ohne große
Schwierigkeit dazu bringen, Samen zu tragen und dann ver=
mehrt sie sich rasch. In meinem geschützt liegenden Garten
finde ich Anomatheca ziemlich widerstandsfähig. Der kleine
Zinkbehälter existiert noch und beherbergt Nymphaea odorata,
von der ich jährlich einige Blüten ernte, hauptsächlich ist
er aber dem Aponogeton distachyum überlassen, der Kap=
Lilie. Sie trägt bei mir im offenen Bassin reichlich Samen
und wenn dasselbe tiefer läge, würden ihre eigenartigen,
stark duftenden Blütenstände so dicht stehen, wie die Gras=
halme um das Bassin herum, ein Anblick, wie man ihn im
Garten des mir befreundeten Herrn Harrison in Shortlands
sehen konnte. Da mein Bassin 2 Fuß über dem Niveau des
Bodens lag und die Luft es von allen Seiten umwehen
konnte, so fror jeden Winter sein ganzer Inhalt, Boden und
alles, zu einem soliden Eisblock zusammen. Daß eine Kap=

pflanze eine solche Behandlung aushält, ist ganz und gar
gegen die landläufigen Angaben der Bücher, aber meine starken
Aponogeton hielten diese Temperaturen aus, nur die jungen
Pflanzen gingen zu Grunde. Trotzdem die Notiz von ge=
wissem Werte sein mag, halte ich es doch für besser, die
Knollen dieser Pflanze frostfrei zu überwintern.

Da ich nun über Wasser verfügte, so mußte mein Augen=
merk darauf gerichtet sein, die Nacktschnecken zu vernichten,
indem ich ihre natürlichen Feinde vermehrte. Jene Beete und Ein=
fassungen von Saxifraga hypnoides, welche ich vorhin erwähnte,
erfordern einige Vorsicht; denn, wenn die Menschen sie be=
wundern, die Nacktschnecken bewundern sie noch viel mehr.
Ich empfehle daher die Anpflanzung derselben nur dann, wenn
genügend für die Feinde dieser Schnecken gesorgt ist. Der
Weg, welchen ich wählte, mag vielleicht nicht jedermann
passend erscheinen. Ich lasse mir von irgend einem Jungen
für einen Sixpence einen Eimer voll Froschlaich besorgen.
Bisweilen rechnete ich mir mit Hochgenuß aus, wie viel
tausende kräftiger und unternehmungslustiger Batrachier ich
erziehen und zu meinem und meiner Nachbarn Besten in die
Welt senden würde. — Es sind gerade genug übrig geblieben,
um mir zu dienen; denn ich bemerke wenig von Nackt=
schnecken, aber von allen meinen Fröschen müssen 99 %
umkommen. Sollten Amseln und Drosseln junge Frösche
fressen. Beide sind merkwürdig häufig bei mir. Oder sollte es der
Gelbrand (Dytiscus marginalis) sein, welcher mir samt seinen
Larven in einem Jahre den ganzen Satz meiner Kaulquappen
aufgefressen hat? Ich habe meinen Nachbarn die Wohlthat
erwiesen oder habe sie wenigstens dazu angetrieben, sich die
eine oder andere Art von Fröschen zu halten. Vor 3 Jahren
kaufte ich 25 hübsche grüne Laubfrösche, welche in meinem
Odontoglossum=Hause wohnen und dort die Insekten vertilgen
sollten. Jeder Ventilator darin ist mit durchlochtem Zinkblech

bedeckt, um das Eindringen von Insekten zu verhindern, gleich=
wohl gelang es meinen Laubfröschen auf eine Art, die an das
Wunderbare streift, zu entkommen. Einige wurden im Garten
attrapiert und zurückgebracht, aber sie fanden wiederum ihren
Weg in die frische Luft und plötzlich waren meine Obstbäume
mit Stimme begabt. Soweit, glaube ich, sind meine Er=
fahrungen dieselben, wie diejenigen aller Leute, welche sich mit
Laubfröschen beschäftigt haben; aber in diesem Falle überlebten
meine Frösche 2 Winter, darunter einen außergewöhnlich
harten. Meine Frösche sangen im nächsten Sommer recht
fröhlich, aber — in dem Garten meines Nachbars. Ich bin
mit der Familie nicht näher bekannt, freue mich aber, daß
ich für einen unschuldigen Zeitvertreib ihrer Mitglieder so gut
gesorgt habe.

Dem Charakter der Laubfrösche nachzuspüren ist jedenfalls
belustigend, obwohl Gärtner von ihnen mehr oder minder
verächtlich reden. Meistens excellieren sie durch ihre Neigung
auszureißen, und scheinbar haben sie auch keine Neigung, Insekten
wegzusangen, da sie den Tag über regungslos dasitzen als
ein hübsches, aber nutzloses Dekorationsstück.[1] Alle diese
Tiere führen eine nächtliche Lebensweise, und wer sich die
Mühe nimmt, wie ich es oft gethan habe, bei Nacht sein
Treibhaus zu besuchen, wird die Frösche fleißig an der Arbeit
finden und sehen, wie sie mit wunderbarer Gelenkigkeit zwischen
den Blättern herumkriechen und blitzschnell auf ihre Beute los=

---

[1] Bei dieser ganzen Abhandlung über das Leben und Treiben
der Laubfrösche, welche ganz und gar kindlich klingt, möge man berück=
sichtigen, daß mit Ausnahme des stellenweis ziemlich häufigen Teich=
frosches alle unsere Lurche in England fehlen. Kröten werden, um
Regenwürmer und Nacktschnecken zu vertilgen, aus Frankreich importiert.
Daß der Herr Verfasser, um Erdschnecken zu vertilgen, sich Baumfrösche
anschaffte, beweist, wie unwissend er anfänglich hinsichtlich der einfachsten
Fragen war.

fahren. Blasenfüße und Blattläuse fressen sie allerdings nicht;
sie sind zu winzig für diese Jäger der Nacht. Holzwürmer,
Tausendfüße und vor allen Dingen Schaben, diese tötlichen
Feinde der Orchideenkulturen, sind ihre hauptsächlichsten Opfer.
Ich rate daher allen, welche die Tiere am Ausreißen hindern
können, dazu, Laubfrösche in den Gewächshäusern zu halten.

Endlich komme ich zu den Orchideen und ihrer Kultur.
Es folgt mit Naturnotwendigkeit, daß ein Mann, welcher
viel von der Welt gesehen hat und für Gartenkultur begeistert
ist, im Laufe der Jahre auf diesen Zweig des Gartenbaues
verfallen muß — falsche Bescheidenheit wäre hier weniger am
Platze, als irgendwo sonst — ich habe mit der Kultur von
Orchideen schöne und große Erfolge erzielt und werde, so Gott
will, noch mehr und größere davontragen. Aber dieses Thema
kann nicht so beiläufig am Ende eines Kapitels abgehandelt
werden.

Drittes Kapitel.

In den Tagen meiner Lehrlingszeit baute ich ein großes
Gewächshaus. Da ich zu ungeschickt war, meine Pflanzen
im Freien zu kultivieren, glaubte ich, daß dies unter un-
natürlichen Bedingungen leichter sein müsse. Ich hoffe, daß
diese meine Memoiren die Hoffnung manches an sich und der
Welt verzweifelnden Amateurs neu beleben werden. Sei seine
Unwissenheit noch so groß, sie kann nicht größer sein als
meine vor einigen Jahren, und doch kann ich nun sagen: „Ich
hab's erreicht." Was mein Gewächshaus gekostet hat? Brr,
mir schaudert die Haut, wenn ich daran denke. Rechnen wir
es billig und sagen wir: sechsmal mehr als den Höchstbetrag,

für welchen ich es jetzt bauen würde. Und dafür war denn auch alles grundschlecht. Von dem ursprünglichen Plan ist heute nichts mehr übrig, ausgenommen einige Fehler. Natür= lich gedieh nichts, ausgenommen Insekten. Mehltau befiel meine Rosen im Augenblick, wo sie eingesetzt waren; die Kamellien warfen ihre Knospen mit geradezu mathematischer Genauigkeit ab; Azaleen wurden von den Blasenfüßen (Thrips) aufgefressen. Blattläuse und Schildläuse fanden sich ein, wie zu einem Feste; Geranien und Pelargonien wuchsen riesenhaft, weigerten sich aber standhaft zu blühen. Ich fragte unseren Sachverständigen, welcher für das Wohl von einem Dutzend Villengärten verantwortlich war — einen erfahrenen Mann, welcher ein Renommee zu verlieren hatte, und den ich reich= lich dafür bezahlte. Der würdige Mann sagte nach einer genauen Besichtigung: „Dieser dichte Fußboden hält das Wasser; sie müssen morgens und abends das Wasser sorg= fältig aufwischen lassen." Und dieser gute Mann hatte einen großen Wirkungskreis, und seine Ansicht wurde von allen meinen Nachbarn und von mir als Evangelium be= trachtet! Meine Pflanzen brauchten auf dem nichtsnutzigen undurchlässigen Fußboden nicht etwa weniger Wasser, sondern mehr. Ich erwähne dies, um zu warnen. Männer, wie dieser bilden aber einen ziemlich bedeutenden Bestandteil seiner Klasse.

Als ich nun an meiner Gartenkunst, drinnen und draußen, verzweifelte, dachte ich ab und zu an Orchideen. Ich hatte in Ost und West, d. h. in ihrer eigentlichen Heimat, viele von ihnen gesehen und wußte, daß ihr Wachstum sich an strenge Gesetze bindet.

Andere Pflanzen — Rosen z. B. — spielen einem fort= während Streiche. Bald verlangt ihre Behandlung dies, bald jenes, Dinge, deren Natur nicht einmal scharf präcisiert werden kann, auch nicht von routinierten Gärtnern, welche den Gegenstand inwendig und auswendig kennen und beherrschen.

Erfahrung allein, und noch dazu eine solche von recht schmutziger
und langweiliger Außenseite, giebt die nötige Bürgschaft für
Erfolge, falls nicht irgendwelche Extravaganzen unerklärlicher
Art die Rosen zu einem Akt schnöder Undankbarkeit veranlassen,
welcher aller Voraussicht spottet. Ich wußte, daß Orchideen
sich ganz anders verhalten. Jede Gruppe verlangt allerdings
ihre eigenen Bedingungen; kann man diese nicht erfüllen, so
ist das Geld für die Pflanzen weggeworfen. Sind aber die
nötigen Voraussetzungen vorhanden, sind die armen Pflanzen
nach unaufhörlichem Besitzwechsel zur Ruhe gekommen, so
kann man mit mathematischer Sicherheit darauf rechnen, daß,
wenn die und die Behandlung angewandt wird, dieses oder
jenes Ergebnis die notwendige Folge sein wird. Ich war
damals noch nicht darüber im klaren, daß auch manche von
ihnen der genauesten Nachforschung über Ursache und Wirkung
spotten. Daß dies öfter eintritt, ist jetzt eine allgemein be=
kannte Thatsache, sie stößt aber die Regel nicht um: denn diese
scheinbaren Ausnahmen werden ebenfalls von strengen Gesetzen
regiert, welche wir für den Augenblick noch nicht kennen.

Von diesen Erwägungen ausgehend, glaubte ich, an=
nehmen zu dürfen, daß die Kultur von Orchideen das natur=
gemäße Gebiet für einen begeisterten und intelligenten Pflanzen=
liebhaber sei, welchem das technische Können fehle, um ge=
wöhnliche Pflanzen ziehen zu können; denn — so nahm
ich an — Orchideenkultur ist Kopfarbeit, die anderen Kulturen
Handarbeit. Aber ich teilte die allgemein verbreitete, jetzt als
absurd widerlegte Annahme, daß Orchideen kostspielig in der
Anschaffung und in der Behandlung seien, und ich hielt an
diesem Vorurteil so fest, daß es mir nie einfiel, selbst anzu=
fragen, ob und weswegen sie teurer sein sollten, als Azaleen
und Gardenien. Es war schließlich ein Zufall, welcher den
Bann der Unwissenheit brach. Als ich eines Tages das
Auktionslokal von Stevens besuchte, um Blumenzwiebeln zu

kaufen, sah ich eine Cattleya Mossiae in Blüte, welche bei der letzten Auktion keinen Käufer gefunden hatte. Ein glück= licher Impuls trieb mich an, nach dem Preise zu fragen. Vier Schillinge antwortete der unschätzbare Charles. Die Sache schien mir unglaublich, es mußte ein Irrtum dabei sein, aber wann wäre Charles je ein Irrtum passiert? Als er den Preis wiederholte, ergriff ich meine kostbare Cattleya, warf das Geld auf den Tisch und floh mit ihr die King Street entlang, als ob mir jemand auf den Fersen wäre. Da mich aber niemand verfolgte und die Herren Stevens in den nächsten Tagen meinen Schatz nicht wieder zurückforderten, so erwog ich den Vorfall näher. Vielleicht hatten sie eine Konkursmasse auszuverkaufen und vielleicht kam so etwas öfter vor. Ich kehrte also zurück.

„Charles," sagte ich, „Sie verkauften mir vor ein paar Tagen eine Cattleya Mossiae."

Charles, wie immer in Hemdsärmeln, sortierte und summierte ein halbes Hundert von Zetteln und Notizen aller Art mit der Genauigkeit einer Rechenmaschine. „Ich glaube, ja, Herr", war seine Antwort.

„War sie nicht ziemlich teuer?" fragte ich.

„Das ist ihre Sache, Herr", antwortete er lachend.

„Kann ich öfter eingetopfte Pflanzen von Cattleya Mossiae für 4 Schilling das Stück erhalten?" fragte ich weiter.

„Geben Sie mir Auftrag, und ich werde Ihnen im Laufe eines Monats so viel verschaffen, als Sie irgend wünschen."

Das kam über mich wie eine Offenbarung, und ich glaube, es wird eine Offenbarung für viele meiner Leser sein. Das Publikum hört von großen Summen, welche für Orchideen gezahlt sind, und nimmt an, daß diese nur die äußersten Grenzen sehr hoher Durchschnittspreise sind. Thatsächlich hat das Publikum keine Ahnung von den gewöhnlichen Preisen. Einer

unſerer größten Züchter, welcher erſt neuerdings begonnen hat,
Orchideen zu züchten, ſagte mir, daß der höchſte Preis, welchen
er für Cattleyen und Dendrobien gezahlt habe, $\frac{1}{2}$ Krone,
alſo 2,50 Mark geweſen ſei und 1 Schilling für Odontogloſſen
und Oncidien. Zu dieſem Preiſe hat er jetzt eine ſchöne
Sammlung zuſammengebracht, und da manches Exemplar des
Anteils, welchen er auf der Auktion erſtand, ſich gut ent=
wickelt, erhält er ſchließlich ſoviel Pfund Sterling, als er
Pence verausgabt hatte, zurück. Denn es handelt ſich bei
den oben genannten Preiſen natürlich nur um Exemplare, welche
gleich nach ihrer Ankunft auf einer Auktion erſtanden ſind.
Obwohl dieſe Frage eigentlich nicht unter die Überſchrift
„Orchideen“ oder „Mein Garten“ gehört, will ich doch ein
paar intereſſante Fälle hier erwähnen. Ich kaufte einſt eine
Kiſte, 2 Fuß lang und 1 Fuß breit, halb voll von Odon=
togloſſen für 8 Schilling 6 Pence (= 8,50 Mark). Es
waren kleine Exemplare, aber tadellos geſund, denn von den
53 Töpſen, welche ich damit füllte, ging nicht einer zu Grunde.
Die minder wertvollen Exemplare verkaufte ich einige Jahre
ſpäter, nachdem ſie angewachſen und richtig beſtimmt waren,
mit einem ganz fabelhaften Nutzen. Ein anderes Mal
kaufte ich 3 Bündel von Odontoglossum Alexandrae var.
Pachense, welche für ſehr ſchön gilt, für 15 Schillinge. Sie
füllten im ganzen 36 Töpfe (je 3 Bulben für 1 Topf), da
ich nicht Platz genug hatte, ſie einzeln einzutopfen. — Aber
genug hiervon. — Ich wollte zu Nutz und Frommen anderer
ebenſo unbemittelter Amateure als ich ſelbſt bin, nur zeigen,
daß die Koſtſpieligkeit ſchließlich kein Hinderungsgrund iſt,
wenn ſie ſonſt Luſt zu dieſer Kultur haben, — vorausgeſetzt,
daß ſie keine Ausſtellungsexemplare und Wunder von Schön=
heit verlangen.

Jene Cattleya Mossiae war meine erſte Orchidee, ich
kaufte ſie im Jahre 1884. Sie ſchwand dahin und manche

andere ist ihr inzwischen nachgefolgt; aber ich wußte nun genug und hatte, wie ich schon sagte, meine Scheu über= wunden. Nun galt es, die allgemeinen Kulturbedingungen festzustellen, über welche aber die Bücher keine rechte Auskunft geben, da sie alle den Fehler besitzen, die ersten Schritte, mit welchen der Unterricht beginnen muß, zu flüchtig zu behandeln. Ich hatte ferner nicht das Glück, einen gleichgesinnten Freund oder einen kundigen Gärtner zu kennen, welcher mich auf meine Fehler aufmerksam machte, bis ich sie schließlich selbst erkannte. So sagte mir z. B. kein Mensch, daß der cementierte Fußboden meines Gewächshauses ein verhängnisvoller Fehler sei, und als ich, bereits etwas entmutigt, den kleinen, in der Einleitung oben erwähnten Gang überglasen ließ, ließ man mich ruhig den Fehler noch einmal machen. Meine Maßregeln, die Luft feucht zu erhalten, waren zum Teil sehr sinnreich, aber sie ent= sprachen leider dem Zweck nicht. Es ist nicht leicht, ein sauberes und klares Material zum Bedecken des Cement= pflasters zu finden, aber bevor man ein solches gefunden hat, ist es nutzlos, Orchideen kultivieren zu wollen. Ich bin überzeugt, daß in 99 Fällen von hundert der Mißerfolg sich auf einen ungeeigneten Fußboden zurückführen läßt. Glasierte Platten, welche so häufig angewandt werden, sind bei weitem schlimmer als anderes Pflaster. Mögen meine Erfahrungen anderen Leuten zur Warnung dienen!

Als ich eines Tages die Liste eines Fabrikanten von Orchideentöpfen durchlas, fand ich „Seesand für Gartenwege" angezeigt, und damit war das seit Jahren Gesuchte endlich gefunden. Seesand hält Wasser, giebt eine klare feste Ober= fläche, er braucht nicht gerollt zu werden, er nimmt keine Fußspuren an und beschmutzt die Füße der darüber Gehenden nicht. Am nächsten Abend war der Fußboden mit einer 6 Zoll hohen Sandschicht bedeckt, und sofort begannen meine Orchideen nicht nur zu vegetieren, sondern auch zu blühen.

Lange vorher hatte ich natürlich für eine gute Wasserleitung
von dem Hauptrohr aus gesorgt, um in jedem Hause Wasser=
dunst erzeugen zu können. Ringsherum läuft ein Bleirohr mit
kleinen Abzugsrohren in 12 Zoll Entfernung von einander,
an welche mit Hilfe eines Verbindungsstückes aus Gummi
der Verstäuber angesetzt werden kann; bei einer Drehung
des Hahnes schießt der Strahl heraus und in 10 Minuten
ist der Fußboden überschwemmt und das Haus in einen
flachen Pfuhl verwandelt; aber 5 Minuten später ist keine
Spur von Wasser mehr zu sehen. Nun erst fühle ich so recht
die Freude der Orchideenkultur. Es bleibt immerhin noch viel
zu lernen, recht viel sogar. Es giebt annähernd 5000 kultivierte
Arten, von welchen eine beunruhigend große Anzahl ge=
wisse Verschiedenheiten in der Kultur verlangt, um zur Voll=
kommenheit zu gelangen. Der Amateur kann unmöglich alle diese
Einzelheiten im Kopfe haben, und wenn er sich vorher zu
genau unterrichtet, wird er leicht in Schrecken geraten und
unsicher werden, anstatt die Sache gehen zu lassen. Solche
zu ängstlichen Gemüter möchte ich beruhigen. Vollkommenheit ist
stets ein hohes Ziel, aber die Orchideen wollen es auf ihre
Weise erreichen, die oft sehr von unserer abweicht. Oft steuern
sie unseren besten Absichten entgegen, aber wenn man ihnen
nur einigermaßen die Möglichkeit des Gedeihens giebt, so
suchen sie mit bewundernswerter Geduld die Irrtümer zu ver=
bessern, welche wir anfänglich machten. Diese Möglichkeit
des Gedeihens liegt, wie ich bereits ausgeführt habe, in den
drei Hauptbedingungen, Luftfeuchtigkeit, Ventilation und Licht.
Sind diese drei Faktoren vorhanden, so mag man zu den
Büchern greifen, die Autoritäten befragen und nach und nach
sein Wissen bis zu dem Grade erweitern, um die besonderen
Ansprüche jeder Gruppe zu kennen. So mag im Laufe der
Zeit der Augenblick kommen, welcher mir beschieden war, als
eines Tages ein großer Schriftgelehrter mir die Ehre erwies,

meiner Einladung Folge zu leisten. Als der Gewaltige in mein kleines Odontoglossum-Haus getreten war, wanderten seine Blicke auf und ab und von rechts nach links, und schließlich brach er in die gewichtigen Worte aus: „Mein Herr, das ist keine Amateur-Sammlung, was Sie hier haben."

Ich habe in diesen einleitenden Kapiteln einige aus meiner Erfahrung abgeleitete Winke niederlegen wollen, die schätzbar für andere sein mögen, welche (wie der alte Juvenal sich ausdrückte) nicht mehr von der Erde besitzen, als ein Eidechsenloch. Der Raum ist groß genug, um uns unendlich viel Freude, Unterhaltung und sogar Gewinn zu bringen, wenn der Besitzer sich die Mühe nimmt, selbst Hand anzulegen. Ein Enthusiast für mein Heim, wie ich es nun einmal bin, würde ich mir keinen Fuß Garten dazu wünschen.[1]

Viertes Kapitel.

Eine Orchideen-Auktion.

Bald nach 9 Uhr beginnen die Habitués der Auktionen von Protheroe & Morris sich im Auktionslokal in Cheapside zu versammeln. Auf Tischen aus rohen Brettern an den Wänden des Saales sind die einzelnen „Lots" oder Anteile

----

[1] Es verdient bemerkt zu werden, daß, als die ersten dieser Aufsätze in der St. James Gazette erschienen, der Redakteur von verschiedenen Seiten Warnbriefe erhielt, des Inhalts, daß der Autor ihm und den Lesern etwas vorschwindele oder, um es zarter auszudrücken, seine Leichtgläubigkeit mißbrauche. Zum Glück war mein Freund in der Lage, zu antworten, daß er persönlich jede Garantie für die Richtigkeit meiner Angaben übernehmen könne. — Anmerkung des Verfassers.

ausgelegt;[1]) Knollen und Stämme von jeder Gestalt, große
und kleine, verwelkt oder grün, mit stumpfer oder glänzender
Oberfläche, hier und da mit einem braunen Blatte und mit
Massen von Wurzeln, trocken wie vorjähriges Farnkraut. Nicht
eine Spur von all der zukünftigen Schönheit, den glänzenden
Farben und bizarren Formen zeigt dieser wunderliche Haufen.
Auf einem Seitentisch stehen ein paar Dutzend eingetopfter,
oder, wie es richtiger heißt, „etablierter"[2]) Pflanzen, welche
die Eigentümer bei dieser Gelegenheit mit verkaufen wollen.
Ihre diesjährigen Triebe sind leuchtend grün, aber die alten
Bulben sind ebenso saftlos, als die der neu angekommenen.
Sehr wenige blühen bereits — die Sommermonate bilden
nämlich eine Ruhepause zwischen der Pracht des Frühlings=
und der sanfteren Schönheit des Herbstflors. Einige große
Dendrobien (Dendrob. Dalhousianum) z. B. zeigen unzeitige
Blüten und verraten dem Eingeweihten, daß sie nur zum
Schein eingetopft sind. Diese Blütentrauben waren in den
Wäldern Indiens vorgebildet, lagen während des Transportes
in starrer Ruhe und erwachten zum Leben, sobald sie in eine

---

[1]) Es ist eine eigne Sache mit dem Verdeutschen technischer Aus=
drücke. Jede Wissenschaft und jedes Gewerbe hat ihr nationales oder
internationales Rotwälsch, welches nur die Eingeweihten verstehen und
zu verstehen brauchen, und worin sie sich wohl fühlen. Wer Bücher,
wie dieses hier liest, wird mit den Ausdrücken des Orchideengeschäftes
Bescheid wissen oder sie bald kennen lernen. Es ist ganz und gar
müßig, sich hier nationaldeutsch drapieren zu wollen. Für Äußerungen
unseres Nationalbewußtseins sind andere Gelegenheiten geeigneter, als
die Übersetzung von Büchern, welche dem praktischen Bedürfnis dienen
sollen. — Anmerkung des Übersetzers.

[2]) Das englische Wort „established" kann auf sehr verschiedene
Weise übersetzt werden. Unser deutsches Wort „eingetopft" paßt nicht
recht für Orchideen, da viele von ihnen gar nicht in Töpfen kultiviert
werden können, sondern in Körben oder an Blöcken. „Bewurzelt" paßt
auch nicht, da viele Orchideen schon auf dem Transport reichlich Wur=
zeln bilden. — Anmerkung des Übersetzers.

ihnen zusagende Atmosphäre kamen. Unser Interesse gilt heute
nur den unschönen Dingen, welche längs der Wände auf=
gehäuft liegen.

Die gewöhnlichen Besucher dieser Auktionen bilden eine
Art von Familie, aber für gewöhnlich eine höchst merkwürdige
und völlig verschieden von den Orchideenhändlern von Profession.
Kein schwarzes Schaf ist unter ihnen, und ein Streit, der sich
lediglich um ein kleines Misverständnis drehen kann, gehört
zu den seltensten Vorkommnissen. Die großen Orchideenzüchter
sind Männer von Reichtum, die Amateure Männer von Stand
und Bildung. Jeder kennt alle anderen, und eine angenehme
Vertraulichkeit herrscht. Wir treffen dort sehr häufig einen
Herzog, welcher seine gemachten Notizen vergleicht und Auto=
ritäten um ihre Ansicht bittet; einige Geistliche von hohem
Range, Männer des hohen und niederen Adels, die Agenten
großer Amateure und, wie selbstverständlich, die Vertreter der
großen Handelsfirmen. Der Kreis dieser Elite der Orchideen=
kenner ist selbst jetzt noch so klein, daß alle Gesichter einander
bekannt sind, und daß jeder von den Anwesenden es über=
nehmen könnte, einem Neuangekommenen alle Namen zu
nennen. Es steht zu hoffen, daß dies nicht mehr lange der
Fall sein wird. Und so wie das Geheimnisvolle und Über=
triebene, welches die Orchideen umgiebt, verschwindet, wird
auch der kleine, auserwählte Zirkel von Käufern verschwinden,
und wenn damit der fröhliche und sympathische Charakter dieser
Versteigerungen verloren geht, so werden doch alle, welche
Blumen und die Verbreitung ihrer Kultur lieben, dies gern
mit in den Kauf nehmen.

Das Gespräch dreht sich natürlich meist um Orchideen.
Die Herren gehen an den Tischen entlang, prüfen hier eine
Bulbe, dort einen Wurzelstock, dessen Lebensfähigkeit sie im
Augenblick richtig taxieren. Die anwesenden Gärtner nehmen
die Gelegenheit wahr, ihre Neuheiten vorzustellen, und auf=

fallende oder seltene Blumen machen hier ihren ersten Eintritt
in die Welt. Herrn Bull's Vertreter geht umher und zeigt
dem einen oder anderen der Herren den Inhalt einer kleinen
Schachtel, eine Aristolochia elegans, mit ihren schönen
dunkelrot auf weißem Grund gezeichneten Blumen und eine
neue Varietät von Impatiens; er verteilt letztere, und die
Herren dekorieren ihre Knopflöcher mit den schönen, blaßrosa=
roten Blumen.

Die Erregung steigt jetzt selten noch so hoch, wie in
den Zeiten, deren sich die meisten der Lebenden noch erinnern,
als Orchideen, welche jetzt Gemeingut geworden sind, nur von
Millionären erstanden werden konnten. Die Dampfkraft und
Handelsunternehmungen haben es dahin gebracht, daß man
für Schillinge und Pence oft dieselben Pflanzen erhält, welche
vor 20 Jahren Pfunde Sterling kosteten. Es giebt noch Leute
genug — und sie sind noch keineswegs alt und grau — welche
sich der Scene erinnern, als Masdevallia Tovarensis zuerst
in größerer Menge zur Versteigerung gelangte. Die zarten,
weißen Blumen waren seit Jahren bekannt, da ein Ansiedler
der Deutschen Kolonie in Tovar in Neu=Granada ein Exemplar
an einen Freund in Manchester geschickt hatte, welcher die
Pflanze teilte. Jedes Teilstück brachte eine große Summe,
und die Käufer wiederholten die Operation, so oft ihre Stückchen
es zuließen. So hatte sich ein fester Preis von 1 Guinee
pro Stück gebildet; Importeure gab es nicht viele in jenen
Tagen, und das häufige Vorkommen des Namens Tovar
in Südamerika führte sie irre. Schließlich wagte sich Herr
F. Sander daran und beauftragte seinen Sammler, Herrn
Arnold, damit, die Pflanze zu finden. Arnold war ein Mann
von großer Energie und hitzigem Temperament. Die Sage
berichtet, daß er einst eine Unternehmung aufgab, einzig und
allein, weil ein ihm mitgegebenes Gewehr bereits gebraucht
war. Die Folge rechtfertigte allerdings seine — Klugheit,

denn sein Genosse, der arme Herr Berggren, hatte das Un=
glück, daß ein bereits gebrauchtes Gewehr, welches er von
seinem belgischen Auftraggeber erhalten hatte, beim Abfeuern
zersprang und ihn zeitlebens zum Krüppel machte. Im
Augenblick seiner Abreise hatte Arnold eine Scene mit den
Bahnbeamten. Er hatte einen Sack mit Sphagnum bei sich,
um seine kostbaren Pflanzen zu verpacken, und man wollte
ihn daraufhin nicht mit dem Schnellzug fahren lassen. Man
sagt, daß der Stations=Vorsteher der Waterloo=Station nie
einen so heißen Tag gehabt habe. Kurz, er war ein Mann,
welchem etwas zuzutrauen war. Ein junger Passagier bewies
unterwegs Herrn Arnold viel Sympathie, und dieser erfuhr zu
seinem Vergnügen, daß auch er die Absicht habe, nach Caracas
zu reisen, als Vertreter einer Exportfirma in Birmingham.
Einem solchen Manne gegenüber wäre Geheimniskrämerei nicht
am Platze gewesen, um so weniger, als die Fragen dieses
jungen Mannes absolute Unwissenheit über Orchideen verrieten,
und bevor die Reise beendet war, kannte dieser alle Wünsche
und Hoffnungen Arnolds bezüglich seiner aufzusuchenden
Orchideen. In Caracas hatte jedoch das Gaukelspiel ein
Ende, denn dort erfuhr Arnold, daß sein Reisender in Manu=
faktur= und Stückgütern ein ganz bekannter Sammler eines
bekannten Orchideenzüchters war. Er sagte nichts, ließ seinen
Mann ruhig abreisen, überholte ihn in einem Dorfe in der
Nähe, wo derselbe gerade zur Nacht aß, ging in das Zimmer,
dessen Thür er abschloß, legte einen Revolver auf den Tisch
und forderte ihn auf, zu fechten. Es sollte, wie Arnold sagte,
ein ehrlich Gefecht werden, aber einer von beiden sollte fallen.
Der Verräter war von dem Ernst der Lage so überzeugt —
wie es bei dem bekannten Charakter Arnolds sein mußte —
daß er unter den Tisch kroch und gegen absolute Unterwerfung
freien Abzug einhandelte. So erhielt Herr F. Sander in an=
gemessener Zeit 40 000 Stück Masdevallia Tovarensis, welche

direkt in das Auktionslokal gelangten. Infolge davon sank
binnen einem Monat der Preis von 1 Guinee pro Stück auf
den Bruchteil eines Schillings.

Andere große Versteigerungen waren die, als Phalae-
nopsis Sanderiana und Vanda Sanderiana zum Verkauf
kamen und Summen von schier unglaublicher Höhe angelegt
wurden. Sodann diejenige, als Cypripedium Spicerianum,
Cypriped. Curtisii und Laelia anceps alba verkauft wurden.
Jetzt sind solche aufregende Auktionen seltener geworden. Das
Jahr 1891 brachte uns jedoch noch zwei solcher Scenen, als
Cattleya labiata autumnalis und Dendrobium Phalaenopsis
Schroederianum zur Versteigerung kamen. Die erstgenannte
Pflanze wird noch einmal in einem besonderen Kapitel „ver-
lorne Orchideen" besprochen werden; an die andere knüpft sich
ein interessanter Zwischenfall, und bei beiden Pflanzen ist Herr
Sander der Held der Geschichte. Dendrob. Phalaenopsis
Schroederianum war keineswegs ganz und gar neu. Der
botanische Garten in Kew hatte vor mehreren Jahren zwei
Pflanzen von irgend einer austral-asiatischen Insel erhalten.
Ein Stück derselben erhielt Herr Lee in Leatherhead, ein anderes
Herr Baron Schröder, und als Herrn Lee's große Sammlung
verkauft wurde, erstand Herr Baron Schröder auch dies Exemplar für 35 £ und besaß nun die beiden einzigen, in Privat-
händen befindlichen Exemplare der Pflanze, welche inzwischen
seinen Namen erhalten hatte.

Unter diesen Umständen mußte der Import einiger Kisten
lebender Exemplare dieser Pflanze für den glücklichen Unternehmer ein gutes Geschäft werden. Es war inzwischen soviel
bekannt geworden, daß Neu-Guinea die Heimat der Pflanze
sein müßte, und dorthin wurde Herr W. Micholitz entsendet.
Er fand die Pflanze ohne Schwierigkeit und sammelte eine
große Menge Exemplare. Aber nun begann die Not. Das
Schiff, welches die Kisten an Bord hatte, verbrannte im Hafen

(Singapore), und Herr Micholitz rettete nur das nackte Leben. Er telegraphierte die trostlose Nachricht: „Schiff brennt, was thun?“ — „Zurückgehen“ war die Antwort seines Auftrag= gebers. „Zu spät, Regenzeit“ antwortete Herr Micholitz. „Zurückgehen“ antwortete Herr Sander. Und er ging zurück. Dies geschah auf holländischem Gebiet. „Soviel ist sicher“, schrieb Herr Micholitz, „daß dies hier die unliebens= würdigsten Menschen auf Erden sind. Als ich ihnen sagte, daß es sehr unfreundlich von ihnen wäre, von einem schiff= brüchigen Manne etwas zu verlangen, erließen sie mir dreißig Prozent von meiner Überfahrt, und ich zahlte 201 Dollars anstatt 280 Dollars.“ Er erreichte jedoch Neu=Guinea wieder und fand auch die Dendrobien wieder und sogar eine noch bessere Varietät und größere Menge als das erste Mal. Aber sie wuchsen zwischen Gebeinen und Skeletten auf einem Kirch= hof der Eingeborenen. Diese Leute legen ihre Toten in eine leichte Kiste, welche sie zur Zeit der Hochflut auf die Felsen stellen, Plätze, welche diese Dendrobien besonders lieben. Herr Micholitz brauchte seinen ganzen Takt und seine an= ziehendsten Geschenke, um von den Papuas auch nur die Er= laubnis zu erhalten, daß er sich der Stelle nähern dürfe. Aber Bronzedraht erwies sich als unwiderstehlich. Sie duldeten es nicht nur, daß er die Gebeine ihrer Vorfahren in ihrer Ruhe störe, sondern halfen ihm sogar den Raub zu verpacken. Nur eine Bedingung machten sie dabei, nämlich die, daß ein Lieb= lings=Götzenbild mit in die Kisten verpackt würde. Als dies zugestanden war, führten sie einen Tanz um die Kisten auf und halfen sie forttransportieren. Diesmal ging alles gut, und zur gehörigen Zeit waren die Tische des Auktionslokals mit Tausenden einer Pflanze beladen, welche, bevor die Sendung angekündigt war, zu den Perlen einer der reichsten Sammlungen der Welt gehört hatte.

Zwei bemerkenswerte Stücke machten bei dieser Auktion Aufsehen: das eben erwähnte Götzenbild und ein Schädel, an welchem eins der Dendrobien festsaß. Beide waren als Trophäen und Merkwürdigkeiten aufgestellt, aber nicht zum Verkauf. Aus Mißverständnis ward das Götzenbild mit versteigert. Es brachte nur eine Kleinigkeit ein — jedoch gerade soviel als es wert war (?). Aber da Herr Walter von Rothschild es durchaus für sein Museum wünschte, so bat Herr Sander, als er erfuhr, was geschehen war, den Käufer, in den Rückkauf zu willigen; aber dieser weigerte sich. [1]

Es war in der That ein großer Tag. Viele Koryphäen der Orchideenkultur waren entweder in Person zugegen oder hatten ihre Agenten oder Gärtner hingeschickt. Derartige Erfolge riefen natürlich auch die Konkurrenz ins Feld, aber Neu-Guinea ist ein gefährliches Land, und erst letzthin wurde bekannt, daß ein Herr White von Winchmore Hill auf der Suche nach ebendemselben Dendrobium Phalaenopsis Schroederianum seinen Tod gefunden habe.

Ich erwähnte vorher die große Versteigerung von Cypripedium Curtisii, an welche sich auch eine merkwürdige kleine Geschichte knüpft. Herr Curtis, jetzt Direktor des botanischen Gartens zu Penang, sandte diese Pflanze im Jahre 1882 aus Sumatra, als er noch für die Firma Veitch & Sohn reiste. Die Sendung war sehr klein und da keine weitere folgte, so stieg die Pflanze sehr im Preise. Herr Sander gab nun seinem Sammler den Auftrag, nach ihr Umschau zu halten, denn der ursprüngliche Fundort wurde natürlich geheim gehalten. Fünf Jahre lang suchte Herr Ericsson vergeblich (selbstverständlich sammelte er in dieser Zeit vielerlei anderes Gute) und gab zuletzt die Hoffnung auf. Bei einer seiner Expeditionen auf Sumatra bestieg er einen Berg, dessen Name natürlich nicht

---

[1] Die Stelle lautet wörtlich: But Hon. Walt. de Rothschild fancied it for his museum, and on learning what had happened Mr. Sander begged the purchaser to name his own price. That individual refused.

hierher gehört, der aber gleichwohl so bekannt und so oft be=
stiegen ist, daß die Holländische Regierung auf seinem Gipfel
eine Schutzhütte gebaut hat. Dort blieb Herr Erickson zur
Nacht. Manche früheren Besucher hatten, wie dies in der=
artigen Gebäuden der Fall zu sein pflegt, ihre Namen und
allerhand Bemerkungen an die Wände geschrieben, unter diesen
bemerkte Herr Erickson, als er sich im Morgengrauen von
seinem Lager erhob, das Bild eines Cypripedium mit grüner
Blüte, weißen Spitzen und Adern, roten Flecken und purpurner
Lippe. „Curtisii, beim Zeus" rief Erickson in seinem heimat=
lichen Schwedisch, indem er aufsprang. Kein Zweifel war
möglich! Unter der Zeichnung stand: „C. C.'s Beitrag zur
Ausschmückung dieses Ortes." Mr. Erickson schrieb darunter:
„Beitrag dankend angenommen, Cypripedium gesammelt. C. E."
Aber Tag auf Tag verstrich, und er suchte die Pflanze ver=
geblich, wenn sich auch seine Kisten mit anderen Schätzen
füllten. Hätte die Skizze seine Hoffnung nicht aufrecht er=
halten, so würde er den Platz lange verlassen haben. Es war ja
möglich, daß Herr Curtis die Blume rein aus Zufall gewählt
hatte, um die Wand zu schmücken, da keiner der Eingebornen
sie zu kennen schien. So gab schließlich Erickson den
Befehl, zu packen und wollte am nächsten Tage abreisen, da
erhielt er am nämlichen Abend von einem seiner Leute die
Blume. Eine höchst eigentümliche Geschichte, wenn man will,
aber eine, deren Genauigkeit ich verbürgen kann.

Zu einer anderen Klasse von Versteigerungen, welche
aber in ihrer Art ebenso berühmt wurden, gehörte die vom
11. März des letzten Jahres (1892). Ein hervorragender
Importeur vom Festlande kündigte die Entdeckung eines neuen
Odontoglossum an. Nicht weniger als 6 Varietäten der
typischen Art waren mit aufgezählt, um die öffentliche Auf=
merksamkeit auf die Pflanze und ihre Vorzüge zu lenken, und
unter den obwaltenden Umständen schien dies thatsächlich keine

Übertreibung zu sein. Es war „eine große Neuheit", be=
stimmt, ein „Kleinod der schönsten Sammlungen zu werden,
eine „Lieblingsblume" und „die anziehendste aller Pflanzen".
Die Blüten sollten zart rosa=purpurn sein, die einzelnen Blüten=
teile am Grunde prachtvoll violett. Kurz, es war das
blaue Odontoglossum und verdiente sehr wohl den Beinamen
„coeleste". Und der ganze Vorrat von 200 Stück sollte
dem enthusiasmierten britischen Publikum überlassen werden.
Was Wunder, daß die Räume von Protheroe & Morris an
jenem Morgen des 11. März mit einer dichten Menge gefüllt
waren. Nur wenige Amateure und große Züchter waren ab=
wesend und nicht durch Abgesandte vertreten. Als der große
Moment nahte und die Erwartung längst den höchsten Grad
erreicht hatte, ward eine Orchidee hereingebracht und vor die
Versammlung gestellt. Die ausgelernten Orchideenkenner be=
sahen sie mit einem flüchtigen Blick und sagten dann: „Sehr
nett, aber wir möchten „Odontoglossum coeleste" sehen".
Der unglückselige Agent erklärte mit Bestimmtheit, daß dies
die herrliche Pflanze sei. Zuerst wollte niemand daran glauben,
da alle es für einen gewagten Scherz hielten; als es aber
schließlich klar wurde, daß dies „Kleinod", die „große neue
Art", nichts anderes als das sehr hübsche, aber längst bekannte
Odontoglossum ramosissimum sei, erhob sich ein solches Ge=
lächter und solcher Tumult, daß die Auktion geschlossen werden
mußte. Es kamen noch einige ähnliche Fälle derselben Art
vor, welche aber nicht so arg waren.

Heute richtet sich jedoch unser besonderes Interesse auf
die Neuheiten, welche Herr Edward Wallace in zum Teil noch
unbetretenen Gegenden gesammelt hat. Herr Wallace, welcher
zugegen ist, hat keine Abenteuer zu erzählen; aber er teilt
uns, natürlich mit gehöriger Vorsicht, mit, in welchen Teilen
Süd=Amerikas er seine Kostbarkeiten gesammelt hat. Es giebt
da eine Gegend, welche nur die in Geographie Bewanderten

einigermaßen genau kennen, einen Grenzdistrikt zwischen Peru, Ecuador, Columbien, Venezuela und Brasilien; er wird von wandernden Indianerstämmen durchzogen, und ein botanischer Reisender hat ihn bisher noch nicht betreten. Herr Wallace folgte dem Zuge der Central-Cordilleren von Columbien aus 150 Meilen weiter südlich, er kam durch eine Reihe von Thälern, die reichsten, welche dieser trotz seiner Jugend weit gereiste Mann gesehen hatte, und welche Myriaden von Herden ernähren. Meilenweit erstrecken sich die unvergleichlichen Weiden von Pajadena-Gras; aber die wilden Herden, welche nie in einen Stall kamen, sind ihre einzigen Bewohner. Hier wächst an Bergabhängen die so seltene weiße Bletia Sherrattiana, ferner eine andere noch unbekannte Erdorchidee, welche Blüten-stände von 2 bis 3 Fuß Höhe mit 10 bis 12 Blüten, die Sobralia-ähnlich, purpurrot und 3 bis 4 Zoll breit sind, treibt, und dann noch eine dritte Art, welche an Felsen wächst und wie Massen von frischgefallenem Schnee aus-sieht. Diese Erzählungen klingen aufregend, werden aber von den Herren sehr kühl angehört. Dieselben würden sich vielleicht für den niedrigsten Preis derartiger Seltenheiten, noch mehr aber dafür interessieren, welche etwaigen Chancen für ein glückliches Gelingen die Kultur derselben bietet. Händler sind im allgemeinen Neuheiten gegenüber sehr mißtrauisch, ganz besonders bei Erdorchideen, und aus naheliegenden Gründen wird ihre Abneigung von den Besitzern der großen Samm-lungen geteilt. Herr Burbidge hat die Schätzung aufgestellt, daß ungefähr 1500—2000 Arten und Varietäten von Orchi-deen in unseren Sammlungen vorhanden sind, eine beun-ruhigend hohe Ziffer, welche ganz darnach angethan ist, die Annahme zu unterstützen, daß aus den bisher durchforschten Gegenden keine der Kultur würdige Orchidee mehr zu erwarten sei. Außer Frage ist es aber, daß die Zahl der Orchideen, welche die Sammler des Mitnehmens nicht wert geachtet

haben, sechs mal größer ist. Daraus folgt, daß Neuheiten
die Wahrscheinlichkeit, etwas Gutes zu sein, gegen sich haben.
Viele Arten von weiter Verbreitung zeigen je nach der Ört=
lichkeit, von welcher sie kommen, leichte Abweichungen. Im
großen und ganzen ziehen die regelrechten Orchideenzüchter es
vor, daß zuvor ein Kulturversuch gemacht wird, und sie zahlen
lieber einen höheren Preis, wenn sie sicher sind, daß die
Pflanze etwas wert ist, als einige Schillinge, wenn sie sicher
erwarten können, von der Pflanze nur Mühe und die starke
Wahrscheinlichkeit eines Mißerfolges zu haben. — Sonst er=
zählt uns Herr Wallace nichts von seinem neuentdeckten Lande.
Die Indianer nahmen ihn freundlich auf, nachdem er Freund=
schaft mit einer alten Frau geschlossen hatte, und machten ihm
während seines viertägigen Aufenthaltes das Leben nach ihrer
Art angenehm.

Der Auktionator hat inzwischen mit seinen Käufern ge=
plaudert. Er fühlt selbst ein Interesse an seiner Ware, und
wie sollte es anders sein bei Gegenständen von solcher Schön=
heit! Es werden ihm auch gelegentlich Pflanzen aus anderen
Klassen übergeben, welche der Eigentümer als „Unica" an=
sieht, und von welchen er bei der Versteigerung unglaubliche
Preise erwartet. Unica müßten es allerdings sein, welche
die Feuerprobe dieser scharfen und geübten Augen unbehelligt
passieren können. Plumeria alba z. B. wird vorgelegt, und
zwar von einem keineswegs unerfahrenen Gärtner, aber mit
soviel Scheu und Vorsicht, wie sie sich für eine der exquisitesten
Blumen und das einzige Exemplar in England schickt. Aber
ein heiteres Lächeln geht rundum, und einer der Herren stellt
in einem recht gut verständlichen Flüsterton für die nächste
Versteigerung ein Dutzend Exemplare für nur einen Bruchteil
des geforderten Preises zur Verfügung. So geht ein fröh=
liches Plaudern durch die Gesellschaft, bis auf den Glocken=
schlag $\frac{1}{2}1$ Uhr der Auktionator seine Tribüne besteigt.

3*

Einhundert Lots Odontoglossum Alexandrae des besten Typus und von tadelloser Beschaffenheit kommen ihm zuerst unter die Hand. Hinsichtlich des zweiten Punktes ist jeder der Anwesenden hinreichend Kenner, um ihn zu beurteilen, und hinsichtlich des ersten ist man gern geneigt, den Verkäufern Glauben zu schenken. Die Bulben sind prall und blank mit dem kleinen, hervorbrechenden Triebe zwischen den Wurzeln. Doch es scheint keine Nachfrage nach Odontoglossum Alexandrae vorhanden zu sein. Eine hübsche kleine Gruppe von Bulben geht für 11 Schillinge fort, und jede von ihnen wird im nächsten Frühling eine oder gar zwei Rispen der weißen, rotbraun gefleckten Blüten tragen. Dann hört das Bieten auf. Der Auktionator ruft aus: „Wünscht niemand Crispums?" und schiebt dann mit einem Ruck die 99 übriggebliebenen Anteile zur Seite.

Es hieße die Leser langweilen, wollte ich auf diese Weise den ganzen Katalog einer Orchideenversteigerung durchgehen und den für jede Gruppe von Pflanzen erzielten Preis besprechen. Diese Preise für noch nicht etablierte Pflanzen und Bulben ändern sich von Woche zu Woche und sind starken Schwankungen ausgesetzt. Verschiedene Umstände haben Einfluß darauf, besonders die Jahreszeit. Am besten verkaufen sie sich im Frühling, wo Monate von Licht und Sonnenschein bevorstehen, um die Wirkungen der langen Reise auszugleichen. Der Käufer kann sie dann erstarken lassen, bevor die dunkeln Tage eines englischen Winters herannahen, und jeder Monat später vermindert ihm seine Aussichten. Im August ist es bereits zu spät, und im September hörten die periodischen Auktionen bis vor kurzem ganz auf. Einige wenige Sendungen, welche durch Zufall sich verspätet haben, treffen noch ab und zu ein, oder solche von Absendern, welche Neulinge im Geschäft sind. Die Größe der möglichen Schwankungen zeigt das Beispiel von Odontoglossum Alexandrae zur Genüge.

dieselben Exemplare würden im April um mehr als das Doppelte
des Preises unter heftigem Übersteigern verkauft worden sein.
Immerhin mag jeder, welcher diese Königin der Blumen zu
besitzen wünscht, sie zu jeder Zeit für einige Schillinge kaufen.
Der Ruf der Importeure und ihre Versicherung, daß die
Pflanzen zum besten Typus gehören, geben diesen mehr Wert
als gewöhnlich. Vielleicht versucht der Importeur sein Glück
in dieser Saison noch einmal, und schließlich topft er die un=
verkauften Bulben ein und verkauft sie im nächsten Frühling
als etabliert.

Auf die Odontoglossum folgt vielleicht ein Oncidium
luridum, eine breitblättrige, hübsche[1]) Orchidee, bei welcher
ein ungeübtes Auge überhaupt keine Bulben entdeckt. Diese
Pflanze beherrscht immer(?) die Auktion, wenn sie billig an=
geboten wird, und 10 Schilling mag als ein guter Preis für
ein Stück von mäßiger Größe gelten. Wenn sie gut gedeiht,
bringt sie im nächsten Sommer einen Blütenstand von 6 bis
7 Fuß Länge mit hunderten von gelb, braun und orange
gefleckten Blumen.

Oncidium juncifolium, die nächste an der Reihe, ist
zunächst uns und auch den anderen unbekannt. Es erfolgt
kein Angebot auf diese Bündel binsenähnlicher Blätter, obwohl
versichert wird, daß sie das ganze Jahr hindurch ihre kleinen,
gelben Blumen hervorbringe. Epidendrum bicornutum anderer=
seits ist wohlbekannt und wird, wenn man sie blühend
sieht, was aber selten der Fall ist, viel bewundert. Die
Beschreibung ihrer weißen, rot gefleckten Blüten klingt mehr
wie eine Sage, als wie ein Bericht von Augenzeugen. Von
dem und jenem wird erzählt, die Pflanze wüchse bei ihm wie
Kohl, aber der Erfolg sei ihm selbst rätselhaft. In Kew soll

---

[1]) Nicht immer. Die Pflanze ist ungeheuer variabel und hat
neben sehr hübschen Varietäten sehr unschön gefärbte. In Deutschland
ist sie wenig beliebt. — Anmerkung des Übersetzers.

man in einem gewissen Teil eines gewissen Hauses keine
Schwierigkeiten damit haben. Die meisten Exemplare sind gut
im Wachstum und erzielen Durchschnittspreise von 12 Schilling
6 Pence bis 15 Schilling. Welch ein Unterschied zwischen
diesen Preisen und jenen, welche sich im Bewußtsein der großen
Menge festgesetzt haben!

Mir speziell fehlen alle selbsterlebten Beispiele solcher
hohen Preise, und ich kann nur wiederholen, daß heutzutage
Schillinge da gezahlt werden, wo früher Pfunde Sterling ge=
zahlt wurden. So, im Jahre 1846. Damals brachte eine
so häufige Pflanze wie Barkeria elegans 5 bis 17 £ pro
Stück; Epidendrum Stamfordianum 5 £; Dendrobium
formosum 15 £; Aërides maculosum, crispum und odo-
ratum 20, 21 und 16 £. Niemand darf nun aber glauben,
daß diese so teuer bezahlten Exemplare in irgend einer Hin=
sicht besser gewesen seien, als die, welche wir jetzt erhalten,
nein, ganz sicher ist, daß sie damals in schlechterem Zustand
in Europa ankamen. Heute ist der höchste Preis 30 Schilling,
und nur ein großes Exemplar wird ihn erzielen. Mir ist es
erstaunlich, warum so wenig Leute Orchideen kultivieren. Jedes
beliebige moderne Gartenbuch lehrt, daß mindestens 500
Arten oder Varietäten, welche reichlich blühen und sicher eben
so schön als irgend welche anderen Blumen sind, ohne künst=
liche Wärme leicht 7 bis 8 Monate des Jahres kultiviert
werden können.[1]) Es sind nur diese Legenden, welche das
Publikum von der Orchideenkultur abschrecken, und ein Nach=
mittag in einem Auktionslokal zugebracht, ist eines der besten
Mittel, dieselben zu vernichten.

---

[1]) In England ja; in Mittel- und Norddeutschland keinenfalls
so lange. — Anmerkung des Übersetzers.

Fünftes Kapitel.

Orchideen im allgemeinen.

Diesen Gegenstand und alles, was sich über die historische Entwickelung der Orchideenkunde, über die wissenschaftlichen Fragen, welche hierbei in Betracht kommen, oder gar über die praktische Seite der Sache sagen ließe, in dem kurzen Rahmen eines Kapitels zu behandeln, ist ganz und gar unmöglich. Ich bin ein Enthusiast und will meine Gesichtspunkte, so zwingend sie für mich sein mögen, hier niemandem aufdrängen. Meine Absicht ist, herumzuschweifen und dem Fluge meiner Gedanken zu folgen, wie sie entstehen, vielleicht nicht ganz ohne bestimmtes Ziel, aber ohne mich an die Richtung zu binden. Ich hoffe, daß ich die Kritik wissenschaftlich gebildeter Leser nicht herausfordere und solche, welche der Frage gleichgiltig gegenüber stehen, unterhalte.

Liebenswürdige Philosophen, welche glauben, daß die Hilfsquellen der Natur, falls sie richtig gesucht und gefunden werden, vollauf genügen, jedes gesunde Bedürfnis der Menschen zu befriedigen, sollten eigentlich von Hause aus Orchideenfreunde sein. Beim Beginn unseres Jahrhunderts war die Wissenschaft der Blumenzucht ziemlich so weit, wie wir heute sind. Unter mancherlei Mißständen, welche wir jetzt vermeiden — ich nenne nur die Heißluftheizung und die unvollkommene Ventilation — zogen unsere Väter und Großväter ihre Pflanzen genau so gut, wie wir; mancherlei Verbesserungen — besonders in der Anlage der Häuser — sind seither erfunden, aber in betreff des schließlichen Erfolges bedeuten alle unsere heutigen Verbesserungen keinen Fortschritt. Männer, welche sich nach etwas anderem und einem neuen Feld für ihre Thätigkeit sehnten, schauten schon lange nach einem solchen aus und fanden es bald. Linné hatte im Jahre 1763 einmal über exotische Orchideen gesprochen, obwohl seine Kenntnisse sich nur auf Herbarpflanzen und Abbildungen beschränkt haben, und wie Herr Castle nachwies, hat 30 Jahre zuvor eine importierte Knolle, welche Leben zeigte und eingepflanzt wurde, geblüht; den Namen kennen wir nicht mehr. So erfuhren die Garten= freunde, gerade als ihnen besonders an einer solchen Nachricht gelegen sein mußte, daß eine große Familie von bisher noch unbekannten Pflanzen ihrer Aufmerksamkeit und Pflege warte, Pflanzen von wunderbarer und geheimnisvoller Schönheit. Je unklarer die ersten Notizen waren, desto mehr wuchs das Interesse von Jahr zu Jahr Während schon einige hundert Arten in Büchern beschrieben waren, betrug die Ziffer der in Kultur befindlichen Arten, derjenigen, welche Sir Joseph Banks gesammelt hatte und unserer einheimischen dazu höchstens 50. Im Jahre 1813 konnte selbst Kew nur 118 Arten aufweisen. Die Amateure standen in Hoffnung und atemloser Erwartung, bis sie in den Besitz dieser Schätze kämen.

Schritt für Schritt öffnete sich das neue Gebiet, und mit Freude ward es in Besitz genommen. Im Jahre 1830 gab es bereits eine Reihe von Sammlungen, welche damals für voll= ständig galten und noch jetzt ihren fast zur Sage gewordenen Ruhm besitzen, und gelegentlich der letzten Orchideen=Konferenz konnte Herr O'Brien sagen: er fürchte, daß wir mit vielen Exemplaren nicht konkurrieren könnten, welche einstmals in den Jahren 1835 bis 1850 auf den Gartenbau=Ausstellungen in Chiswick ausgestellt gewesen seien. Auszüge aus den Berichten, welche er mitteilte, unterstützen diese Annahme. Man kultivierte weniger Arten, aber man hielt auf „Schau= pflanzen", und wir lesen da erstaunliche Dinge. So erzählte Mrs. Lawrence, die Mutter unseres Oberhauptes Sir Trevor Lawrence von einem Aërides mit 30 bis 40 Ähren, einer Cattleya mit 20 Blütenständen, einem Epidendrum bicor-

nutum, dieser bisher so schwer zu ziehenden Art, mit vielen
Blütenständen und einem Oncidium, welches einen Blüten=
stand goldener Blüten trug, der 4 Fuß im Durchmesser hatte.
Damals gab es Riesenexemplare in unseren Gewächshäusern.

So war der Wunsch der Blumenfreunde erfüllt, und im
Jahre 1852 konnte Herr B. S. Williams es wagen, sein
Buch „Orchids for the Million" zu publizieren, ein Buch,
welches später unter dem Titel „The Orchid Grower's Manual"
einen wohlverdienten Ruf erhielt.[1] Eine Beschäftigung war
somit entdeckt, an welcher das Interesse und die Freude von
Jahr zu Jahr wuchs; denn alle, welche sich die Mühe nahmen
gründlich zu prüfen, fanden, daß diese Meisterwerke der Natur,
in unser Klima und unter unseren düsteren Himmel verpflanzt,
mit einer Sicherheit und Regelmäßigkeit zum Blühen gebracht
werden konnten, wie kaum in ihrer Heimat. Die Schwierig=
keiten der Kultur erwiesen sich im großen und ganzen als
Mythus, und wenn auch die große Masse der Bevölkerung —
die Millionen — Herrn Williams' Aufruf nicht folgten, so
thaten es die obersten Zehntausend und diese mit Freuden. —

Ich sagte, daß die Orchideen und ihre Kultur sich gerade
in einem Augenblicke eingefunden hätten, als die gebildete
Welt anfing, sich nach etwas zu sehnen, welches ihrem Hunger
nach Beschäftigung genügte. Leute von Geschmack werden
leicht ermüdet durch die konventionelle Schönheit, in welche die
Kunst aller früheren Generationen ihr Schönheitsideal gekleidet
hat. Vielleicht ist das ein Fehler, vielleicht ein Mangel an
gutem Geschmack; sicher ist jedenfalls, daß diese Auffassung
existiert und Berücksichtigung verlangt. Ein Gemälde, eine
Bildsäule, eine Porzellanvase, kurz irgend ein Gegenstand der
bildenden Kunst ist und bleibt stets derselbe, mag er so ent=
zückend sein wie immer. Das Einzige, was man damit

---

[1]) Das Buch ist in der That vortrefflich und hat bis jetzt 7 starke
Auflagen erlebt. — Anm. d. Übers.

machen kann, ist, ihn unter verschiedener Beleuchtung zu
betrachten. Théophile Gautier hat in einem Augenblick un=
besonnenen Freimutes einmal gesagt, wenn Raphaels „Ver=
klärung" in seinem Zimmer hinge, würde er sicher nach einiger
Zeit Fehler daran entdecken, unbedeutende und lächerlich geringe
Fehler, aber immerhin solche, welche ihm für den Augenblick
den vollen Genuß dieses Kunstwerkes verleiden würden. Ich
erwähne diese Notiz hier, welche vielen meiner Leser an=
stößig erscheinen wird, weil ich glaube, daß Gautier's Einfluß
auf das ästhetisch gebildete Publikum größer ist, als der jedes
anderen Schriftstellers. Tausende, welche nie eine Zeile seiner
Schriften gelesen haben, sind indirekt von ihm beeinflußt, und
die Empfindungen, welchen er vor zwei Generationen Worte
gab, liegen jetzt gewissermaßen in der Luft und sind Gemein=
gut aller oder doch vieler geworden. Die Besitzer großer
Sammlungen, welche viel Geld für ihre Kunstwerke bezahlten,
werden sich natürlich dagegen sträuben; aber in der Regel
achten die Besitzer solcher Kostbarkeiten auf sie nicht mehr
als auf ihre wertvollen Tische und Stühle; derjenige jedoch,
welcher in der That ein Kunstkenner und Liebhaber ist, kann
leicht dazu kommen, vor diesen leblosen Schönheiten ungeduldig
zu werden, wenn er sie stets vor sich hat. „O, daß diese
Lippen sprechen könnten!" rief Cowper aus. „O, daß diese
herrlichen Gestalten sich neu gruppieren oder in eine andere
Beleuchtung kommen, oder nur irgend etwas thun möchten!"
ruft der Ästhetiker nach, wenn er sie eine Weile bewundert
hat. „O, daß der Wind diese herrliche See kräuseln wollte,
daß das Grün des Sommers zum Gelb des Herbstes, daß
Nacht zum Tage, Wolken in Sonnenschein und Sonnenschein
zu Wolken sich wandeln möchten!" Aber littera scripta
manet, und ebenso bleibt jeder Pinselstrich für die Ewigkeit,
bleibt stets der Bogen einer Apollostatue gespannt. Man mag
ein Gedicht lesen, bis man es auswendig weiß, doch wird

stets das gesprochene Wort die Verse unserem Ohr nahe bringen, als wäre es das erste Mal. Maler mögen ihre Leinwand zur Seite stellen und nach kurzer Zeit gleichsam mit neuen Augen wieder vor sie treten, ein Käufer und Liebhaber jedoch, welcher einmal von dieser Krankheit der Übersättigung ergriffen ist, hat keine solche Hilfsmittel. Mag er seine Kunstwerke Jahre lang nicht sehen, es genügt ein einziger Blick, um alle Übersättigung auf der Stelle zurück= zurufen. Ich habe selbst einen Fall genau beobachtet, wo ein vortreffliches Bild von Gerôme zu einem wahren Alp wurde. Das jährliche Sinken der Preise für Gemälde ist zumeist dar= aus zu erklären, daß die ewige Unveränderlichkeit der Bilder geradezu eine Aversion gegen sie erzeugt, und diese Aversion macht sich gerade unter der besseren Klasse von Beschützern der Kunst bemerkbar.

Für Leute dieser Art sind Orchideen eine glückverheißende Erholung. Keine Einbildungskraft kann ihre Lieblichkeit, die Rundung ihrer Gestalten, ihre Farben, ihre Anmut in jedem einzelnen Teil, wie in ihrer Gesamtwirkung beschreiben. Ich sah einst in Italien (oder war es zu Oxford in Taylor's Institution?) die Handzeichnungen Raphael's für die Verzier= ungen in dem neuen Palast Leo's X., und ich füge in Parenthese hinzu, daß niemand eine Ahnung von der Über= legenheit dieses Künstlergenies haben kann, der nicht diese, rein auf den groben Effekt berechneten Studien gesehen hat. Unter diesen Skizzen waren idealisierte Blumen, schön und herrlich wie aus dem Feenland und doch wie tot und kalt und irdisch im Vergleich mit der Pracht eines einzigen Blütenstandes von Odontoglossum Alexandrae. Meine Meinung völlig klar zu stellen, ist den erfahrenen Lesern gegenüber nicht nötig, und anderen Leuten werden Worte doch keine rechte Vorstellung von der Sache geben, aber während ich diese Zeilen schreibe, steht vor mir eine Rispe von Oncidium crispum. und über diese will ich nicht stillschweigend hinweggehen. Welcher Farbenkünstler möchte es wagen, dieses schimmernde Braun mit matter Goldfarbe zusammenzustellen; welcher der Form noch so kundige Meister kann diese kräftigen und doch so zarten Wellenlinien der breiten Petalen bilden; und welche menschliche Einbildungskraft kann diese Blütenbüschel so zierlich anordnen! Es ist der Inbegriff aller Grazie und Schönheit. Hätte ich unter meinen Freunden einen Atheisten — natürlich müßte er ein Mann von Geist und feiner Empfindung sein, so würde ich diesen Zweig vor ihn hinstellen und auf seine Antwort warten. Wenn Salomo in aller seiner Herrlichkeit nicht gekleidet war, wie eine Lilie auf dem Felde, so haben die Engel des Himmels kein mehr aus Duft und Äther gewobenes Kleid als die Blüten einer Orchidee. Doch wieder zur Sache. —

Viele Leute, denen der Gartenbau im allgemeinen gleichgiltig ist, denen die prosaischen Arbeiten mit ihrem Schmutz, das Düngen und alle die sonstigen Prozeduren wie Graben und Hacken unangenehm sind, lieben dennoch die Blumen. Für solche Leute sind Orchideen eine wahre Erlösung. Nehmen wir z. B. mein Oncidium. Es steht in einer Art Blumentopf, einem mit Moos gefüllten Behälter, aber nur der Bequemlichkeit halber; denn der ganze Blütenstand mit seinen großen Blumen entspringt aus einem Scheit Holz. Kein Schmutz oder feuchte Erde umgiebt ihn, wir sehen nichts weiter außer den Wurzeln, welche den Block umgeben, und dem Draht, welcher zum Aufhängen dient. Die Pflanze verlangt keine weitere Wartung als ihr tägliches Bad. Seit dem Tage, wo ich sie im letzten Jahre an den Block band, nachdem sie ihrer Heimat und all ihren Freunden entrissen und in Stevens' Auktionssälen für armseliges Silber verkauft war, seit dieser Zeit habe ich sie nicht weiter berührt, außer um sie einzutauchen und wieder an ihren Haken zu hängen. Wenn

die Blumen verwelken, wird sich das Spiel wiederholen, und
sie wird hoffentlich treiben und weiterwachsen, bis sie mich im
nächsten Jahre wieder mit ihren Blüten erfreut, und so Jahr
für Jahr, bis der Holzblock verwest ist. Dann bringe ich sie
sorgfältig auf ein größeres Holzstück, und das Spiel beginnt
von neuem. Wahrscheinlich wird es mir gelingen, sie umzu-
pflanzen, ohne die Wurzeln zu verletzen, und in künftigen
Jahren werde ich nicht einen, sondern zwei oder gar drei
Blütenstände ernten, dann eine Anzahl und so fort und fort,
indem ich die Pflanze teile und vermehre, und so wird sie
weiter wachsen, bis die letzten meiner Nachkommen tot sind.
Dies wird der natürliche Verlauf der Dinge sein. Ob meine
Nachkommen sorgsam genug sein werden, der Pflanze ihr
schönes Wechselspiel weiter zu ermöglichen, ist natürlich ihre
Sache und wird meiner Kontrolle entzogen sein.

Außer allen möglichen anderen Vorzügen, denen die
Orchideen ihre bevorzugte Stellung verdanken, können sie sich
auch rühmen, unsterblich zu sein. Als Sir Trevor Lawrence
im Jahre 1885 unseren berühmten Kongreß eröffnete, sagte
er: „Ich sehe bei den meisten von ihnen keinen Grund, weswegen sie je sterben sollten. Alle Teile der Orchideenpflanze
werden Jahr für Jahr neugebildet, und es giebt thatsächlich
keine Ursache, weshalb sie aufhören sollten, zu leben, wenn
sie nicht, wie dies in der Gefangenschaft vorkommen kann,
durch Fehler in der Behandlung getötet werden." Sir Trevor
sprach damals zu Autoritäten, zu einem Parterre von Königen
im Reiche der Botanik, sonst hätte er sich weiter über diesen
Text auslassen müssen. Die epiphytischen Orchideen bilden,
ganz allgemein aufgefaßt, einen Körper, welcher aus mehreren
Teilstücken oder Gliedern besteht und von einem Haupt- oder
Gipfeltrieb abgeschlossen ist. Die Cirkulation des Saftes
pulsiert durch die ganze Masse, mit entsprechend geringerer
Lebhaftigkeit natürlich in den Teilen, welche geblüht haben

und welche der fortwachsende Teil hinter sich läßt. Bei einem gewissen Alter hört unzweifelhaft die Cirkulation in diesen absterbenden Gliedern auf; aber bisher fehlt uns die sichere Kenntnis, wie lange es dauert, bis die ausgeblühten Bulben eines Oncidium oder einer Cattleya eines natürlichen Todes sterben. Man schneidet vielleicht die leblosen Bulben ab, wenn sie zu faulen beginnen, und siehe da, vielleicht nach 12 Monaten sprießt ein kleiner Trieb aus irgend einem welken und unsichtbaren „Auge", welches jahrelang schlief, und beginnt nun ein selbständiges Dasein. Ich bin als Orchideenzüchter noch nicht alt genug, um beurteilen zu können, wie lange diese Pflanzen ein scheinbar überflüssiges Glied beibehalten können. Die wundervolle Organisation dieser Pflanzen ist vor allen Dingen durch Vorsicht und Umsicht gekennzeichnet, sie haben soviel Sehnen an ihrem Bogen und Pfeile in ihrem Köcher, als sie können und behalten sie solange als möglich. Der zarte, junge Trieb kann durch tausenderlei Ursachen zu Grunde gehen, aber dieser Unfall treibt diese unbezähmbaren Pflanzen nur dazu an, ihn durch zwei oder mehr neue zu ersetzen. — Wesen, welche so für die Unsterblichkeit bestimmt erscheinen, sind schwer zu töten.

Unter allen Freuden, welche uns geistige Genüsse gewähren, kenne ich keine, welche sich mit der Genugthuung vergleichen läßt, wenn man einer vernachlässigten Orchidee die Gesundheit wiedergiebt. Man kann solche Exemplare für Kupfermünzen kaufen, seltene Arten dazu und von einer Größe und so stattlich anzuschauen, daß die Händler sie auf ebensoviel Sovereigns schätzen würden, wenn sie sie gesund auf ihren Verkaufstischen liegen hätten. Ich will Namen und Einzelheiten beiseite lassen und nur kurz sagen, daß ich selbst auf der Auktion mehr als 20 Töpfe für 5 Schilling gekauft habe, und darunter keine Art mehr als zwei- oder dreimal. Die Hälfte von ihnen war rettungslos krank, einige hatten zufällige

Beschädigungen erlitten, aber der größere Teil war ein Opfer ungeschickter Behandlung gewesen, und auf deren Wiederher= stellung durfte ich rechnen. Orchideen erzählen oft ihre eigne Geschichte in unauslöschlichen Schriftzügen, mag es ihnen gut oder schlecht ergangen sein, und als Herr O'Brien auf jener Konferenz thatsächlich vor dem versammelten Rat der er= fahrensten und gelehrtesten Orchideenkenner behauptete, daß Orchideen ebenso wie Haustiere es bald herausfinden, ob man ihnen wohl oder übel will, und daß sie die Hand lieben, welche ihnen gutes thut, daß sie ihren Wärter kennen und ihm ihre Wünsche mitteilen, als ob sie sprechen könnten, da folgte auf diese, etwas sehr extravagante Behauptung natür= lich Heiterkeit, aber kein Spott, und wer die unendlich vielen Handgriffe, Methoden und sonstige Besonderheiten erwägt, welche bei manchen Orchideen angewandt werden müssen, um ihnen genug zu thun, möchte sie für vernunftbegabte Wesen halten.

Daß sie ihre Geschichte in nicht mißzuverstehenden Zügen tragen, ist ohne weiteres zuzugeben. Ich habe da eine Cattleya, für welche ich im letzten Herbst ungefähr einen Schilling zahlte; ich hielt sie, obwohl sie keinen Namen hatte, für wertvoll. Sie verriet mir, daß irgend ein grausamer Mensch sie vor fünf Jahren wahrscheinlich als importierte Pflanze mit zwei Bulben auf einer Auktion erstand; denn diese stehen noch wie zwei Säulen verschwundener Herrlichkeit unter Trümmern. Sie maßen oder richtiger messen jetzt noch 8 Zoll in Höhe, bei ³/₄ Zoll im Durchmesser. Im ersten Jahre brachte der Un= glücksmensch den Trieb auf 3¹/₂ Zoll unseres Maßstabes, in der nächsten Saison auf 2 Zoll, in der dritten auf 1¹/₂ Zoll. Da begriff die geduldige Pflanze, daß irgend etwas faul sei in ihrer Behandlung und suchte sich dadurch zu helfen, daß sie das machte, was wir einen Hintertrieb nennen (d. h. sie trieb aus einer der alten Bulben), wodurch sie also zwei fort=

wachsende Triebe erhielt. Im vierten Jahre schwand der stärkere
von beiden bis auf weniger als einen Zoll und die Dicke eines
Strohhalms, während der andere mit Mühe und Not die Größe
eines Weizenkornes erreichte und dann das Wachstum aufgab.
Es ist überflüssig hinzuzufügen, daß der unglückliche Besitzer
nie eine Spur einer Blüte zu sehen bekommen hat. Da end=
lich nach 5 Jahren gab er die Quälerei auf und setzte die
Pflanze in Freiheit, und ich übernahm es, den verkümmerten
Dulder wieder herzustellen. Sofort begann die Pflanze sich
dankbar zu erweisen, und augenblicklich, wo der Sommer noch
nicht ganz zu Ende ist, hat der Vordertrieb die Stärke wieder=
gewonnen, welche er in drei Jahren verloren hatte, während
der Hintertrieb, welcher tot zu sein schien, die beste Bulbe
übertrumpft, welche mein Vorgänger erzielt hat.

Und solcher Pflanzen besitze ich hunderte, Krüppel, welche
ihre Gesundheit wiedergewinnen, Kranke, welche sich von ihrem
Sterbebett erheben. Ob es wohl eine ruhigere Freude giebt,
als so morgens durch meine Häuser zu schlendern? Mir
wenigstens hat das Leben und Erlebnisse in mancher Herren
Länder und unter den verschiedensten Verhältnissen nichts dem
Ähnliches zu bieten vermocht. Und jeder meiner Leser kann
dies erreichen; denn ich bin, aber nicht im gewöhnlichen
Sinne des Wortes, mein eigner Gärtner und dulde nicht,
daß irgend jemand die Hand an meine Orchideen legt. Und
wenn ich, ein vielbeschäftigter Mann, der als Journalist, als
Feuilletonist und Romanschriftsteller vom Ertrag seiner Feder
lebt, wenn ich Hunderte von Orchideen ziehen kann und so
gesund, daß ich stolz darauf bin, sie erfahrenen Männern
zeigen zu dürfen, wenn ich sie ohne andere Hilfe kultiviere,
als im Notfall gelegentliche Aushilfe durch die Damen des
Hauses oder eine Aufwärterin, so ist wohl sicher, daß die
Unternehmung keinerlei Schwierigkeiten bietet und wenig Kosten
verursacht. Ich glaube, daß dies Argument dazu angethan

ist, dem Aberglauben von den unüberwindlichen Schwierigkeiten der Orchideenkultur einen Stoß zu versetzen. Ich habe
nicht die Absicht, hier die Grundzüge der Orchideenkultur zu
erörtern, möchte aber nur einen Punkt erwähnen. Orchideen
sind im ganzen gleichgültig gegen Einzelheiten. Genügen ihnen
die Kulturbedingungen im großen und ganzen, so werden
sie gedeihen, und uns von jeder Angst um ihr Wohlbefinden
befreien; vernachlässigen wir die Hauptbedingungen, so kann
keine Pflege im kleinen diesen Fehler wieder gut machen. Der
Herr, welcher meine Cattleya in einen so jammervollen Zustand gebracht hat, hatte sich die größte Mühe gegeben, hatte,
wie es sehr glaubhaft erscheint, eine Unmenge Bücher nach-
geschlagen, hatte alle Ratschläge befolgt und endete damit, die
Orchideen für unberechenbar zu erklären. Gerade das Gegenteil ist der Fall. Kein lebendes Wesen folgt mit so unverbrüch-
lichem Gehorsam einigen einfachen Gesetzen, keine Maschine wirkt
so zuverlässig und prompt wie Orchideeen, wenn man die
Gesetze, von welchen ihr Dasein abhängt, erfüllt.

Am besten sehen wir dies an einigen, zur Zeit noch
nicht aufgeklärten Fällen, welche ich hier als Beispiel an-
führe. — Einige rücksichtslose Eiferer haben unsere ehrwürdige
Rose von ihrem Thron gestoßen und Phalaenopsis als Königin
der Blumen gehuldigt. Lassen wir die Frage der Pietät
zunächst beiseite, so bleibt die Thatsache bestehen, daß
Phalaenopsis, wenigstens vom Standpunkt des Kultivateurs
aus, zu den interessantesten Blumen gehören. Zu den Arten
und Gattungen, welche alle Aufmerksamkeiten spröde zurück-
weisen und deren es viele giebt, gehören die Phalaenopsis
nicht, und ich finde, daß sie bei mir mit dem ruhigen
Wohlgefallen eines gut gedeihenden Kohlkopfes wachsen; aber
ich bin mir bewußt, daß dies ein Zufall sein kann. Die allgemeinen Bedingungen sind in jedem Hause erfüllt, in welchem
indische Orchideen gut gedeihen, aber von Zeit zu Zeit kommen

Orchideen.   4 uns Winke, daß diese oder jene Bedingungen, welche sich nicht überall vorfinden, für das Gedeihen der Phalaenopsis unerläßlich seien. Über diese Fragen cirkulieren mancherlei Geschichten, von welchen ich nur zwei erwähnen will, beide absolut sicher überliefert und leicht auf ihre Richtigkeit zu prüfen. Die Vorstände der Kew=Gärten beschlossen, ein Phalaenopsis=Haus zu bauen, ausgestattet mit allem Komfort, welchen Erfahrung und Wissenschaften auszudenken vermochten; aber als es vor 6 oder 8 Jahren eröffnet wurde, gedieh keine der zahlreichen Arten und Varietäten von Phalaenopsis darin, und nach fruchtlosen Anstrengungen sah sich Herr Thyselton Dyer (Direktor der Royal Gardens) genötigt, eine andere Verwendung für das Haus zu finden, und es dient jetzt dazu, blühende Pflanzen auszustellen. Sir Trevor Lawrence erzählt, daß er 600 £ für denselben Zweck und mit demselben Mißerfolg fortwarf; und doch kann jeder sicher annehmen, daß eben diese Phalaenopsis in 9 von 10 gut eingerichteten Häusern wunderbar gut wachsen und in 19 von 20 wenigstens erträglich. Nichts destoweniger gilt es bei den Kultivateuren als eine Hauptregel, daß Phalaenopsis nie von der Stelle entfernt werden sollten, wo sie gut gedeihen, ihre Haken sind geheiligt wie der, an welchen Horaz seine Leyer aufhing. Und man kann dies nicht einmal für so unvernünftig erklären, da der Augenschein lehrt, daß das Wohlbefinden dieser Pflanzen von Gesetzen beherrscht wird, die zu ergründen uns bisher nicht geglückt ist.

Es würde verkehrt sein, wollte ich den Eindruck hervor= rufen, daß Orchideenkultur gerade so leicht sei, wie Gemüse= Gärtnerei; aber für die Klasse von Leuten, welche ich gern für diese Kulturen begeistern möchte, haben die Launen, welche Phalaenopsis und einige andere Arten zeigen, genau so wenig zu bedeuten, wie die Schrecknisse der Tiefe für einen Themseschiffer. Wieviel Tausende von Hausbesitzern in und um London haben ein „Bißchen Glas" für die Kultur von

Geranien, Fuchsien 2c. Als sie begannen, hatten sie höhern
Ehrgeiz, aber Mißerfolge haben sie im Laufe der Zeit be-
scheidener gemacht, wenn nicht gar verzweifeln lassen, und
nun begnügt sich der arme Mann mit irgend etwas, was
erträglich grün aussieht und einige verkümmerte Blumen
zeigt. Der Grund ist, daß ausdauernde Pflanzen unter
Glas sehr sorgfältig behandelt sein wollen, und da alle um-
gebenden Bedingungen unnatürliche sind, so steht solch ein
unglücklicher Liebhaber zwischen Insektenplage auf der einen
Seite und Mehlthau auf der anderen, wie zwischen dem
Teufel und der tiefen See. Unter solchen Umständen können
selbst leicht zu ziehende Pflanzen ihre Launen bekommen und
ihr Unbehagen über die Behandlung in überraschender Form
zeigen, zumal da ihr Leben von Gesetzen beherrscht wird,
welche nicht so leicht mit Händen zu greifen sind und welche
keine Änderung zulassen. Die Orchideen jedoch, welche zu
kultivieren ein unbemittelter Mann unternehmen kann, spielen
solche Possen nicht. Für einen Schilling kann er sich ein Buch
kaufen, welches ihn über die Species und die nötigsten Vor-
kenntnisse belehrt; eine weitere Ausgabe von 5 £ wird ihm für
seine Lebenszeit und länger genügen, denn Orchideen sind
unsterblich. Es ist nichts weiter nötig, als etwas Intelli-
genz. — Nicht einmal Wärme, wenn er „kalte Orchideen"
für seine Sammlung gewählt hat; es genügt bei diesen,
nur den Frost fernzuhalten. Einen Ausspruch, wie diesen
letzten, würde ich vor fünf Jahren noch nicht gewagt
haben, bis ich St. Albans besucht hatte, aber in dem
Kalthause dieses Blumenpalastes, mit welchem Herr F. Sander den alten Burgflecken verschönert hat, waren alle Ge-
stelle gefüllt, bevor die Heizung ganz fertig war, und oft
fiel das Thermometer auf den Gefrierpunkt. Ein wesentlicher
Schaden entstand, soweit ich erfuhr, hieraus nicht, obwohl
Mr. Godseff (F. Sander's Manager) es nicht gerade liebte.

Wer im Frühling jemals den Anblick genossen hat, wenn diese Felder von Odontoglossum zu blühen beginnen, wird zweifeln, ob es etwas Vollendeteres geben kann und ob in dieser Welt etwas dem gleich kommt. Ich kann es nicht unterlassen, den Anblick, welchen die große Galerie bietet, wenigstens annähernd zu beschreiben. Man stelle sich einen 400 Fuß langen und 6 Fuß breiten Korridor vor, in welchem unter dem Glasdach soviel Körbe hängen, als irgend Platz haben; man stelle sich dann vor, daß von jedem dieser Körbe eine oder mehrere Rispen schneeweißer Blüten herabhängen (wie viele es sein mögen, ist nicht einmal annähernd zu schätzen), daß man über seinem Haupte ein Blätterdickicht hat, wie die Tropenwälder es bieten und daß von diesem die schnee= weißen Blüten gleich Schmetterlingen herabschweben. Keines sterblichen Menschen Phantasie kann sich dies Bild in seiner ganzen Glorie ausmalen.

Noch ein Wort zum Schluß. Wenn der eine oder der andere der Leute, zu denen ich hauptsächlich spreche, mir er= widert: „Ich wage es nicht, obwohl ich es möchte", der höre die Erfahrung eines Enthusiasten, wie Herr Castle sie in seiner kleinen Schrift „Über Orchideen" erzählt. Der betr. Herr hatte einen Glaskasten am Fenster seines Wohnzimmers, 6 Fuß lang und 3 Fuß tief. Er ließ Röhren hindurchziehen, welche er vermutlich mit Gas anheizte. „Ehrgeiziger, als ich es war," sagt Mr. Castle, „unternahm es der Besitzer, in diesem Miniaturgewächshaus unter reichlicher Anwendung von Wasser Orchideen in einem der rauchigsten Stadtteile Londons zu züchten. Ich will die erstaunliche Liste der seltenen und schönen Pflanzen hier nicht aufzählen, sondern nur erwähnen, daß es 25 Arten zarter und schöner Pflanzen des Warm= hauses waren." Wenn unter solchen Umständen so Großes erreicht werden konnte, mit welchem Recht kann man dann noch von Schwierigkeiten bei der Orchideenkultur reden!

Sechstes Kapitel.

Kalthaus-Orchideen.

Dieses Thema würde jeden gebildeten Leser, ja, jeden Besitzer einer Villa interessieren, wenn man ihn zu der Überzeugung bringen könnte, daß sich die Kultur dieser Pflanzen sehr gut mit seinen praktischen Interessen in Einklang bringen ließe. Vielleicht wird mit der Zeit das Publikum eines besseren belehrt werden. Sachkundigen erscheint es auffallend, daß, trotzdem Orchideen schon so bekannt sind und so viel von ihnen die Rede ist, noch immer so viel unrichtige Vorstellungen die Oberhand haben. Allein ich weiß aus Erfahrung, daß die meisten, und unter ihnen selbst große Blumenliebhaber, sie für phantastische und geheimnisvolle Geschöpfe halten, welche nur für Narren und Millionäre bestimmt zu sein scheinen. Ich versuche seit langer Zeit mein bestes und halte es eben für meine Pflicht, diesen Irrtum zu beseitigen und ein wenig mehr Licht in diese Angelegenheit zu bringen. Meiner Meinung nach haben die Fachmänner schuld an solchen Mißverständnissen. Sie suchen nämlich einen Schleier darüber zu decken und die Sache geheim zu halten. Ihr Mißmut ward laut, als vor 40 Jahren Herr B. S. Williams die erste Auflage seines berühmten Werkes über Orchideen erscheinen ließ. Sicher ist, daß es keine andere Pflanzengattung giebt, die sich so leicht kultivieren läßt und so leicht die Mühe bezahlt macht, wie die Kalthaus-Orchideen.

Fast alle Gattungen dieser gewaltigen Familie weisen Arten auf, welche in einem gemäßigten Klima einheimisch sind, wenn sie nicht geradezu der gemäßigten Zone der Erde angehören. Ich entsinne mich in diesem Augenblicke nur zweier Gattungen, welche Ausnahmen bilden, Vanda und Phalaenopsis. Natürlich giebt es mehr solcher Ausnahmen — selbst beim Schreiben dieser Zeilen fielen mir ein Dutzend

anderer Arten ein — allein der Mangel an Raum zwingt
mich, nur die allgemein gültigen Thatsachen zu besprechen.
Es giebt mindestens hundert Gattungen und mehr denn zwei=
tausend Arten, die überall gedeihen, solange sie frostfrei ge=
halten werden.　Allein ein vernünftiger Mensch wird sich
schon mit den großen Gattungen Odontoglossum, Oncidium,
Cypripedium und Lycaste begnügen, und an diesen und
ihren unzähligen Varietäten kann er viel Freude erleben.　Sie
haben alle Reize in sich vereinigt, immergrünes Laub, anmutigen
Wuchs und Blumen, welche zu den Meisterwerken der Natur
zu rechnen sind.　Der arme Mann, welcher dieselben mit Er=
folg in seinem bescheidenen Gewächshause heranzieht, hat keinen
Grund, den Reichen um seine prächtigen Cattleyen und Aërides
zu beneiden.　Ich möchte es in die Welt hinausrufen, daß von zehn
Bewohnern der Vorstädte Londons, welche dieses Buch in die
Hand nehmen, neun die lieblichsten Orchideen züchten können,
wenn sie nur den Mut hätten, es zu versuchen.

Die Odontoglossen nehmen natürlich den ersten Rang
ein, und es fällt schwer, alle ihre Vorzüge aufzuzählen.
Eine ihrer besten Eigenschaften ist die, daß sie je nach
der Reifezeit ihrer Bulben ihre Blüten zu jeder Jahres=
zeit entfalten.　Und gerade hierin liegt der große Wert für
den Liebhaber.　Ein Gärtner, der ihnen die richtige Pflege
zu teil werden läßt, bringt sie innerhalb weniger Wochen
allesamt zur Blüte.　So gewähren große Sammlungen in
den Monaten April bis Juni einen anmutigen Anblick, welchen
selbst der Garten Eden nicht übertreffen kann.　Allein nach dieser
herrlichen Blütezeit tritt ein Stillstand ein und für den Rest
des Jahres sind die Kalthäuser jedes Schmuckes bar.　In einem
großen Geschäfte ist dies kaum fühlbar; denn sobald die
Odontoglossen abgeblüht haben, kommen andere Arten mit
den mannigfaltigsten Farben zur Blüte.　Umsomehr aber
macht sich diese Periode dem Liebhaber bemerkbar, der nur
eine beschränkte Anzahl von Töpfen hat, denn er hat keine

Blumen in seinem Hause. Doch die Odontoglossen helfen ihm
diese Schwierigkeit zu überwinden. Obgleich ihre Blütezeit
in das Frühjahr fällt, so halten sie nicht immer streng an
dieser Regel fest. Der geringste Fehler in der Kultur hält
die Blüten oft um einige Wochen, ja sogar Monate zurück.
Und so kann der Fall eintreten, daß der Eigentümer von
einem Dutzend Pflanzen das ganze Jahr hindurch sich ihrer
Blüten erfreut, manchmal gar zwei oder mehrere Rispen zu
gleicher Zeit hat, da bei zweckmäßiger Behandlung die meisten
Odontoglossenblüten vier Wochen lang frisch bleiben.

Ein anderer Vorzug, den sie mit einigen Arten der
kalten Abteilung gemein haben, ist ihre Gewohnheit, selbst im
Winter ihr Wachstum fortzusetzen. Sie haben keine Ruhezeit; das ganze Jahr hindurch sind sie mit der Bildung neuer
Bulben, frischen Laubes und junger Wurzeln beschäftigt, bis
die Entstehung des Blumentriebes sie zwingt, ihre ganze Kraft
auf die Entfaltung der Blüten zu verwenden. Aber der
Winter ist die wichtigste Zeit, und ich glaube, ein jeder wird
einsehen, wie wertvoll dieser Gang der Entwicklung ist; er
bringt Abwechslung in die langen, öden Tage, wo das Leben
anderer Pflanzen stillzustehen scheint. Ist es so gering an-
zuschlagen, wenn sich an diese Pflanzen Betrachtungen knüpfen,
wie man sie an einem Sonntagmorgen beim Durchwandern
seines Gewächshauses empfindet? Und zu dieser Jahreszeit
macht die Pflege eitel Freude. Wir fragen uns nicht ängst-
lich, wenn wir unseren täglichen Geschäften nachgehen, ob
die „sorgsame Hausfrau", als sie ausging, vergaß, Marie
daran zu erinnern, die Fensterläden zu schließen; ob Marie
diesem Befehle, falls er gegeben wurde, gehorchte; oder ob
die verhaßten Patentluftklappen nicht wieder aufgesprungen
sind? Die grüne Fliege macht uns keine großen Sorgen.
Ein einmaliges Bespritzen am Tage und ein einmaliges Gießen
während der Woche genügt. Das fällt sicherlich keinem schwer;
und das Resultat, welches zu erwarten steht, ist kostbar.

Sehr wenige von denen, die Odontoglossum kultivieren, scheinen sich um die Geschichte dieser Gattung, ihre Bedeutung im Handel gekümmert zu haben, und doch ist es ein eigenes Ding mit ihnen.

Sie sind ausschließlich amerikanischen Ursprunges. Von der Nordgrenze Mexikos bis zur Südgrenze von Peru — mit Ausnahme von Brasilien, d. h. oberflächlich gesagt, erstreckt sich ihr Heimatland. Diese Ausdehnung ist in vieler Hinsicht auffallend zu nennen. Die Temperatur allein kann nicht diese Grenze bestimmen, weil einerseits die an sehr kalte Standorte gewöhnten Sophronitis und einige der kältesten Cattleyen ebenfalls von Brasilien kommen. Andererseits findet man Odontogl. Roezlii, eine sehr heiße Varietät, und Odontogl. vexillarium, ebenfalls eine warme Species, bis in dieses Gebiet hinein verbreitet. Warum diese nicht einen Schritt weiter rücken, selbst wenn sie die Gemeinschaft mit ihren Schwestern oben in den Bergen, den Sophronitis, auch verweigern sollten, ist und bleibt uns ein Rätsel. Anderswo trifft man sie im Überfluß an.

Die Sammler können fast mit Sicherheit berechnen, wann alle jene Odontoglossum-Distrikte, die sie durchstreift haben, völlig erschöpft sein werden. Südamerika ist freilich groß, und eine Tagereise abseits der bisher betretenen Wege führt oft in eine noch völlig unbekannte Welt. Doch auch dem wird bald ein Ende gesetzt sein. Die Engländer allein haben ganze Provinzen ihrer kostbaren Schätze beraubt, und die ganze civilisierte Welt stürzt sich heutzutage auf solche Unternehmungen. Man giebt uns die traurige Versicherung, daß, wenn die Odontoglossen einmal in einer Gegend ausgerottet sind, Jahrhunderte bis zu ihrem Wiedererscheinen vergehen werden. Die meisten anderen Orchideen vermehren sich so schnell, daß sie schon nach Verlauf einiger Jahre den Schaden ersetzt haben. Aus Gründen, welche uns noch voll-

ständig unbekannt sind, machen jedoch die Odontoglossen eine
Ausnahme. In England hat trotz aller Mühe bis jetzt nie=
mand mit Erfolg Pflanzen aus Samen herangezogen; nicht
einmal seine besten Züchter, die Herren Cookson und Veitch
und einige andere können Erfolge aufweisen. In Frankreich
ist man unter dem Einflusse des Klimas glücklicher gewesen; denn
die Herren Bleu & Moreau haben aus Samen gezogene Odonto=
glossen zur Blüte gebracht. Auch Mr. Jacob, der Orchideen=
züchter in der Gärtnerei des Herrn Edmund de Rothschild zu
Armainvilliers, hat eine beträchtliche Zahl junger Sämlinge.
Weswegen sich gerade die Odontoglossen so ablehnend ver=
halten, ist eine bisher noch streitige und überaus schwer zu
beantwortende Frage; denn auch an importierten und wilden
Exemplaren sind Samenkapseln ungemein selten, eine Erscheinung,
welche sonst nur noch bei Cypripedium beobachtet ist. Dies
ist der beste Beweis, daß sie selbst in ihrer Heimat äußerst
selten Frucht ansetzen. Die Keimfähigkeit ihrer Samen ist jedoch
sehr bedeutend, und sie sind widerstandsfähiger wie die anderen
Orchideen. Doch genügt dies leider nicht, die Verluste rasch
auszugleichen, welche die Sammler verursachen und einer von
Odontoglossen entblößten Gegend ihren Schmuck rasch wieder=
zuverschaffen.

Ich will hier eine Beobachtung, welche von Herrn
Roezl gemacht wurde, einschalten. Er erzählt, daß Odon=
toglossen in einer Höhe von 30 Fuß auf Zweigen wachsen;
selten findet man sie noch bei 35 Fuß Höhe, seltener schon
bei 25; höher oder tiefer steigen sie nie. Hier liegt ohne
Zweifel das Geheimnis, weshalb sie so selten Frucht ansetzen;
allein, ich will hier keine weiteren Erklärungen abgeben, denn
je tiefer man in dieses Thema einzudringen sucht, desto mehr
häufen sich die Schwierigkeiten. Bei uns in Europa scheint
die Höhe keinen Einfluß zu haben, da sie in unseren Gewächs=
häusern mit jedem Standorte vorlieb nehmen, und blühen, so

lange die Hauptbedingungen für ihr Gedeihen vorhanden sind.
Allein in der Heimat keimt der Same nur eben in dieser
Höhe, sonst nicht. Nichtsdestoweniger scheint Roezl dem Ge=
heimnis auf die Spur gekommen zu sein, und die Zukunft
wird vielleicht mehr Licht in die Frage bringen.

Der Royal Horticultural Society von England gebührt
die Ehre, zuerst methodisch und nach wissenschaftlichen Grund=
sätzen Orchideen in Europa eingeführt zu haben. Die Herren
Weir und Fortune waren ihre ersten Reisenden; ein dritter,
Theodor Hartweg, entdeckte im Jahre 1842 Odontoglossum
Alexandrae, allein er sandte nur trockene Exemplare herüber.
Nach diesen beschrieb Lindley die Pflanze, wobei er durch eine
Skizze eines spanischen oder peruvianischen Künstlers, Tagala mit
Namen, unterstützt wurde. Hierbei geriet er in einige Irrtümer,
von denen uns jedoch der wissenschaftliche weniger angeht. Er
beschrieb nämlich die Farbe der Blume als gelb mit einem pur=
purnen Centrum. So war auch die Zeichnung Tagala's, welche
noch heute existiert, koloriert. Das ist um so merkwürdiger,
als er die von Hartweg gesandte Blume, welche weiß war,
vor sich hatte. Allein gelbe Odontogl. Alexandrae sind
seitdem gefunden worden, und wir verdanken der Royal Hort.
Soc. die Entdeckung und Einführung auch dieser wunder=
vollen Pflanze. John Weir, der Reisende der Gesellschaft,
sandte im Jahre 1862 lebende Exemplare herüber, und man
kann sich nicht wundern, daß die Botaniker sie anfangs für
eine Neuheit hielten. Als solche benannte Bateman die
Pflanze nach der jungen Prinzessin von Wales — eine
in jeder Beziehung sehr angemessene Widmung. Später=
hin nahmen einige reiche Amateure, wie der Herzog von
Devonshire u. a., diese Importe in die Hand. Allein geschäfts=
kundige Leute kamen bald zu der Ansicht, daß mit dieser
neuen Einführung ein großer Verdienst verbunden war, und
ließen deshalb solche Massen herüberschicken, daß die R. H. Soc.

nunmehr das Nutzlose ihrer Unternehmungen einsah und sie
infolgedessen aufgab. Besonders zu nennen sind hier die
Herren Rollisson in Tooting, Veitch & Sohn in Chelsea und
Low & Co. in Clapton, die sich auf diese Unternehmungen
einließen. Eine dieser Firmen ist jetzt erloschen; die zweite hat
sich besonders auf das Züchten von Hybriden von Orchideen
gelegt, während die letzte ihre Unternehmungen noch fortsetzt.
Vor circa 20 Jahren pflegten fast alle bedeutenden Handels=
gärtnereien Londons Sammler auszusenden; doch die meisten
lassen heutzutage durch Korrespondenten von Zeit zu Zeit
Sendungen herüberschicken. Denn die Ausgaben für einen
Sammler sind sehr groß, selbst wenn seine Auslagen nicht
die für ihn bestimmte Summe überschreiten — geschweige denn,
daß manche nicht der Versuchung widerstehen können, eine
fingierte Rechnung aufzustellen. Ferner sind auf der langen
Reise große Verluste an Pflanzen zu befürchten, was bei süd=
amerikanischen Importationen besonders häufig der Fall ist.
Hunderte von Malen ist es vorgekommen, daß die monate=
langen Mühen, Gefahren und Leiden der Sammler und
die großen Ausgaben absolut weggeworfenes Geld waren.
Zwanzig= oder dreißigtausend gesammelte Pflanzen, die hoch
von den Bergen oder aus undurchdringlichen Wäldern geholt,
sorgfältig in Kisten gepackt und verladen waren, deren Fracht
allein sich auf 300 bis 800 ₤ belief — ich habe persönlich
Fälle mit erlebt, wo dieselbe 500 ₤ überschritt — waren bei
ihrer Landung in England ohne jede Spur von Leben! Selbst
wenn Dampfschiffahrts=Gesellschaften in solchen Fällen die
Fracht heruntersetzen würden, so kann der Spekulant beim
Öffnen der Kisten immerhin einen Verlust von einigen hundert
Pfunden zu verzeichnen haben. Hoffnung ist natürlich vor=
handen, daß die nächste Sendung den Verlust decken wird;
allein das ist immer eine große Frage. Kein Wunder, daß
Geschäftsleute, deren Betrieb nicht ausschließlich der Kultur

von Orchideen gewidmet ist, sich dem Risiko der Einführungen zu entziehen suchen und mit neuem Enthusiasmus zu
ihren Rosen, Lilien und Narcissen zurückgekehrt sind.

Und noch ein anderer Punkt fällt schwer ins Gewicht.
Der Verlust an Leben unter den Sammlern ist im Verhältnis
größer gewesen, als bei irgend einem anderen Unternehmen.
In früheren Zeiten wurden sie aufs Geratewohl aus den
intelligenten und vertrauenswürdigsten Angestellten der Firma
ausgewählt. Besonders die Zuverlässigkeit fiel schwer ins
Gewicht. So lenkte irgend ein anständiger junger Mann,
welcher vielleicht das englische Klima schon nicht gut vertrug, tapfer
seine Schritte in die ungesundesten Gegenden, wo die nötigen
Nahrungsmittel schwer zu finden und schwerer zu verdauen
sind. Tag für Tag waren seine Kleider vollständig durchnäßt,
und das Fieber in seinen verschiedenen Gestalten kam so
regelmäßig, wie die Tage auf einander folgen. Monatelang
fand er keinen Menschen, mit dem er sich verständlich machen
konnte. Ich könnte eine ganze Liste von Märtyrern der Orchidologie anführen. Von Herrn Sander's Sammlern allein
ging Falkenberg in Panama, Klaboch in Mexiko, Endres am
Rio Hacha, Wallis in Ecuador, Schroeder in Sierra Leone,
Arnold auf dem Orinoco, Digance in Brasilien und Braun in
Madagaskar zu Grunde. Sir Trevor Lawrence erwähnt einen
Fall, wo ein eifriger Forscher 14 Tage lang bis an den Bauch
im Morast herumwatete, um eine seltene Pflanze aufzufinden.
Es ist mir nicht bekannt, ob dieses Beispiel von Enthusiasmus
auf Thatsachen beruht; allein wir wissen, daß es Seltenheiten giebt, deren Auffindung gleiche Gefahren und Leiden
erfordern können. Hätte man auch den Mut dazu, seine Mitmenschen anzuspornen, sich in derartige Leiden und Gefahren
zu stürzen, so würde der Erfolg einer solchen Expedition doch
sicherlich sehr zweifelhaft sein. Denn die Entdeckung des
Standortes einer neuen oder wertvollen Orchidee ist nur der

erste Schritt zur Ausführung des Unternehmens; dann erst beginnen die eigentlichen Schwierigkeiten. Der Pflanze hab= haft zu werden, sie von ihrem Standorte sicher in bewohnte Gegenden zu bringen, dort zu verpacken und sie durch das von der Hitze durchglühte Unterland nach dem weitentfernten See= hafen zu schaffen, ist die schwierigste Aufgabe des Sammlers. Oft kommt es vor, daß der glückliche, eben erst in den Besitz seines Schatzes gelangte Entdecker erkrankt und nicht die nötige Sorgfalt auf seine Pflanzen verwenden kann, wodurch der ganze Transport zu Grunde geht. Und wie oft ist es nicht vorgekommen, daß durch den Tod des mutigen Forschers das ganze Unternehmen zum Stillstand kam. So ist es nicht zu verwundern, daß der anfangs so große Eifer für diese Unter= nehmungen mehr und mehr erlosch und eine Firma nach der anderen davon Abstand nahm.

Wie schon oben bemerkt, ist die Heimat der Odonto= glossen Südamerika, und zwar trifft man sie in den ge= birgigen Gegenden dieses Erdteils fast überall an. Wenngleich es übereilt sein würde, zu sagen, welches die schönste der Orchideen ist, so wird niemand bestreiten, daß Odontoglossum crispum Alexandrae als die Königin dieser Gattung zu bezeichnen ist. Es stammt aus Columbien, woselbst Sammler, die sich auf die Suche danach begeben, in Bogota ihr Haupt= quartier aufzuschlagen pflegen. Von hier aus machen sie ihre Streifzüge; entweder begeben sie sich zehn Tagereisen weit nach dem Süden, um dort ihre Operationen zur Auffindung guter Varietäten mit breiten Blumenblättern zu beginnen, oder sie schlagen sich nordwärts, woselbst die Art mit schmalen Blumenblättern häufig ist. Solche Ausflüge werden auf Maul= tieren gemacht. Ihre erste Sorge beim Eintreffen auf ihrem Arbeitsfelde ist, einen bewaldeten Teil des Gebirges zu mieten, woselbst sie Beute zu machen hoffen. Ich habe versucht, mich in den Besitz eines solchen Pachtkontraktes zu setzen; allein die

Sache wird geheim gehalten. Nachdem der Kontrakt ab=
geschlossen ist, nehmen sie 20, 50 oder 100 Eingeborne, je
nach Umständen, an, welche sofort mit dem Fällen der Bäume
beginnen müssen. Inzwischen bleibt der Sammler zurück und
errichtet aus Holz eine hinreichend geräumige Baracke, welche
zur Aufnahme der gesammelten Pflanzen und zum Trocknen
und Reinigen derselben bestimmt ist, um sie transportfähig
zu machen. Alsdann schließt er sich, wenn er klug ist,
selbst seinen Leuten an, um durch seine Gegenwart ihren
Eifer anzuspornen; denn ohne Aufsicht geben sich die Ein=
gebornen zu sehr ihrer Trägheit hin. Das Fällen der
Bäume nimmt eine beträchtliche Zeit in Anspruch, und die
Arbeit ist oft mit nur sehr wenig Erfolg gekrönt. Man darf
wohl die Behauptung aufstellen, daß für je drei Pflanzen eines
Odontoglossum, welche jetzt in Europa kultiviert werden, ein
Baum der Art zum Opfer fiel. Das will viel sagen, wenn
man bedenkt, daß seit vielen Jahren Tausende und aber
Tausende nach Europa gebracht wurden. Allein der Zweck
heiligt die Mittel; es bleibt eben kein anderes Mittel übrig.
Ein Europäer ist nicht imstande, mit gleicher Geschicklichkeit
und Schnelligkeit in die Wildnis einzudringen wie die Ein=
gebornen, und diese sind zum Erklettern der Bäume zu träge,
sodaß das Fällen der einzige Weg zum Erreichen der Beute
ist. Holz hat in solchen Gegenden eben noch keinen Wert,
jedoch die Zeit, wo die Regierung ein Hindernis in den Weg
legen wird, rückt immer näher. Durchschnittlich werden auf
jedem Baume nicht mehr als fünf Odontoglossum crispum
gefunden. Als eine große Ausnahme muß hier erwähnt werden,
daß Herr Kerbach einst 53 Pflanzen dieser Art auf einem
einzigen Baum vorfand. Daß dagegen andere Arten, wie z. B.
Od. gloriosum, eine minder wertvolle Art, in 50 oder 60 Exem=
plaren angetroffen werden, ist keine Seltenheit. Die Ein=

gebornen erhalten für jede Pflanze ohne Rücksicht auf Species und Qualität 50 Pfennig.

Ist der Kontrakt abgelaufen, so kehrt der Sammler nach seinem Speicher zurück, woselbst er die ganze Beute einer sorgfältigen Musterung unterwirft. Alle etwas beschädigten Pflanzen werden ausgelesen, um ein Faulwerden auf der bevorstehenden langen Reise zu verhüten. Nachdem alle gereinigt und getrocknet sind, werden sie mit Kupferdraht an Stäbe befestigt, welche in Kisten festgenagelt werden. Die Erfahrung lehrt, daß gewisse Vorschriften bei der Verpackung streng zu beachten sind. Die Stöcke haben gewöhnlich einen Zoll im Durchmesser, und die Kisten, die zur Aufnahme der Pflanzen dienen, sind 2 Fuß und 3 Zoll breit und nur 2 Fuß tief; nicht mehr und nicht weniger. Wenn alles zur Abreise gerüstet ist, werden die Maultiere mit den Kisten bepackt, und der Zug setzt sich nach Bogota in Bewegung, welches vielleicht nach einem Marsche von zehn Tagen erreicht wird. Hier wird nochmals und zum letzten Male eine sorgfältige Untersuchung der Kisten vorgenommen und dann geht es weiter nach Honda am Magdalenen-Strome, von wo sie noch bis vor kurzem auf Flößen auf einer Fahrt von 14 Tagen nach Savanilla gebracht wurden. Jetzt hat eine amerikanische Gesellschaft einige Dampfschiffe mit plattem Boden bauen lassen, welche jetzt dieselbe Strecke in 7 Tagen zurücklegen, und so die Gefahren der Reise um die Hälfte vermindern. Trotz alledem sind dieselben schrecklich genug. Nicht der geringste Luftzug kühlt die schwüle Atmosphäre in der Zeit, wo der Sammler seine Schätze in Sicherheit zu bringen sucht. Die Kisten sind oben auf Deck untergebracht, da die schwere, drückende Luft im Schiffsraum den Pflanzen mehr schaden würde, als oben die brennende Sonne. Leinwanddecken sind zum Schutz gegen dieselbe über die Kisten geworfen, und darüber ist eine Decke von Palmblättern gebreitet, die fort-

während zur Kühlung mit Wasser besprengt werden. Und
doch, trotz aller Vorsichtsmaßregeln, beginnt oft das Zer=
störungswerk in den Kisten.

Jedoch noch eine andere Sorge bedrückt den Sammler.
Vielleicht ist das Dampfschiff, auf welchem er seine Schätze zu
verladen hofft, bei seiner Ankunft in Savanilla bereits ab=
gefahren, in welchem Falle er tagelang auf den nächsten
Dampfer in der furchtbaren Hitze warten muß. Und dann
heißt es auf die Verladung bedacht zu sein. Auf Deck können
die Pflanzen von Seewasser beschädigt werden, im Schiffs=
raum ist die Luft zu drückend und in der Mitte des Schiffes
kann die Gefahr vorliegen, daß die Pflanzen durch die Hitze
der Maschine geröstet werden. Während ich dies schreibe, er=
fahre ich, daß Herr Sander 70 Kisten durch eben diesen
Übelstand, wie man vermutet, verloren hat. So gänzlich
hoffnungslos ist der Zustand der Pflanzen, daß er nicht ein=
mal eine Untersuchung derselben in Anbetracht der Kosten
unternehmen will. Sie liegen in Southampton, woselbst sie
für jedermann offen stehen, und jeder der Beteiligten wird
demjenigen Dank wissen, welcher sie fortholt. Der Leser kann
sich denken, welch große Frachtkosten dafür verausgabt sind.
Die Royal Mail Company nimmt für Fracht von Manzanilla
750 £. Ich könnte einen ähnlichen Fall, woselbst die Kosten
noch höher waren, von einer Sendung mit Phalaenopsis
anführen. Ich muß hier erwähnen, daß selbst die größten
Versicherungs=Gesellschaften keine Versicherung auf Pflanzen an=
nehmen; der Eigentümer hat die ganze Gefahr selbst zu tragen.
Es wundert mich daher stets, daß man — alles dies in
Betracht gezogen — die Pflanzen so billig verkaufen kann.
Viele hoffen natürlich auf ein weiteres Fallen der Preise und
das wird sicherlich bei einigen Arten eintreten. Allein die
Geschäftsleute erwarten das Gegenteil.

Od. Harryanum erinnert mich immer — so bizarr der
Vergleich sein mag — an ein Gewitter. Der Kontrast ihrer

dicken, braunen Flecken mit dem himmelblauen Schlunde und der breiten schneeigen Lippe machen stets auf mich diesen Ein= druck. Der Vergleich klingt vernunftswidrig, allein „on est fait comme ça", wie Zola's Nana sich selbst entschuldigt. Diese auffallende Pflanze „Harryanum" zu nennen, ist höchst seltsam. Das Publikum interessiert sich wenig für die Um= stände, welche die Benennung einer Pflanze veranlassen. Allein, wenn es irgend eine giebt, die einen besonderen Namen be= ansprucht, resp. verdient hätte, so ist es meiner Meinung nach diese. Wahrscheinlich kündigte Roezl auf Grund des Berichtes irgend eines seiner Indianer — was jedoch später seinem Ge= dächtnis entfiel — die Entdeckung eines neuen Odontoglossum in derselben Gegend an, wo nach seinem Tode O. Harryanum gefunden wurde.

Diese Prophezeiung ist später als ein Beispiel jenes Instinktes hingestellt worden, welcher diesen berühmten Sammler zu leiten pflegte. Die ersten Pflanzen wurden im Jahre 1885 in einer kleinen Kiste von Señor Pantocha in Columbien an die Herren Horsman gesandt und blühten im folgenden Jahre in den Gewächshäusern der Herren Veitch. Der ein= fältigste Mensch, welcher dieses Wunder, das von einem noch unbekannten Gebiete kam, sieht, kann sich die Aufregung vorstellen, welche die Entfaltung dieser Blumen hervorrief. Roezl's Voraussagung kam manchem seiner Bekannten in Erinnerung; aber Herr Sander setzte ein noch größeres Ver= trauen auf seines alten Freundes Scharfsinn. Er sandte auf der Stelle einen Sammler nach dem Orte, den Roezl angegeben, aber selbst niemals besucht hatte, und dieser war so glücklich, dort jenen Schatz in Massen anzutreffen.

Die Anekdoten, welche sich an die Entdeckung mancher Orchideen knüpfen, werden vielleicht eines Tages ge= sammelt und veröffentlicht werden, und ich glaube fest, daß ein solches Werk ebenso interessant für das große

Publikum sein wird, als für die eigentlichen Kenner dieser Pflanzen.

Bis jetzt habe ich nur von Columbischen Odontoglossen gesprochen, welche als die härtesten dieser Gattung hingestellt werden. In derselben Temperatur wie sie, wachsen auch die Kalthaus-Masdevallien, deren Transport als außerordentlich schwierig gilt. Roezl sandte einst auf eigene Rechnung und Gefahr eine große Menge dieser Species, 27000 an der Zahl, die zu jener Zeit ein kleines Vermögen repräsentierten, herüber. Trotzdem der so erfahrene Sammler die größte Vorsicht beim Verpacken hatte walten lassen, waren beim Öffnen der Kisten doch nur zwei Pflanzen am Leben, alle übrigen waren auf dem langen Transporte zu Grunde gegangen. Die beiden Überlebenden wurden von seinem Agenten in Stevens' Auktionslokale zum Preise von 40 Guineen das Stück verkauft.

Doch ich muß noch etwas länger bei den Odontoglossen stehen bleiben. Ist die Einführung der nördlichen Species schon ein gewagtes Geschäft, so ist es das Sammeln derjenigen von Peru und Ecuador noch in weit höherem Grade. Im Vergleich mit den südlichen Territorien sind die Verkehrswege in Columbien, woselbst die Bevölkerung civilisierter ist, bedeutend besser und bequemer. Ein jeder, welcher aus diesen südlichen Provinzen eine Sendung von Odontoglossum naevium in guter Beschaffenheit auf den Markt bringen könnte, würde mit einem Schlage ein reicher Mann sein. Der Standort dieses Odontoglossum ist wohl bekannt, und seine Nichteinführung in Europa hängt nicht so sehr von seiner zarten Natur ab, als von den Gefahren, die mit seinem Habhaftwerden verbunden sind. Kein noch so kühner Sammler läßt sich willig ein zweites Mal auf dieses Abenteuer ein, und kein Unternehmer ist so rücksichtslos, einen seiner Leute dazu zu drängen. Mit der echten Varietät von O. Hallii verhält es sich fast ebenso. Hindernisse aller Art treten auf

der Suche nach dieser Art dem Sammler in den Weg. Reißende
Ströme hat er zu passieren und steile Abhänge zu erklettern,
von denen ein Fehltritt ihm den sicheren Tod bringen würde.
Und dann heißt es denselben Weg mit den beladenen Maul=
tieren zurückkehren und so zum zweiten Male dieselben Ge=
fahren zu überwinden. Die Roraima=Berge gelten heutzutage
für ein verhältnismäßig leicht zu passierendes Gebiet; wenn
man nun bedenkt, daß auf diesem Wege die Kanoes 32 mal
entladen und wieder beladen werden müssen, so kann man
sich leicht eine Vorstellung davon machen, was ein „schwieriger
Weg" heißen will. Auf seinem Rückwege vom Roraima=
Gebirge verlor Herr Dressel, ein Sammler des Herrn Sander,
sein Herbarium im Essequibo=Flusse. Botaniker allein können
das Trostlose eines solchen Verlustes beurteilen, und man
braucht wohl nicht erst hinzuzufügen, daß auch alles andere
in den Fluten versank.

Wir könnten uns noch länger bei den Odontoglossen
aufhalten, allein die Zeit drängt. In keiner Gattung der
Orchideen sind natürliche Hybriden so häufig und so schwer
auf ihren Ursprung zurückzuführen, wie in dieser. Manchmal
kann man die Abkunft ganz genau erkennen und die Kreuzung
bis auf einige frühere Generationen zurückführen. In der
Regel jedoch sind solche Abkömmlinge das Resultat von
gegenseitigen Kreuzungen, welche während Jahrhunderten alle
möglichen überraschenden Verbindungen eingegangen sind.

Wie viele können z. B. die Abkunft von Herrn Bull's
Odontoglossum delectabile verfolgen — einer Hybride mit
elfenbeinweißen Blumenblättern, angehaucht von einem röt=
lichen Schimmer, über und über rot gefleckt und mit einer
goldigen Lippe geschmückt? Oder von Herrn Sander's Odonto=
glossum Alberti Edwardi, dessen prächtige Petalen von einem
goldenen Rande umsäumt sind? Ein anderes ist hellrosa,

aber dicht gesprenkelt mit blaßpurpurnen Tupfen und am
Rande mit gleichfarbigen Flecken versehen, die so dicht zu-
sammensitzen, daß der ganze Rand wie gefranst erscheint.
Solche Kleinodien finden sich ganz unerwartet unter den
Einführungen. Kein Zeichen verrät ihre Herrlichkeit, als bis
die Blume sich öffnet. Erst dann entdeckt der Besitzer, daß
die Pflanze, welche er für einige Schillinge erwarb, einen
Wert von mehreren Guineen hat.

Lycaste ist eine andere Gattung, die ebenfalls in
Amerika heimisch ist und die sich durch die Leichtigkeit ihrer
Kultur selbst als Zimmerpflanze sehr beliebt gemacht hat.
Prof. Reichenbach bemerkt in einem seiner berühmten Werke, daß
viele Leute, denen Orchideen sonst unbekannt sind, diese Species
in ihren Sammlungen unter anderen Pflanzen ziehen. Ich
rede von dieser Gattung ohne jedes Vorurteil; denn in meinen
Augen sind ihre Blüten steif, schwerfällig und arm an Farben.
Allein es giebt auch unter ihnen ganz besondere Ausnahmen.
Vor allen Dingen spottet Lycaste Skinneri alba, die schneeweiße Form, jeder Beschreibung. Ihre große Blume erscheint
wie aus Marmor gemeißelt, und dies aufdringliche rohe
Aussehen welches, — wenigstens nach meinem Geschmack —
der gefärbten Stammart eigen ist, ist hier zu fast jungfräu-
licher Zartheit gemildert. Die typische Form hat mehr als
100 Farbenvarietäten aufzuweisen. Alle Schattierungen von
dem hellsten Rot bis zum dunkelsten Purpur sind vorhanden;
so ist oft die Lippe so tief purpurrot gefärbt und dabei so
weich, daß sie wie ein Sammetkissen erscheint. Ich möchte
dies deshalb erwähnen, weil meine soeben ausgesprochene
Abneigung gegen diese Pflanze sich eigentlich nur auf die
gewöhnliche Form bezieht. Wie groß der Unterschied zwischen
den verschiedenen Varietäten ist, kann man leicht nach den
Preisen beurteilen, die zwischen $3\frac{1}{2}$ Schilling und 35 Guineen
schwanken.

Die Wälder Guatemalas sind der Lieblingsaufenthalt dieser Lycasten, und ich habe nie gehört, daß das Sammeln derselben mit so vielen Abenteuern verknüpft ist, wie bei den Odontoglossen. Im großen Ganzen sind sie alle ohne besondere Schwierigkeiten zu erhalten, und ihr leichter Transport und leichtes Wachstum machen sie so äußerst billig. Ihre Widerstandsfähigkeit ist so groß, daß sie eigentlich nur durch „vorsätzliche Tötung" ihr Leben einbüßen. Dies ist ohne Zweifel ein Grund, weshalb sie sich einer solchen Beliebtheit erfreuen, allein es giebt noch mehr an ihnen zu loben. Mitten im trostlosen Winter ergötzt uns L. Skinneri mit ihren Blumen, und alle anderen Arten entfalten mehr oder weniger ihre Pracht in der trüben Jahreszeit. Und erst ihre Willigkeit zum Blühen! Sechs, zwölf, fünfzehn und mehr Blüten erzeugt eine einzige Bulbe, welche für eine lange Zeit ihre volle Pracht und Herrlichkeit bewahren. Die außerordentliche Dicke ihrer Blumenblätter macht sie gegen plötzliche Änderung der Luft und Temperatur äußerst widerstandsfähig, so daß man sie Tag und Nacht monatelang als Zimmerschmuck benutzen kann. Herr Williams erzählt einen solchen Fall. Eine Dame kaufte L. Skinneri in voller Blüte am 2. Februar, die Pflanze wurde ins Wohnzimmer gestellt, und noch am 18. Mai war sie in so gutem Zustande, daß der Verkäufer sie als brauchbar zurücknahm. Ich habe sogar von noch erstaunlicheren Fällen berichten hören. Eine etwas seltenere Art ist L. aromatica, welche eine unendliche Masse kleiner, gelber, dreieckiger Blüten mit herrlichem Dufte zum Vorschein bringt. Ich kenne keine Blume, welche von Damen ihres Aromas wegen mehr geliebt wird als diese, und die Erfahrung lehrt mich, daß kein Verbot sie von dem Abpflücken einer solchen Blume zurückschreckt.

L. cruenta verdient fast denselben Ruf, und für die Schönheit von L. leucantha sind kaum Worte zu finden: dieselbe darf sehr wohl der L. Skinneri alba an die Seite gestellt werden. In der Zusammenstellung der blaßgrünen und schneeweißen Blätter ihrer Blüten hat die Natur ein Meisterwerk geschaffen. Diese Species ist noch ziemlich selten und wird infolgedessen noch ziemlich teuer bezahlt. Für Kenner und Züchter haben die Lycasten noch einen anderen großen Vorteil aufzuweisen, nämlich ihre Willigkeit, Kreuzungs= formen zu bilden. Nur wenige Liebhaber haben sich bis jetzt auf dieses Experiment eingelassen, und die Geschäftsleute haben weniger Zeit oder Neigung dafür. Sie nehmen lieber Kreu= zungen vor, deren Erfolg mit Sicherheit zu berechnen ist. Daher sind erst wenige Versuche damit gemacht worden und, soviel ich weiß, hat noch kein Sämling geblüht. Man hat jedoch davon schon viele nicht allein direkte Kreuzungen, sondern auch solche mit ähnlichen Gattungen, wie Zygopetalum, Anguloa und Maxillaria erzielt.

Es giebt wohl keine Gattung, welche so weit über die Erde verbreitet ist, wie Cypripedium, auch Pantoffelblume genannt, wenigstens wüßte ich keine andere zu nennen. Von China bis Peru, nein, von Archangel bis zur Torres=Straße, um mich so auszudrücken, ist diese Gattung anzutreffen. Kurz und gut, mit Ausnahme Afrikas und der gemäßigten Teile Australiens, giebt es kein größeres Gebiet auf Erden, welches nicht Cypripedien erzeugt. Und es giebt Botaniker, welche es für möglich halten, daß sie auch noch in diesen Erdteilen (wenigstens in Australien) angetroffen werden. Wir haben eine keineswegs wertlose Art auch in England und Deutsch= land aufzuweisen, nämlich C. Calceolus. Sie tritt allerdings jetzt nur noch selten wild wachsend auf, während man sie in Kultur häufig antrifft. Amerika erzeugt eine ziem= lich harte Art, welche einen leichten trockenen Frost aus= hält. Unseren nassen Wintern dagegen ist sie nicht gewachsen. Herr Godseff erzählte mir, daß er in den Sümpfen von New= Jersey, welche für einige Monate im Winter vollständig zu=

frieren, Cypripedium spectabile in größter Üppigkeit habe
wachsen sehen. Hier in England würde dieselbe Art selbst an ge=
schützten Stellen unfehlbar zu Grunde gehen.[1] Jene herr=
lichen Arten, welche man in den Frühjahrs=Ausstellungen an=
trifft, sind alle in ruhendem Zustande eingeführt worden.
Von den Vereinigten Staaten Nord=Amerikas kommen Cypri=
pedium candidum, C. parviflorum, C. pubescens und
manche andere mehr oder weniger wertvolle Arten. Kanada
und Sibirien erzeugen C. guttatum, C. macranthum und
andere. Ich selbst brachte von Rußland eine herrliche, im
Handel unbekannte Species mit einer großen goldigen Blume
nach England; allein alle faulten nach und nach. Deshalb
sind jene schönen, harten Varietäten, deren Kultur so leicht
erscheint, keineswegs zu empfehlen. Für denselben Preis kann
man andere erwerben, die von heißeren Gegenden kommen
und mehr an unsere Kulturbedingungen gewöhnt sind.

Den ersten Rang unter den Cypripedien nimmt unstreitig
C. insigne von Nepal ein, eine der ältesten Kalthaus=Orchideen
in Kultur. Jedermann kennt ihre typische oder Stammform, welche
so verbreitet ist, daß ich sie einst auf einer Ausstellung von
Zimmerpflanzen in Westminster vorfand. Mit Recht darf man
behaupten, daß diese alte Form heutzutage wenig Wert hat,
nachdem so viele bessere Varietäten eingeführt worden sind. Als
Beweis dafür mag angeführt werden, daß vor nicht langer
Zeit eine kleine Pflanze von C. insigne, natürlich eine
brillante Form, für 30 Guineen verkauft wurde. Solche
Fälle kommen von Zeit zu Zeit vor und gehören zu den
interessantesten Ereignissen im Leben eines Züchters. Man
glaubt, eine ganz gewöhnliche Sorte für einen geringen Preis
erworben zu haben, und wenn die Pflanzen zur Blüte kommen,
stellt sich heraus, daß sie einen Wert von 100 Pfund Sterling

---

[1] Ist in Deutschland meist winterhart, z. B. im botanischen
Garten zu Berlin.

oder mehr repräsentieren. Jeder erfahrene Sammler kann viele solcher Beispiele anführen, und ich will hier den Lesern die Geschichte von C. Spicerianum als schlagenden Beweis vor Augen führen.

Es erschien unter einer Anzahl von Cypripedum insigne in der Sammlung der Frau Spicer in Twickenham. Erstaunt über die ungewöhnliche neue Erscheinung unter den altgewohnten und bekannten Insigne=Blumen ließ sie Herrn Veitch bitten, dieselbe in Augenschein zu nehmen, und mit Freude erwarb er die Pflanze zum Preise von 70 Guineen. Im Verlauf der nächsten Jahre hörte man wenig von dieser neuen Erscheinung. Die Pflanze ließ sich leicht vermehren, war aber ihres hohen Preises wegen nur etwas für Millionäre oder Herzöge. Es wurde zwar kein Geheimnis daraus gemacht, daß die Pflanze in der Sammlung der Frau Spicer aufgetaucht war; aber eine fremde Dame um Aufklärung über den Ursprung dieser Neuheit zu bitten, galt in den Augen der Geschäftsleute als eine zu gewagte Verletzung des gesellschaftlichen Anstandes. So blieb die Geschichte dieser Pflanze noch im Dunkeln. Die Herren Spicer waren und sind noch heute weithin bekannte Papierfabrikanten; aber zwischen der Fabrikation des Papieres und indischen Orchideen bestehen doch weder innere noch äußere Beziehungen. Man erfuhr schließlich durch vorsichtige Erkundigungen, daß ein Sohn der Frau Spicer eine Thee=Plantage in Assam hätte. Das genügte. Gleich mit dem nächsten Dampfer wurde Herr Förstermann nach Assam auf die Suche ausgesandt, woselbst er nach einer glücklichen Reise sich nach der Besitzung des Herrn Spicer aufmachte. Daselbst angelangt, bat er um Arbeit, welche ihm jedoch nicht gewährt werden konnte; aber Theepflanzer sind gastfreie Leute, und Herr Spicer lud ihn ein, für 1 oder 2 Tage bei ihm zu bleiben. Doch zeigte sich im Laufe der Unterhaltung keine Gelegenheit, das Gespräch

auf Orchideen zu bringen — vielleicht weil Herr Förstermann
die Sache zu sein anfing. Eines Tages jedoch lud der
Oberaufseher der Theefarm ihn zur Teilnahme an einer Jagd
ein, welcher Einladung er mit Freuden folgte. Gelegentlich
bemerkte dieser: „Wir werden an der Stelle vorbeikommen, wo
die Orchidee gefunden wurde, von der man so viel Aufhebens
in England gemacht hat". Man kann sich denken, daß
Förstermann die Ohren spitzte. Nun im Besitze des Geheim-
nisses, verabschiedete er sich von seinem Gastgeber und
machte sich an die Arbeit, welche ihm wegen der ungeheuren Menge der Pflanzen wenig Schwierigkeiten bereitete.
Allein inmitten seines Triumphes stellte sich ihm ein Tiger in
den Weg, und alle Aufmunterung, seine Leute vorwärts
zu bringen, war vergebens. Herr Förstermann war kein
„Shikari"; allein er fühlte sich doch verpflichtet, sein Leben für
die Wissenschaft und für die Ehre Englands einzusetzen.
Mutig rückte er selbst dem Tiger zu Leibe und streckte ihn
nach hartem Kampfe nieder. Noch heute schmückt sein Fell
das Empfangszimmer des Herrn Sander. Um kurz zu sein —
eines Donnerstags wurde wie gewöhnlich eine Pflanze von
Cypripedium Spicerianum in Stevens' Auktionslokale für
60 Guineen verkauft, und schon am nächstfolgenden Donners-
tage konnte jedermann eine schöne Pflanze für 1 Guinee erwerben.

Cypripedien sind die Lieblingsorchideen unserer Zeit geworden. In ihnen sind, mit Ausnahme der Farbenschönheit,
— wenigstens nach meiner Ansicht — alle Vorzüge vereinigt.
Denn kein einziges hat eine klare, bestimmte Farbe, selbst
das herrliche Cypripedium niveum ist nicht rein weiß.
Jedoch sind meine Ansichten keineswegs maßgebend. Jedenfalls
verdient diese Gattung aus vielen anderen Gründen be-
vorzugt zu werden. Vor allen Dingen ist sie für die
Wissenschaft von sehr großem Interesse. Ferner ihre unendliche

Verschiedenheit in Form und Gestalt, ihre Abwechslung in
den Farbentönen, ihre leichte Kultur und ihre Willigkeit zur
Kreuzbefruchtung,[1]) von der man auf einen sicheren Erfolg
rechnen darf, alles dies trägt dazu bei, sie als nützlich und
wertvoll in den Augen der Orchideenzüchter hinzustellen. Mit
der Kultur derjenigen Species, die aus sehr heißen Ländern
kommen, sind natürlich Schwierigkeiten verbunden; die Kalthaus=
arten jedoch gedeihen überall, so lange man ihnen genügend
Luft, Licht und Wasser zukommen läßt, von letzterem ge=
nug im Sommer und nicht zu wenig im Winter. Ich rede
hier nicht von den amerikanischen und sibirischen Arten, mit
deren Kultur für den Liebhaber nur ein zweifelhafter Erfolg
verbunden ist; auch nicht von dem von Hongkong kommenden
Cypr. purpuratum. Diese machen selbst dem gewiegtesten
Züchter harte Arbeit.

Unter den Märtyrern der Orchidologie nimmt Herr
Pearce einen ersten Platz ein. Ihm verdanken wir u. a.
jene Begonien=Hybriden, welche in unsern Gärten zur Schmückung
der Beete 2c. so heimisch geworden sind. Er war der Ent=
decker der drei Originalarten, welche die Stammeltern aller
jetzigen Hybriden geworden sind: Begonia Pearcii, B. Veitchii
und B. Boliviensis. Auch die Ehre und das Verdienst der
Auffindung von Masdevallia Veitchii, auf deren Entdeckung
Jahre hindurch Mühe und Arbeit verschwendet war, ist ihm
zuzuschreiben. In den Diensten des Herrn Bull stehend,
segelte er zum zweitenmal nach Peru, um nochmals eine
Ladung dieser herrlichen Neuheit herüberzubringen. Unglücklicher=
weise für ihn sowohl wie für uns mußte er in Panama seine
Reise unterbrechen. Irgendwo in dieser Gegend findet sich
eine prächtige Art, Cypripedium planifolium, von der je=
doch nur Herbarium=Exemplare vorhanden sind. Das war
ein Sporn für seinen Ehrgeiz, und er konnte der Ver=

---

[1]) Siehe Kapitel über Hybridisierung.

suchung, auch dieser Pflanze habhaft zu werden, nicht wider=
stehen. Trotz aller Mahnungen der dortigen Eingebornen,
daß noch kein weißer Mann von den Standorten derselben
zurückgekehrt sei, machte er sich auf den Weg. Einige Wochen
später wurde er von den Indianern in elendem Zustande
zurückgebracht und starb einige Tage darauf. Auch er mußte,
ohne seinen Zweck erreicht zu haben, seine Kühnheit mit dem
Tode büßen.

Die Gattung Oncidium ist ebenfalls und ausschließlich
ein Bewohner der neuen Welt. Eine der Haupteigenschaften
der Oncidien ist ihre herrliche Farbe. Ich habe Leute sagen
oder vielmehr sich beklagen hören, daß sie alle gelb seien.
Das ist im gewissen Sinne des Wortes und bei oberfläch=
licher Betrachtung wahr; denn wohl der größte Teil weist
diese Farbe auf. Allein die Natur giebt uns hier abermals
einen Beweis ihrer Fürsorge für das Interesse oder den
ästhetisch entwickelten Sinn derer, welche sich gern mit ihr
beschäftigen.

Hätten wir keine Oncidien in unseren Kalthäusern, so
fehlte uns eine klare, gesättigte, gelbe Grundfarbe vollständig.
Odontoglossen zeigen zwar häufig genug einen Hauch von orange=
gelber oder rötlich gelber Farbe; allein im großen Ganzen ist
ihre Grundfarbe weiß. Masdevallia versieht uns mit scharlach,
orangegelb und purpur, Lycaste mit grün und schmutzig
gelb, Sophronitis mit karmesin und Mesospinidium mit
rosa ꝛc. Von blau darf gar nicht die Rede sein, selbst wenn
man, wie es so häufig irrtümlich geschieht, Utricularia zu
den Orchideen rechnen würde. Nur fünf Species der
großen Familie zeigen diese Farbe, und alle sind Warmhaus=
arten. So füllt Oncidium eine große Lücke in unseren
Kalthäusern aus. Mehr als 50 Arten zeigen ein wunder=
volles, klares Goldgelb, welches bei keiner anderen Gattung
seinesgleichen findet. So Oncidium macranthum! Mit Recht

ist es als ein Meisterwerk der Natur zu betrachten und ihm deshalb einer der ersten Plätze unter allen Orchideen einzuräumen. Wer, wie ich, ein begeisterter Liebhaber der Orchideen ist, verfällt oft in den Fehler, bald dieser, bald jener Schönheit den ersten Preis zuzusprechen. Auch ich weiß mich dieser Sünde schuldig. Darum, meine Leser, sucht selbst eine Gelegenheit, dieses Oncidium macranthum in seiner Pracht zu bewundern und fällt dann ein Urteil. Oft wird man jedoch für lange Zeit auf die Folter gespannt, bevor es seine wundervollen Blüten zur Entfaltung bringt. Dr. Wallace berichtet von einem Falle, wo 18 lange Monate von der Entstehung des Blütenstiels bis zum Öffnen der ersten Blüte vergingen. Die lange Dauer ihrer Schönheit jedoch giebt uns gewissermaßen eine entsprechende Entschädigung. Die Natur kam der Phantasie des Künstlers zuvor, als sie dieses Oncidium macranthum schuf. So und nicht anders würde ein Künstler eine „Harmonie" von Gold und Bronze schaffen, hätte die Natur ihr Meisterwerk in den Wäldern von Ecuador verborgen gehalten. Fast ebenso schön und herrlich sind Oncidium serratum, O. superbiens und O. sculptum zu nennen, deren Lippe allerdings bedeutend kleiner ist. Die letzte dieser drei Arten ist noch sehr selten; ihr Blütenstand erreicht die Länge von ca. 12 Fuß. Die Blumen sind ziemlich klein, von glänzend bronzebrauner Farbe und so fein gekräuselt, wie kein Kräuseleisen es hervorbringen könnte, mit einem goldigen Rande von unendlicher Zartheit. Oncidium serratum ist bedeutend größer und hat graziös gestellte Blumen. Ganz auffallend ist die Haltung ihrer Petalen, welche mit ihren Enden zusammenstoßen und so einen Kreis von braungoldiger Farbe um die Säule bilden. Der Zweck dieser eigentümlichen Anordnung — denn daß sie einen Zweck hat, ist zweifellos — wird uns vielleicht mit der Zeit offenbart werden. Der Analogie nach zu urteilen, darf man glauben, daß das Insekt, welches die Befruchtung dieses Oncidiums vermittelt, diesen Ring als Standort benutzt, um von da aus seinen Rüssel in die Blume zu tauchen. Die vierte dieser Species, Oncidium superbiens, verdient zu den Schönheiten ersten Ranges gerechnet zu werden. Die braun= grünen Sepalen sind gelb gerändert, die Petalen weiß und mit einer blaß=purpurnen Farbe gezeichnet. Die Lippe ist sehr klein, purpurn und mit einer goldgelben Erhöhung versehen.

Ganz abnorm und sonderbar ist Oncidium fuscatum. Von der Rückseite betrachtet, tritt uns die Form eines ge= blumten[1]) Kreuzes mit gleich langen Armen vor Augen. Von der Vorderseite gesehen, wird das unterste Glied von einer breiten, unverhältnismäßig großen Lippe verborgen. Dunkel= braun ist die vorherrschende Farbe, während jeder Arm mit einer weißen Spitze endet. Auch die Mitte der Lippe ist dunkelbraun, umgeben von einer etwas helleren Zone, welche nach den Rändern zu in Weiß übergeht. Diese Farbenab= stufungen treten nicht schroff zu Tage, sondern gehen allmählich in einander über. Botaniker würden mit großem Interesse eine solche Blume zerlegen; aber die Gelegenheit dazu bietet sich nur selten dar. Es ist kaum zu verstehen, wie die Natur die Bestandteile der Blüte auf diese vier schmalen Arme und eine Lippe hat beschränken können. Manchmal zeigt diese Art auch viel glänzendere Farben. In dem kleinen botanischen Garten in Florenz bei Santa Maria Maggiore sah ich zu meinem Erstaunen ein Oncidium fuscatum mit einer scharlach= roten Lippe und von einer überaus glänzenden Färbung. Diese Sammlung weist gute Kultur=Erfolge auf. Da jedoch Orchideen in Italien noch wenig bekannt sind, so ahnte man nicht, was für einen bedeutenden Wert dieses Oncidium repräsentierte. Man darf wohl sagen, daß gerade bei Oncidien

---

[1]) Heraldische Bezeichnung.

die staunenswertesten Farbenzusammenstellungen vorkommen;
doch möchte ich in meinen Ausdrücken vorsichtig sein und
keine unnötigen Beiworte gebrauchen.

Obgleich ich hier auf die Kultur nicht weiter eingehen
kann, so möchte ich doch einen Wink geben. Gärtner, welche
eine gemischte Sammlung von Pflanzen in ihren Häusern
haben, schrecken häufig vor einem Versuche mit Orchideen
zurück wegen des Ungeziefers, wovon letztere häufig befallen
werden, und weil sie das Räuchern mit Tabak nicht vertragen
können. Die Pflanzen durch Waschen rein zu halten, kostet
zuviel Zeit und Mühe, und ihr Vorurteil ist daher wohl ge=
rechtfertigt. Allein schadet auch der direkte Rauch den Pflanzen,
so können sie dem Einflusse des Tabakdampfes wohl wider=
stehen. Ein scharfsinniger Franzose erfand kürzlich eine Maschine
zu diesem Zwecke, worauf er sich in England das Patent er=
warb, und welche sehr zu empfehlen ist. Die „Thanatophore“,
wie dieselbe genannt wird, tötet jedes Insekt im Bereiche ihres
Dampfes mit Ausnahme der Schildlaus, von der jedoch
Kalthaus=Orchideen wenig befallen werden. In jeder Eisen=
warenhandlung ist dieser Apparat zu erhalten. Alles in
allem genommen: für die unendliche Freude, die uns
Kalthaus=Orchideen bereiten, verlangen sie nur Licht, Schutz
vor der heißen Sommersonne und vor Frost im Winter,
genügende Feuchtigkeit — und eine verständige Hand, welche
für sie sorgt.

Es ist mir erlaubt worden, hier einen Brief abdrucken
zu lassen, in welchem manche Punkte, deren ich schon Er=
wähnung gethan, noch deutlicher klargelegt werden. Dem
Enthusiasten wird dieser Brief wenig Freude bereiten, er wird
ausrufen: „Wären doch die Schwierigkeiten und Gefahren,
die mit der Einführung der Orchideen verbunden sind, noch
größer, so daß den Plünderungen für eine Zeit lang Einhalt
gethan würde!“

19. Januar 1893.

Sehr geehrter Herr!

Ich bin im Besitze Ihrer beiden Briefe, in denen Sie Nachfrage nach Cattleya Lawrenceana, Pancratium Guianense und Catasetum pileatum halten, und bitte zu entschuldigen, daß ich dieselben erst heute beantworte. Ich war auf einem Ausfluge ins Innere des Landes begriffen und erkrankte bei meiner Rückkehr; außerdem nahmen andere Geschäfte meine ganze Zeit in Anspruch, so daß ich keine Gelegenheit zum Schreiben fand. Ich will Ihnen hier einige Aufklärungen über das Sammeln von Orchideen in dieser Colonie geben. Vor etwa 6 oder 7 Jahren, ehe die Goldindustrie ihren Anfang nahm, wagten es nur wenige, in das Innere des Landes einzudringen. Arbeitskräfte und alle nötigen Ausrüstungsgegenstände waren für sehr niedrige Preise zu erhalten und das Reisen und der Tauschhandel mit Gewinn verbunden.

An Arbeitslohn bezahlte man den Eingebornen 1 Schilling pro Tag, während Schiffer, welche die Böte durch die reißenden Flüsse und Stromschnellen lenkten, 64 Cents erhielten. Heutzutage werden erstere mit 64 bis 80 Cents bezahlt und letztere verlangen einen Lohn von 1,50 bis 2 Dollars per Tag, und obendrein ist es schwierig, überhaupt genügend Kräfte zu erhalten. Die Miete eines Bootes für 3 bis 4 Monate belief sich auf 8 bis 10 Dollars; jetzt hat man fast dieselbe Summe pro Tag zu bezahlen, und an allem diesem ist die rasche Entwicklung der Goldindustrie schuld. Rechnet man eine Reise von 25 Tagen zu Wasser, bevor man die Savannah-Ländereien erreicht, und eine Fahrt von 5 bis 7 Tagen stromabwärts auf der Rückfahrt nebst 2 bis 3 Tagen Rast, so kann man sich leicht eine Idee von den großen Ausgaben machen. Dann, nach Verlauf von ca. 3 Monaten, wenn man mit dem Sammeln fertig ist, muß man denselben Weg zurückkehren, wodurch die Ausgaben natürlich verdoppelt werden. Neben= bei sind die Gefahren zu bedenken, welche mit einer solchen Bootfahrt durch die Stromschnellen verbunden sind. Oft genug kommt es vor, daß in den Stromschnellen die Böte mitsamt der kostbaren Ladung verloren gehen; ja, zuweilen sind sogar Menschenverluste dabei zu beklagen. Erst im letzten Monate ereigneten sich zwei solcher Unfälle; bei dem einen fanden 7 Personen, bei dem anderen 12 ihren Tod in den Wellen. Nur so weit die Flüsse schiffbar sind, sind die Bootführer und Schwarzen zur Teilnahme an dem Unternehmen zu gewinnen. Nichts kann sie zu einem Vordringen unter die Indianerstämme bewegen, da sie fürchten, von ihnen vergiftet oder erdrosselt zu werden. So müssen wir uns ganz und gar auf die Indianer ver= lassen, welche sehr schwer zu finden sind, da die Umgegend von Rosario nur schwach bevölkert ist. Vor ca. 4 Jahren brachen unter den Bewohnern die Blattern und Masern aus, welche viele Opfer forderten, so daß die Überlebenden aus diesem Gebiet flüchteten und ganze Distrikte seither unbewohnt geblieben sind.

Im Verein mit Herr Osmers machte ich mich vor fünf Jahren nach Roraima auf den Weg; Herr Osmers brach jedoch zusammen, bevor wir die Savannah erreichten. Hier lag er eine Woche in hoffnungslosem Zustande, doch erholte er sich allmählich und schleppte sich mit Mühe in die Savannah, woselbst ich ihn in der Nähe von Roraima verließ. Unser Unternehmen war mit Erfolg gekrönt, indem wir ca. 3000 Pflanzen verschiedener Art in guter Beschaffenheit zusammen= brachten. Allein, da Osmers noch zu schwach zum Auf= bruche war, so blieb er in der Savannah zurück, während ich mich nach Roraima auf den Weg machte. Daselbst

fand ich, mit Ausnahme von Cattl. Lawrenceana,
welches von meinen Vorgängern völlig ausgerottet war,
alles. Bei meiner Rückkehr fand ich Osmers mehr tot als
lebendig vor, da er einen neuen Anfall seiner Krankheit
bekommen hatte. Dazu hatten ihn fast alle unsere Leute
verlassen aus Furcht vor den Indianern, welche drei ihrer
Genossen getötet hatten. Zum Glück fühlte sich Osmers
bald stark genug, und wir rüsteten uns zur Abreise. In=
zwischen kehrten einige unserer Leute zurück, und so sandte
ich Osmers mit einem Teil der Beute voraus, während
ich bei dem Rest zurückblieb, bis die mit ersterem weg=
gesandten Leute mich abholten. Hätten wir eine genügende
Anzahl Kräfte gehabt, so wäre alles glatt abgelaufen.
Dies war noch, bevor die große Sterblichkeit unter den
Indianern auftrat.

Im letzten Jahre schloß ich mich Kromer an, mit
dem ich auf meinem Rückwege zusammentraf. Strom=
aufwärts bis zur Quelle des Flusses ging alles ganz gut,
aber dann hatten wir mit manchen Schwierigkeiten zu
kämpfen. Wir konnten nur 8 Indianer, welche in den
Goldminen gearbeitet hatten, zur Teilnahme an unserem
Unternehmen gewinnen, da die ganze Gegend verlassen
war, und hatten einem jeden pro Tag einen halben Dollar
Arbeitslohn zu bezahlen. So konnten wir nur einen
Teil der gesammelten Pflanzen in die Savannah fort=
schaffen und mußten unsere Leute verschiedene Male zu=
rücksenden, um den Rest unserer Beute zu holen. Wir er=
reichten die Savannah halb verhungert, da wir nur wenig
Nahrungsmittel bekommen konnten. Cattl. Lawrenceana
fanden wir sehr vereinzelt vor und konnten nicht mehr als
1500 Stück zusammenbringen. Roraima an und für sich
ist durch die Indianer völlig entblößt worden, so daß ein
Absuchen dieser Gegend verlorene Mühe war. In der

Umgegend von Roraima hielten wir uns ca. 14 Tage auf
und sammelten eine Menge Utricularia Campbelliana,
U. Humboldtii und U. montana. Auch Zygopetalum, Cypr.
Lindleyanum, Sobralia, Liliastrum, Cypr. Schomburg-
kianum, Zygopetalum Burkei u. a. fanden wir genügend
vor, während wir von Onc. nigratum nur 50 Exemplare
antrafen. Von Cattl. Lawrenceana dagegen war keine
Spur vorhanden. Obgleich unsere Kollektion nicht sehr
groß war, so hatten wir doch aus Mangel an genügenden
Arbeitskräften unsere größte Not, dieselbe fortzuschaffen.
Außerdem trat die Regenzeit ein, und unsere Pflanzen
litten trotz all' unserer Sorgfalt sehr durch die Nässe.
Dazu wurden unsere Indianer des mehrmaligen Hin= und
Herwanderns überdrüssig, und wir hatten große Schwierigkeiten,
das Kurubinggebirge zu erreichen. In dieser Zeit waren
wir stets nahe daran zu verhungern; zwar fanden wir
einige Nahrungsmittel auf dem Kurubinggebirge, doch gingen
sie uns beim Übersetzen über einen kleinen Fluß zum
größten Teil wieder verloren, während der Rest durch den
nun mit voller Kraft eintretenden Regen ungenießbar
wurde. Daß wir beständig bis auf die Haut durchnäßt
waren, brauche ich wohl nicht zu erwähnen. Neun volle
Tage gebrauchten wir, um unsere Pflanzen über das
Gebirge zu schaffen, woselbst uns unser Boot erwartete, um
uns den Fluß hinunterzubringen. Zwei und einen halben
Tag hatten wir absolut nichts zu essen. Unsere Pflanzen
litten sehr von dem heftigen Regen, und außerdem warfen
die Indianer einen großen Teil weg, da die völlig durch=
näßten Körbe zu schwer zu transportieren waren, wodurch
wir die besten Pflanzen verloren.

An unserem Ziel angelangt, mußten wir 8 Tage
auf unser Boot warten, da infolge des Regens die Flüsse
angeschwollen waren und dadurch die Fahrt erschwerten.

Es traf jedoch endlich ein, wenn auch mit nur sehr wenig Lebensmitteln. Sobald wir die ersten Goldminen erreichten, versah uns einer meiner Freunde mit frischen Lebensmitteln, und dann setzten wir neu gestärkt unsere Reise fort. Bei den Kapurisällen jedoch erwartete uns ein anderes Mißgeschick. Das Boot lief auf einem Felsen fest und sank, wodurch unsere Pflanzen unter Wasser gesetzt wurden. Jedoch nach angestrengter Arbeit von einigen Stunden gelang es uns, das Boot wieder flott zu machen und ohne Verlust an Pflanzen unsere Fahrt zu vollenden. Beim Auspacken der Schätze zeigte es sich, daß wir im ganzen nur 900 Cattl. Lawrenceana nach Hause gebracht hatten, wovon nur der dritte Teil gut zu nennen war, während zwei Drittel schlecht oder zu klein waren. Die ganze Reise dauerte ca. 3 1/2 Monate und kostete uns mehr als 2500 Dollars. Außerdem hatte ich meinen Fuß durch einen Splitter eines verfaulten Baumstammes vergiftet und lag 4 Monate lang mit den heftigsten Schmerzen darnieder.

Hieraus können Sie schließen, daß das Orchideen=Sammeln kein Vergnügen ist, und ich möchte Sie darauf aufmerksam machen, daß Cattl. Lawrenceana sehr selten im Innern des Landes geworden ist.

Die Ausgaben für den Transport auf den Flüssen sind infolge der Goldindustrie ungewöhnlich hoch, ja, richtiger gesagt, unvernünftig hoch gestiegen. Den Arbeitern muß man neben der Verpflegung 64 Cents bis 1 Dollar pro Tag bezahlen. Überhaupt sind Indianer kaum zu erhalten und die wenigen zu unsinnig hohen Löhnen; sie arbeiten für die Goldgräber, bauen Hütten und Häuser für sie, roden das Unterholz aus und jagen für sie. Selbst wenn Herr Kromer so glücklich gewesen wäre, 3000 bis 4000 Cattl. Lawrenceana zu finden, so hätten wir aus Mangel an Trägern dieselben nicht fortschaffen können.

Ferner muß ich erwähnen, daß heutzutage auf das Sammeln von Orchideen eine Gebühr von 100 Dollar zu entrichten ist, welche Mr. Kromer ebenfalls zu bezahlen hatte, und dazu kommt eine Ausfuhrsteuer von 2 Cents auf jede Pflanze. Daraus können Sie schließen, daß das Sammeln mit großen Ausgaben verbunden ist, und außerdem ist der Erfolg ein sehr zweifelhafter, selbst dann, wenn man mit der Gegend, den Sitten und Gebräuchen der Eingeborenen vollständig vertraut ist. Unsere letzte Expedition kostete einschließlich der Überfahrt der Herren Kromer und Steigser 2500 bis 2900 Dollar. Wenn Sie absolut Cattl. Lawrenceana haben wollen, so muß ich Ihnen raten, selbst herüber zu schicken; ob Sie aber Erfolg haben werden, ist eine große Frage. Was mich persönlich anbetrifft, so befasse ich mich neben der Bäckerei auch mit dem Auffinden von Gold und werde mich in einigen Monaten ebenfalls in die Savannah begeben. Im Falle Sie eine Expedition unternehmen würden, stelle ich ihnen die besten Empfehlungen zur Verfügung, und wir könnten vielleicht ein Abkommen treffen. Jedenfalls würden Sie die Überfahrtskosten eines Sammlers dadurch sparen. Mit dem Packen von Pflanzen für die Überfahrt bin ich in jeder Beziehung vollständig vertraut.

Ich bitte meinen ausführlichen Bericht und die schlechte Handschrift entschuldigen zu wollen. Sollten Sie zu einer Expediton geneigt sein, so bitte ich Sie, mir eine Liste der gewünschten Pflanzen einsenden zu wollen, damit ich Ihnen den Standort der Pflanzen mitteilen kann; C. superba z. B. wächst nicht in demselben Distrikt wie C. Lawrenceana, sondern viel südlicher.

Bevor ich schließe, möchte ich Sie bitten, mir die Preise von 25 der schönsten und besten südamerikanischen Orchideen mitzuteilen, die ich für meine eigene Sammlung haben möchte, als Cattleya Medellii, Cattl. Trianae, Odontogl. crispum, Miltonia vexillaria, Cattleya labiata rc.

Ich erwarte möglichst baldige Antwort und werde Ihnen mit der nächsten Post eine Liste derjenigen Pflanzen senden, die in dieser Kolonie anzutreffen sind.

Auf unserer letzten Reise fanden wir auf dem Roraima= gebirge, woselbst wir übernachteten, ein neues Oncidium mit gewaltigen Bulben, vielleicht mag es auch ein Catasetum sein. Wir fanden jedoch nur 2 Pflanzen, von denen eine verloren ging, während ich die andere Herrn Rodway anvertraute. Sie hatte jedoch zu sehr auf der Reise ge= litten und starb ab, ohne jemals geblüht zu haben, so daß wir den Wert der Pflanze nicht beurteilen konnten.

In der Erwartung Ihrer gef. Antwort.

Ihr ergebener

Seyler.

P. S. Sollten Sie einen Sammler nach hier senden oder Ihnen irgend welche Auskunft erwünscht sein, so stehe ich gern zu Diensten.

Einer der erfahrensten Sammler, Herr Overslups, schreibt vom Rio de Yanayacca, im Januar 1893, wie folgt:

„Hier ist es absolut notwendig, sich an die Spitze seiner Leute zu stellen, die zu furchtsam sind, in die Wälder einzudringen. Ihre Angst ist nicht einmal unbegründet, denn die meisten werden krank und das Eindringen ist un= gemein schwierig, da der Wald fast undurchdringlich ist, so daß man nur mit großer Mühe vorwärts kommt. Außer= dem ist man unzähligen Insekten preisgegeben, die einen bis zum Wahnsinn peinigen. Ich selbst bin über und über mit Wunden von den Insektenstichen bedeckt und habe keine Stelle, auch nur so groß wie ein Schilling, an meinen

Händen, die nicht von der roten Spinne und anderen In=
sekten zerstochen ist. Von fünf Leuten, die ich mit mir nahm,
sind zwei erkrankt, während ein dritter das Weite suchte.
Morgen erwarte ich frische Indianer, welche jedoch nicht von
Mengobamba kommen. Es fällt schwer, Leute zu gewinnen,
welche in die Wälder gehen sollen, und mehr wie 8 oder
10 kann ich nicht anstellen, da ich beständig hinter ihnen
her sein muß, um sie zur Arbeit anzuspornen. Mit Geld
kann man hier nichts erreichen; man muß eben Glück
haben und seine Leute gut zu behandeln wissen. Sie ver=
langen weniger Geld als gute Verpflegung, und Nahrungs=
mittel sind hier sehr schwer zu erhalten.

Die Orchideen kommen sehr vereinzelt vor, nur ein
einziger Baum trug drei Exemplare. Die höchsten und
dicksten Bäume sind ihr Lieblingsaufenthalt, und bevor
man ans Fällen gehen kann, muß der Grund von den
Schlinggewächsen und fingerdicken Lianen gesäubert werden,
um sehen zu können, was an Orchideen auf den Ästen
wächst. Es ist in der That ein schweres Stück Arbeit.
Die Natur hat diese Cattleya aufs beste geschützt. Keinem
Menschen kann eine solche Arbeit Vergnügen machen." —

Hier bricht er plötzlich seinen Brief ab:

„Ich will schreiben so bald ich kann, die Mosquitos
lassen mich keinen Augenblick in Ruhe."

Siebentes Kapitel.

Orchideen des temperierten Hauses.

Orchideen des temperierten Hauses sind solche, welche ein Minimum von 15,5° C. (60° F.) während des Wachs= tums nötig haben, das während der Ruhezeit nicht unter 12 bis 13° C. (55° F.) herabsinken darf. Für das Maximum ist keine bestimmte Grenze während des Wachstums gesetzt, während der Ruhezeit dagegen muß Sorge getragen werden, daß die Temperatur unter 15,5° bleibt, da sonst sehr oft Miß= erfolge vorkommen. Auf Grund dieser Bedingungen müssen die Gewächshäuser in unserem Klima 9 Monate hindurch ge= heizt werden. Orchideen des Warmhauses verlangen das ganze Jahr hindurch Heizung, und nur ganz vereinzelt kommt es vor, daß hier die Nächte warm genug sind, um die künstliche Erwärmung einstellen zu können.

Zu diesem trockenen Thema über Temperaturen will ich jedoch zur Ermutigung derjenigen, denen die große Kohlen= rechnung wenig Freude bereitet, hinzufügen, daß die Kalthäuser nur bis Ende Mai künstliche Erwärmung nötig haben. In einem nach Süden gelegenen Hause können manche Gattungen und Arten, welche für gewöhnlich als „temperiert" bezeichnet werden, ohne künstliche Wärme mit bestem Erfolg gezogen werden, es sei denn, daß die Jahreszeit ungewöhnlich rauh und die Temperatur demgemäß eine niedrige ist.

Temperierte Orchideen kommen von einer subtropischen Gegend oder von den Bergen einer heißeren Zone, wo ihre Schwestern, die Orchideen des „heißen Hauses", die Ebene bewohnen. Es herrscht also dasselbe Verhältnis wie zwischen den temperierten und kalten Orchideen. Diese bewohnen die Höhen der gemäßigten Zone, während jene sich in den Thälern aufhalten. Zu ersteren gehören vor allen die Odontoglossen.

Allein auch unter diesen befindet sich eine Art, welche eine temperierte Kultur beansprucht, Odontoglossum vexillarium, von manchen Botanikern auch Miltonia vexillaria genannt. Diese Art ist sehr beliebt geworden, und ich muß ihr einen Ehrenplatz unter den Orchideen einräumen, wenn ich auch für meine Person mich diesem Urteile kaum anschließen kann. Der Name an und für sich ist so eigentümlich, daß man sich über die Gründe klar werden muß, weshalb der Autor (Prof. Reichenbach) gerade diese Bezeichnung wählte. Vexillum[1]) — Fahne — ist ein genügend bekanntes Wort — vexillarium soll in diesem Falle wohl heißen Fahnen ähnlich; eine Anwendung des Wortes, welche leicht zu verstehen ist und welche denjenigen, welche mit den alten römischen Regiments= farben vertraut sind, sofort verständlich ist. Die flachen, platten Blumen hängen von den Blumenstielen herab wie das Vexillum am Bas=Relief der Statue des Antoninus. Für mich ist ihre Farbe geschmacklos, wenigstens in der Regel, und die Haltung im ganzen steif; allein die Mode nimmt, wie in manchen andern Dingen, auch bei Orchideen wenig Rücksicht darauf, ob ein Ding geschmackvoll ist oder geschmacklos. Ich wiederhole nochmals ausdrücklich, daß dem in der Regel so ist; denn es giebt manche unschätzbaren Exemplare, deren Farben brillant sind, gewissermaßen die Quintessenz dieser Art und unter einer Million uninteressanter Blumen durch Schönheit hervorragend. Die kleinsten von diesen verdienen ohne Zweifel selbst von denen beachtet zu werden, die Raum zur Anzucht von Riesen= exemplaren haben. Sie wachsen rasch zu großen Pflanzen heran. Hier in England giebt es Exemplare von 1 m Durch= messer, die hunderte von Blumen zur selben Zeit hervorbringen und mit ihrer blaßgrünen Belaubung monatelang höchst

---

[1]) Die römischen Reiter hatten kleine bannerähnliche Vexilla oder Standarten. Die Feldzeichen des Fußvolkes waren, wie bekannt, die Legionsadler.

wirkungsvoll aussehen. Vier Blütenstände entspringen oft aus einer einzigen Bulbe; aber eine dergestalt üppige Schönheit sollte im ganzen genossen und keiner kritischen Analyse unterzogen werden.

Eingeführt wurde dieses Odontoglossum von Columbien. Es giebt deren zwei Formen: die kleine, gleichmäßig rötlich gefärbte, welche im Herbst ihre Blumen entfaltet, wurde von Frank Klaboch, dem Neffen des berühmten Sammlers Roezl, am Dagua=Flusse in Antioquia entdeckt. Acht Jahre hindurch versuchte er, kleine Sendungen dieser Pflanze lebend nach Europa zu bringen; allein seine Mühe schien vergebens, sämtliche Pflanzen starben auf der langen Reise, und als endlich die richtige Verpackungsweise zur sicheren Überführung nach Europa aufgefunden war, erlag der arme Klaboch den Einflüssen des dortigen Klimas. Jene Gegend ist ein entsetzliches Land, vielleicht das nasseste auf der ganzen Erde und daher für den Europäer äußerst gefährlich, obgleich für Sammler sehr ergiebig, da neben diesem Odontoglossum noch verschiedene wertvolle Cattleyen dort vorkommen. Aber die Verkehrsmittel und Wege sind noch sehr primitiv. Nur mittelst Kanoes und mit Hilfe der Indianer können die Sammler ihre Beute fortschaffen. Wenn Käufer wüßten, wie beschwerlich, kostspielig und gefährlich es ist, dieses Odontoglossum zu sammeln, so würden sie die für diese Art verlangten Preise nicht für zu hoch halten. Herr Sander erhielt einst eine Sendung von 40 000 Pflanzen und schätzte sich glücklich, daß noch 3000 bei der Ankunft ein Lebenszeichen in sich hatten.

Herr Watson, Assistent am botanischen Garten zu Kew, erzählt einige höchst ergötzliche Einzelheiten, welche sich an die Geschichte dieser Art knüpfen. Im Jahre 1867 wurde das Odontoglossum vexillarium zum erstenmal von Professor Reichenbach genau beschrieben. In seiner Beschreibung erzählt er, daß ihm von einem Freunde eine Blume unter folgenden Bedingungen geliehen worden sei:

1. sie keinem andern zu zeigen,
2. nicht viel davon zu reden,
3. keine Zeichnung davon zu machen,
4. sie nicht photographieren zu lassen,

und endlich

5. nicht mehr als dreimal einen Blick darauf zu werfen.

Hier mag noch erwähnt werden, daß Herr Watson die erste Entdeckung dieser Species dem verstorbenen Herrn Bowman zuschreibt. Wie dem auch sein mag, in Bezug auf die oben beschriebene von Antioquia stammende Varietät ist jedenfalls der von mir gegebene Bericht der richtige.

Die andere Varietät stammt aus der Gegend von Frontino, ca. 250 englische Meilen nördlich von der oben beschriebenen, und ist — Botaniker würden sagen selbstverständlich — vollständig verschieden. Gerade die geographische Verbreitung ist es, welche uns oft veranlaßt, Abweichungen in der Form von verhältnismäßig geringem Werte als Artcharaktere zu betrachten. Ich sah einst 3 Odontoglossen neben einander gestellt, welche selbst ein Kenner für Varietäten derselben Pflanze gehalten haben würde, wäre er nicht ganz genau mit ihnen vertraut. Es waren Odontoglossum Williamsi, Od. grande und Od. Schlieperianum. Od. grande ist auf den ersten Blick durch seine großen, starren, gespreizten Blumen von gelber, braun gesprenkelter Farbe zu erkennen. Als einzelne Blume ist sie bizarr, in einer Gruppe dagegen äußerst effektvoll. Daneben stand O. Williamsi nur durch etwas geringere Größe verschieden, während das dritte, O. Schlieperianum, sich durch noch kleinere Gestalt auszeichnet. Alle drei sind in Bezug auf den Wuchs vollkommen gleich und doch gelten die beiden letzten als besondere Species, und nicht als Varietäten von O. grande. Sie

sind alle beide durch ca. 10 Längengrade und 10 Breiten=
grade von O. grande entfernt, und man kann mit Sicherheit
sagen, daß keine Zwischenformen in den dazwischen liegenden
Gebieten vorkommen. 10 Längengrade bedeuten aber dort
eine größere Entfernung als bei uns. Ähnliche und noch
sonderbarere Fälle sind in vielen Orchideen=Gattungen zu
finden. Das Odontogl. vexillarium von Frontino wächst
kühler und hat bedeutend größere Blumen, die von den
reinsten bis zu den dunkelsten Farben variieren. Seine Blüte=
zeit fällt in den Mai und Juni. Als beste Varietät, die
nicht ihres gleichen findet, ist Odontoglossum vexillarium
superbum genannt worden; es findet sich äußerst selten und
zeichnet sich vor allen anderen durch den tief dunklen Fleck
im Zentrum der Lippe aus. Möglicherweise ist es eine
natürliche Hybride zwischen der Antioquia=Varietät und
Odontoglossum Roezlii. Die Aussicht, ein kleines Stück
dieser Pflanze unter einem Bündel des gewöhnlichen Odontoglossum vexillarium zu finden, ruft oft eine große Erregung
unter den Käufern hervor. Herr Bath hatte solches Glück
auf einer Auktion in dem Lokale des Herrn Stevens. Er zahlte
2½ Schilling für ein kleines schwaches Stück von superbum,
welches er, dank der sorgfältigen Pflege, die er ihm an=
gedeihen ließ, zum Preise von 72 £ an Sir Trevor Lawrence
verkaufte, der sich freute, eine solche einzige Pflanze in
seinen Besitz zu bekommen. Hierbei fällt mir eine ähnliche
kleine Geschichte ein. Unter einer Anzahl von Cypripedium
insigne, die in St. Albans eintrafen, bemerkte Herr Sander
zufällig eine Pflanze, die statt des gewöhnlich braunen
Blütenstiels einen gelben trug. Scharfe Augen sind für den
Orchideenzüchter unentbehrliches Handwerkszeug; denn die
kleinste Abweichung muß bei diesen zu Variationen geneigten
Pflanzen genau beobachtet werden. Sorgfältig stellte Herr
Sander diese Pflanze beiseite, welche als einzige unter Tausenden,

man kann sagen Myriaden, von Cyp. insigne seit der ersten
Einführung diese Abweichung zeigte. Welch' eine Aufregung,
als sich die Blume öffnete, die vollständig goldgelb war! Die
Pflanze wurde geteilt und die eine Hälfte für 75 Guineen an
einen Privatmann verkauft, während die andere Hälfte auf
einer Auktion für 100 Guineen versteigert wurde. Jetzt hat
schon einer der Käufer seine Pflanze geteilt und zwei Stücke
zu je 100 Guineen davon abgegeben. Eine andere Pflanze
wurde von Herrn Sander zwecks Hybridisierung zum Preise
von 250 Guineen (!) zurückgekauft.

Beim Niederschreiben dieser Zeilen fällt mir ein ähnliches
Ereignis ein. Ein Herr Harvey, ein Advokat in Liverpool,
bemerkte bei seinem Besuche in St. Albans am 24. Juli 1883
eine Pflanze von Laelia anceps, an deren Bulben die Ringe
höher hinaufgingen, wie es gewöhnlich der Fall ist. In dem
Glauben, daß dies ein ungewöhnliches Zeichen sei, kaufte er
die Pflanze für 2 Guineen. Seine Ahnung hatte ihn nicht
betrogen; am 1. Dezember 1888 verkaufte er dieselbe Pflanze
wiederum an Herrn Sander zum Preise von 200 £. Sie
entpuppte sich als die beste bisher bekannte Form von L.
anceps, von rötlichweißer Farbe, welche zu Ehren des berühmten amerikanischen Amateurs F. L. Ames L. a. Amesiana
genannt wurde. Einem jeden Orchideenzüchter kann ein solches
Glück bevorstehen.

Die Gattung der Cattleyen (Laelia mit inbegriffen) ist
unstreitig als die schönste der Orchideen zu bezeichnen, nur
die Odontoglossen, von denen mehr Species in Kultur sind,
können ihnen ebenbürtig zur Seite gestellt werden. Sechzig
verschiedene Varietäten und Species von Cattleya werden
bis jetzt in den Sammlungen der Liebhaber kultiviert, die sich
ganz besonders mit dieser Gruppe beschäftigen. Aber auch
unter den verschiedenen sogenannten Arten sind viele reich
an Varietäten, über deren botanischen Wert jedoch die
Meinungen sehr geteilt sind. Sie sind ohne Ausnahme

amerikanischen Ursprungs und auf der ganzen Strecke zwischen
Mexiko und der Republik Argentinien anzutreffen.

Diese Pflanzen gehören nicht zu meinen besonderen
Lieblingen, aus denselben Gründen, aus welchen meine Ab=
neigung gegen Odontoglossum vexillarium entspringt. Die
Cattleyen sind so aufdringlich schön, sie haben so große
Blumen, daß sie die Bewunderung gewissermaßen ertrotzen.
Und doch ist im großen Ganzen ihre Erscheinung eine recht
kindliche zu nennen! Sie kommen mir vor wie ein aufge=
wecktes Kind, das noch keinen feinen Farbensinn hat und noch
zu jung ist, um einen Unterschied zwischen einer auffallenden
und einer reizenden Form zu finden. Doch, ich darf nicht
zu weit gehen.

Die Geschichte derjenigen Orchideen, die schon seit langer
Zeit in unserer Kultur sind, kann man nicht genau verfolgen.
Die erste Cattleya, welche meines Wissens nach Europa ein=
geführt wurde, war C. violacea Loddigesii. Wie der Name
schon andeutet, war sie von der bekannten Firma Loddiges,
der wir viele Neueinführungen verdanken, in den Handel ge=
bracht worden. Zwei Jahre später erschien C. labiata, auf
die wir noch genauer zurückkommen werden. Dann kam
C. Mossiae von Caracas und endlich C. Trianae von Tolima
in Columbien, welche den Namen ihres Entdeckers trägt.
Oberst Trian darf nicht in Vergessenheit geraten, da er aus dieser
abgeschlossenen Gegend stammt und ein Botaniker ist. Wenn
man bedenkt, daß diese Cattleya in Millionen von Exemplaren
auf der ganzen Erde jetzt in Kultur sich befindet, so könnte
man wohl zu der Annahme kommen, daß sie in ihrer Heimat
wie Unkraut wachsen muß. Doch scheint sie niemals sehr
häufig angetroffen worden zu sein, ja, augenblicklich ist sie so
selten geworden, daß man es kaum der Mühe wert hält,
Sammler danach auszusenden.

Wahrscheinlich hat der Oberst, als er die volle Aus=
rottung dieser Species kommen sah, dem Übel vorgebeugt und
in einem verborgenen Winkel durch Anpflanzung einiger
Exemplare diese Cattleya vom sicheren Untergange gerettet.
Mit Cattleya Mossiae verhält es sich fast ebenso, wenn nicht
noch schlimmer.

 Diese Thatsachen enthalten eine Warnung. Innerhalb
70 Jahren sind zwei, früher ziemlich häufige Orchideen, die
sich sehr leicht vermehren ließen, in ihrer Heimat fast voll=
ständig ausgerottet worden. Wie lange können unter solchen
Umständen selten vorkommende Exemplare erhalten bleiben,
wenn man bedenkt, daß die Nachfrage von Jahr zu Jahr
zunimmt und die Verkehrsmittel und =Wege auf der ganzen
Welt so leicht gemacht werden? Arten, welche auf Inseln
ihre Heimat haben, müssen als ausgerottet betrachtet werden,
wenn sie nicht, wie Laelia elegans, ihre Zuflucht in uner=
reichbaren Klippen haben.

 Es ist dies nur eine Frage der Zeit; aber wir wollen
hoffen, daß die Regierungen dem Einhalt thun werden, bevor es
zu spät sein wird. Herr Burbidge, Kurator des botan. Gartens
in Edinburgh, äußerte sich dahin, daß ein Orchideen=Liebhaber
hier und da eine Pflanzung in der Heimat der Orchideen an=
legen, und sich sorgfältig auf die Kreuzung derselben legen
sollte. „Man kann", sagt er, „ebensogroßen Vorteil aus der
Anzucht von Orchideen als aus der Viehzucht ziehen —
und was mich anbetrifft, so möchte ich ersterer den Vorzug
geben." Ganz sicher wird dies im Laufe der Zeit ausgeführt
werden, wenn auch nicht so sehr wegen der Züchtung von
Hybriden, als um einfach Handelswaare für den täglichen Be=
darf zu liefern.

 Diejenigen, welche glauben — und es giebt deren
viele — daß die epiphytischen Orchideen unter keinen Um=
ständen in unsern Gewächshäusern so gut gedeihen, wie in

ihrer Heimat, dürften mit ihrer Behauptung sehr im Irrtum sein. Zweifellos ist es möglich, sagen sie, dieselben mit Erfolg heranzuziehen und zum Blühen zu bringen und bei sorgfältiger Pflege sogar ihre Blumen zu einer ebenso vollkommenen Aus= bildung zu bringen, wie die Natur es vermag. Allein, von Jahr zu Jahr wird ihr Trieb schwächer, bis endlich ihre Lebenskraft völlig erschöpft ist. Daß dies oft der Fall ist, kann man zwar nicht leugnen; aber wenn man Pflanzen sieht, die seit mehr denn 20 oder 30 Jahren von ihren Be= sitzern gehegt und gepflegt sind und von Jahr zu Jahr an Größe und Schönheit zunehmen, so muß man sich sagen, daß das plötzliche Hinsterben anderer Pflanzen nur unserer ver= kehrten Behandlung zuzuschreiben ist. Herr Trevor Lawrence bemerkte einst: „Was die Langlebigkeit der Orchideen anbetrifft, so besitze ich ein Exemplar, welches, wie ich bestimmt weiß, über 50 Jahre in diesem Lande gewesen ist, und wahrscheinlich noch 20 Jahre länger — Renanthera coccinea.“

Die schönsten Exemplare von Cattleyen in der Kollektion des Herrn Stevenson Clarke sind von kleinen, importierten Stücken herangezogen worden. Gäbe es noch mehr Samm= lungen, welchen man nachjagen könnte, daß sie ein halbes Jahr= hundert unter derselben sorgsamen Hand gestanden hätten, so würden wir uns ein richtiges Urteil bilden können. In der Regel aber sind die Daten des Einkaufs nicht genau notiert worden; erst in den letzten Jahren verwendet man mehr Sorg= falt darauf.

Hier muß eine Cattleya erwähnt werden, welche vor mindestens 70 Jahren bis zu ihrer Wiedereinführung im Jahre 1890 in Europa schon existiert haben muß, nämlich Cattleya labiata autumnalis. Wenn wir eine mehr denn zweijährige Pflanze dieser echten herbstblühenden Cattleya sehen, so wissen wir, daß diese Pflanze, oder wenigstens eine un= mittelbare Verwandte von ihr, um das Jahr 1818 herum ein=

geführt worden sein muß; denn so weit wie bekannt, ist nie eine Pflanze aus Samen herangezogen worden. [1])

Wenn ich von einer gewissen Gleichgiltigkeit meinerseits gegen Cattleyen spreche, so rede ich natürlich nur von der größeren Menge. Die schönste, stattlichste und erhabenste aller Blumen ist unbestreitbar Cattleya Dowiana oder C. aurea, welche nur eine geographische Varietät der ersteren ist. Sie wachsen mehr als 1000 Meilen von einander entfernt, die eine in Columbien, die andere in Costa Rica. In der Zwischenregion scheint weder die eine noch die andere vorzukommen. Auch nicht ein Zeichen, das auf irgend einen Zusammenhang der beiden Varietäten hinweisen könnte, ist vorhanden, was vielleicht an der mangelhaften Durchforschung der atlantischen Küste von Süd-Amerika liegen mag. Zu meiner Zeit wurde dieses Land vom Kap Camarin bis Chagres von vollständig unabhängigen wilden Stämmen bewohnt, unabhängig nicht nur dem Namen sondern der Sache nach. Denn die Mosquito-Indianer werden auch rechtlich als unabhängig angesehen; einige hundert Quadratmeilen bewohnen die Guatusos, aus deren Mitte niemals ein Europäer zurückgekehrt ist. Während meines Aufenthalts in diesem Gebiete waren nur die Talamancas als weniger feindlich gesinnt bekannt, von denen kühne Handelsleute bisweilen zu erzählen wußten. Von kühnem Geiste beseelt, machte ich den Versuch, eine Expedition zu diesen Talamancas auszurüsten; allein in San José de Costa Rica fand sich kein Freiwilliger, der sich in ein solches Abenteuer stürzen wollte, und noch heute danke ich meinem Schöpfer, daß das Unternehmen sich zerschlug. Seitdem ist ein Weg durch die Wildnis nach Limon gebahnt und einige unglückliche Engländer haben das Geld hergegeben für eine Eisenbahn mitten durch das Gebiet dieser wilden Stämme. Von einem

---

[1]) Siehe das Kapitel: „Eine verschollene Orchidee"

Ingenieur jedoch, der erst vor zwei Jahren durch diese Gegend kam, wurde mir versichert, daß noch niemand in die Wälder dort einzudringen gewagt habe. Deshalb mag vielleicht in ihnen ein Verbindungsglied zwischen Cattleya Dowiana und aurea verborgen sein, was jedoch ebensogut bezweifelt werden mag.

Bloße Worte genügen kaum, um die Schönheit dieser beiden Cattleyen auszumalen. In beiden sind die Haupt= farben gelb und karmesinrot vorherrschend, aber mit sehr wichtigen Modifikationen. In Cattleya aurea sind die Petalen und Sepalen reingelb; die Lippe jedoch ist von karmesinroten Linien durchzogen. Cattleya Dowiana dagegen zeigt an ihren Sepalen karmesinrote Zeichnungen, während die Grundfarbe der Lippe ein dunkles Purpur ist, durchzogen von netzförmigen goldgelben Adern. Nun stelle man sich vier solcher Blumen, jede einen halben Fuß breit, an einem Blütenstiele vor! Aber Worte reichen da nicht aus.

C. Dowiana wurde um das Jahr 1850 von Warscewicz entdeckt, welcher Berichte über ihre Schönheit nach Hause sandte, die kaum glaublich schienen. Seine Aussagen wurden von manchem kühl denkenden Engländer als ganz unmöglich bezeichnet, und da leider seine wenigen nach Europa gesandten Pflanzen unterwegs starben, so war die Sache vorläufig zu Ende.

Hier mag ein anderer Umstand neueren Datums er= wähnt werden, welcher beweist, daß das klare Zeugnis eines Sammlers vom englischen Publikum kurz und bündig als unmöglich resp. erlogen bezeichnet wurde.

Herr St. Leger, wohnhaft in Asuncion, der Hauptstadt Paraguays, teilte einem Freunde brieflich eine vielleicht etwas sehr warm empfundene Beschreibung einer in jener Gegend vorkommenden Orchidee mit. Diese Schilderung erregte in England Heiterkeit und wurde nicht geglaubt. Herr St.

Leger durch diese Verwerfung seiner Aussage gereizt, sandte einige getrocknete Blumen als Beweis herüber, um die Ungläubigen dadurch zum Schweigen zu bringen. Im Jahre 1883 brachte er eine Anzahl dieser Pflanzen nach England und bot sie öffentlich in einer Auktion zum Verkauf an; allein es schien keine rechte Kauflust vorhanden zu sein. Nur wenige erwarben, teils aus Neugierde, teils aus Vertrauen zu St. Leger, einige Pflanzen für eine sehr geringe Summe. Welch' eine Überraschung für sie, als sich nach Verlauf einiger Monate die erste Blume öffnete und sich das jetzt wohl bekannte Oncidium Jonesianum ihren Augen darbot. Man muß jedoch andererseits zugeben, daß Orchideenzüchter ihre guten Gründe haben, ungläubig zu werden. Wenn ihr Urteil sie gelegentlich einmal auf einen falschen Weg geführt hat, so kommt die Sache in die Öffentlichkeit und sie müssen dafür den Spott des Publikums einstecken. Viel Erfahrung und mancher Verlust haben sie demnach mißtrauisch und in ihren Bemerkungen cynisch gemacht, sobald ein neues Wunderding von Orchidee angepriesen wird. Gerade in diesem Falle mit Herrn St. Leger mußten seine Behauptungen umsomehr verdächtig erscheinen, als die äußere Erscheinung seiner Neuheit sehr viel Ähnlichkeit mit Oncidium Cebolleta, einer fast wertlosen Species, hatte. Es ist zu bedauern, daß bis jetzt diese Schönheit sehr schwer zu kultivieren ist.

Cattleya Dowiana wurde zum zweitenmal von Herrn Arce entdeckt, welcher auf die Suche nach Vögeln ausging. Es muß für Warscewicz ein großartiges Ereignis gewesen sein, als sich die erste Blume öffnete, da die ganze gärtnerische Welt bei ihrem Erscheinen geradezu in Aufregung geriet. Cattleya aurea hat eine weniger abenteuerliche Vorgeschichte. Wallis fand sie im Jahre 1868 in der Provinz Antioquia und wiederum an dem Westufer des Magdalenenstroms; sie ist jedoch äußerst selten. Diese Cattleya wird in ihrer

Heimat oft von einem Insekt befallen, dessen Eier dann leicht nach Europa eingeschleppt werden. Ein größerer Feind jedoch ist die Fliege, welche sich oft an Cattl. Mendellii zeigt, wegen deren Liebhaber und Züchter ein Vorurteil gegen diese Cattleya hatten, bis durch eifriges Studium ein sicheres Mittel zur Ausrottung dieses Insekts gefunden war. Ein erfahrener Züchter erkennt auf den ersten Blick die Gegenwart dieser Fliege. Sie bohrt ein kleines Loch in das schlafende Auge der Cattleya, glücklicherweise meist an einem Hintertrieb, und legt in die Mitte ein Ei hinein. Der Trieb beginnt plötzlich sich zu vergrößern und scheint sich in den Augen eines Unerfahrenen sehr schnell zu entwickeln. Allein, ein sorg= fältiger Beobachter bemerkt leicht, daß die Ausdehnung des jungen Triebes in die Länge nicht mit der zunehmenden Breite Schritt hält. Ich habe die traurige Erfahrung gemacht, daß diese Fliege, gewöhnlich „Weavil" genannt, auch häufig an Laelia purpurata vorkommt und überhaupt alle Cattleyen heimsucht. Das einzige Mittel, um der Ausbreitung dieser Fliege vorzubeugen, besteht darin, alle befallenen Teile abzuschneiden und zu verbrennen. Man kann also Cattleya Mendellii ebenso gefahrlos wie andere Cattleyen importieren, wenn sie nicht zu einer ungünstigen Zeit gesammelt ist.

Unter die herrlichsten, seltensten und wertvollsten Cattleyen ist Cattleya Hardyana zu rechnen, wahrscheinlich eine natür= liche Hybride zwischen Cattleya aurea und Cattleya gigas Sanderiana. Wenige haben sie gesehen, und daß 200 Guineen für eine Pflanze gezahlt werden, ist absolut keine Seltenheit. Die dunkelrosafarbene Blume ist außerordentlich groß, die Lippe magentafarben, goldgelb geadert. An Cattleya San= deriana knüpft sich eine interessante Erzählung. Herr Man, einer von Herrn Sander's Sammlern, befand sich auf der Suche nach Odontoglossum crispum in Bogota. Auf seinen Streifzügen durch die Wälder, bemerkte er eine im Ruhezu=

stande befindliche Cattleya und sammelte verschiedene Stücke, welche ihm zufällig in den Weg kamen, ohne irgend besondere Notiz davon zu nehmen. Neben seiner Beute an Odontoglossum brachte er 4 Kisten voll mit nach Hause, und man kann sich lebhaft denken, daß das Öffnen derselben ein wichtiges Ereignis in Herrn Sander's Leben war. Die Pflanzen zeigten viele trockene Blütentriebe vom letzten Jahre, welche so auffallend groß waren, daß man die Art für neu halten mußte. So unvorhergesehen und unerwartet eine solche hervorragende Neuheit zu erhalten, ist ein Ereignis, welches kaum innerhalb 50 Jahren seines Gleichen findet. Herr Mau wurde sofort zurückgesandt, um jede noch so kleine Pflanze zu sammeln. Inzwischen wurden die wenigen mitgebrachten Pflanzen hier kultiviert. Herr Brymer, dessen Name durch das Dendrobium Brymerianum unsterblich gemacht ist, erwarb ein Stück, welches unter sorgfältiger Kultur sich bald in seinen Gewächshäusern heimisch fühlte. Der Zufall wollte es, daß bei der Rückkehr des Herrn Mau, welcher einige Tausend Pflanzen mit sich brachte, diejenige des Herrn Brymer ihre erste Blume entfaltete. Das war ein zweites wichtiges Ereignis für Herrn Sander, als sich die große Blüte öffnete und ihre rosigen Sepalen und Petalen entfaltete, und dabei eine Lippe im prächtigsten Purpur zeigte, mit einem weißen Fleck an jeder Seite. Als die Pflanzen in Stevens' Auktionslokale zum Verkauf kommen sollten, war Herr Brymer so freundlich, seine blühende Pflanze als Empfehlung daselbst aufstellen zu lassen, während die Herrn Stevens aus einem Stück grünen Zeuges einen passenden Hintergrund schufen, von welchem die Pflanze sich wirkungsvoll abhob. Die Aufregung, welche an diesem Tage auf der Auktion herrschte, ist kaum zu beschreiben. Der Ertrag soll die Summe von 2000 £ noch überschritten haben. Unter den bekanntesten Cattleyen, als Mossiae, Trianae, Mendellii u. s. w., sind weiße Varietäten vertreten. Ein

durchaus weißes Exemplar ist jedoch äußerst selten und er=
zielt stets einen hohen Preis. Die schönste von allen ist
Cattleya Skinneri alba. Seit vielen Generationen sammeln
die Bewohner von Costa Rica jedes kleine Stück, dessen sie
habhaft werden können, um sie auf den Dächern ihrer aus
Erde gebauten Kirchen anzupflanzen. Roezl und seine Vor=
gänger kauften ohne viele Überredung von den Priestern diese
halb heiligen Pflanzen, teils auch überredeten sie die Ein=
wohner, sie zu stehlen oder führten dies gelegentlich persönlich
aus. Doch dem ist jetzt ein Ende gesetzt. Auf ehrliche Art
und Weise kann man sich äußerst selten in den Besitz dieser
Cattleya setzen, und bei der Ankunft eines Sammlers werden
Wachen ausgestellt, um den heiligen Schmuck der Kirchen zu
behüten. In den Wäldern selbst ist niemals eine solche
Pflanze angetroffen worden.

Dasselbe gilt von Laelia anceps alba. Die Gattung
Laelia unterscheidet sich von Cattleya durch das Vorhanden=
sein von 8 Pollen= oder Blütenstaubmassen, während sich
bei Cattleya deren 4 finden. In meinen Augen ist diese
Gattung im ganzen noch reizender. Laien können kaum fassen,
daß Orchideen in ihrer Heimat ebenso häufig in wild=
wachsendem Zustande vorkommen wie Fingerhut und Löwen=
zahn bei uns. Alle Überredungskunst ist nutzlos, sie glauben
es einfach nicht, und von ihrem Standpunkt aus ist ihr
Unglaube zu verstehen.

Laelia purpurata wird zu den Warmhaus=Orchideen
gerechnet, Laelia anceps dagegen erfordert nicht so große
Wärme. Manche kultivieren sie im Kalthause, wenn sie sie
der vollen Sonne aussetzen. Selbst die schlechteste Form ist
noch schön zu nennen. Ich sah einst in der Sammlung des
Herrn Castey ein Exemplar mit 23 Blütenrispen, deren
Blumen alle zur selben Zeit voll entwickelt waren. Solch
Anblick ist kaum mit Worten gewöhnlicher Prosa zu beschreiben.

Aber wenn ein Enthusiast angesichts solcher Schönheit sich in einer anderen Welt zu befinden glaubt, was wird er sagen oder empfinden, wenn er die schneeweiße Varietät, Laelia anceps alba, sieht!

Ich kannte einen Mann, welcher zur Plage für sich und andere bei jeder Gelegenheit eine vulgäre Bemerkung zur Hand hatte; angesichts dieser Pflanze verging selbst ihm der Spott. Sogar die Halbblutindianer Mexikos, welche nur für Pferde, Hahnenkämpfe und das, was sie Liebe nennen, Sinn haben, verehren diese himmlische Blume. Die Indianer beten sie gradezu an. Wie ihre Stammesgenossen im Süden die Cattleya Skinneri alba von Generation zu Generation auf ihre Kirchen pflanzen und gleichsam als heilig verehren, so sammeln sie die Laelia anceps alba und pflanzen sie in der Nähe ihrer Hütten an. So sorgfältig sammeln sie jedes kleine Exemplar, daß man weder das eine noch das andere jemals in den Wäldern aufgefunden hat. Alle nach Europa gebrachten Pflanzen wurden den Einwohnern abgekauft, und heutzutage ist es sehr schwer auch nur einer kleinen Pflanze habhaft zu werden. Die erste Laelia anceps alba kam vor ca. 50 Jahren nach England und wurde wahrscheinlich von einem eingeborenen Händler an einen seiner englischen Geschäftsfreunde gesandt. Allein wir haben keine sichere Gewähr, weder hierfür, noch für andere Einführungen aus dieser Zeit. Herr Dawson von Meadowbank kam auf irgend eine Art in den Besitz der Pflanze, welche er vermehrte und teilte. Alle Versuche, sie in den Wäldern ihrer Heimat aufzusuchen, waren vergebens, und in den Gärten der Indianer vermuteten die Sammler sie nicht. Jahre verstrichen, ohne daß eine zweite Pflanze nach Europa kam. Da bekam Herr Sander eine glückliche Idee. Er sandte einen Sammler aus, Pflanzen dieser Laelia in Knospen zu sammeln, um die Welt durch das Anbieten einer Masse in Blüte in Staunen zu setzen. Herr Bartholomäus wurde mit

dieser Mission beauftragt, welche er insofern löste, als er
ca. 40 Pflanzen mit Blütentrieben erwarb. Sorgfältig be=
festigte er sie an Stäben, die der Länge nach in Kisten fest=
genagelt wurden, und sandte sie per Schiff nach San Francisco.
Von hier durcheilten sie mit Schnellzugsgeschwindigkeit die
Strecke zwischen San Francisco und New=York, von wo sie
ohne Verzug auf der Umbria, die damals ihre erste Reise
machte, nach Liverpool geschifft wurden. Alles ging soweit
ganz gut, und mit Vertrauen sah Herr Sander der baldigen
Erfüllung seines Wunsches entgegen. Allein beim Öffnen der
Kisten zeigte es sich, daß die Blütentriebe auf der langen Reise
aus Mangel an frischer Luft allesamt vertrocknet waren. Noch
einmal ist derselbe Versuch wiederholt worden, jedoch mit
gleichem Resultate. Die Blütenknospen von L. anceps können
die Seeluft nicht vertragen. — Die Catasetum-Arten gehören
zwar nicht zu den Schönheiten der Familie; mit Ausnahme
von Catasetum pileatum, gewöhnlich C. Bungerothi ge=
nannt, und C. barbatum giebt es wohl keine, welche einer
besonderen Beachtung wert ist. C. fimbriatum ist zwar
sehr hübsch zu nennen, aber nur selten bringen wir sie
in unserem Klima zur Blüte. Soweit ich mich entsinne, habe
ich nur einmal eine Pflanze gesehen, welche im Begriff war,
ihre Blüten zu öffnen. Keine Gattung jedoch giebt mehr
Material zum wissenschaftlichen Studium wie gerade die
Cataseten, und eben deshalb waren sie die Lieblinge Darwins.
Selbst Nicht=Botaniker, welche aufmerksam das Gedeihen ihrer
Pflanzen beobachten, und mit Lust und Liebe durch ihre
Gewächshäuser schlendern, können sich an den so zu sagen
akrobatischen Vorstellungen der Cataseten ergötzen. Die
Säule trägt zwei Hörner. Bei der leisesten Berührung der=
selben springen die Pollenmassen plötzlich ab, wie ein Geschoß
aus einer Wurfmaschine. C. pileatum ist wirklich hübsch zu
nennen; die Blumen messen ca. 10 cm im Durchmesser und

sind elfenbeinfarben mit einer rundlichen Vertiefung im Centrum der Lippe, welche ein Thema für lange wissenschaftliche Unter=suchungen bildet. Die verwegene Verschwendung der Farben in dieser Pflanzenfamilie zeigt sich am deutlichsten in C. callo-sum, einer Neuheit, welche von Caracas stammt. Die Sepalen und Petalen dieses Catasetum sind schmutzigbraun. Die Säule ist leuchtend orangegelb, die Lippe kupfrig=grün, an der Spitze orangegelb.

Nur selten findet man in Sammlungen Schomburgkias vertreten, was wohl daran liegt, daß dieselben äußerst wider=spenstig sind und nur selten dem Gärtner durch gutes Gedeihen Freude bereiten. Es ist schade, daß diese herrlichen Pflanzen, unter denen Schomburgkia tibicinis den ersten Rang ein=nimmt, so spröde sind; denn nur wenig Leute haben den Vorzug gehabt, sie in Blüte zu sehen. Die dichtsitzenden, herab=hängenden Blumen haben eine dunkle, purpurrote Farbe, die Sepalen und Petalen sind sehr zierlich gedreht, gewellt und gefranst, die Lippe stellt eine große, ebenfalls purpurne Röhre dar, welche vorn durch einen gelben Fleck geziert ist. Der zwischen den nach innen gebogenen Seitenlappen sichtbare Teil ist von stark hervortretenden karmoisinroten Leisten durchzogen.

Diese Art ist biologisch interessant. Sie stammt von Honduras, woselbst ihre großen hohlen Bulben von den Kindern als Trompeten benutzt werden. Am Grunde der=selben befindet sich ein Loch — wie ein Zündloch so zu sagen — dessen Zweck von den Botanikern noch nicht festgestellt ist.[1] Vielleicht hätte Herr Belt, wenn er in dieser Gegend gereist wäre, auch dies Geheimnis enthüllt, wie er es in dem ähnlichen Falle mit dem „Bulldorn" gethan hat. Die großen Dornen dieses Busches wiesen ein ebensolches Loch auf, und durch lange Beobachtungen lieferte er den Beweis, daß dieses Loch

[1] Ist längst bekannt. Die Bulben aller Schomburgkia werden von Ameisen bewohnt.

einer gewissen Ameise als Zufluchtsort diene, deren Aufgabe
es ist, die jungen Triebe zu schützen". (Siehe Belt's
„Naturalist in Nicaragua", S. 218.) Importeure kennen
nur zu genau das Insekt, welches Schomburgkia tibicinis
bewohnt, selbst noch die lange Reise überlebt und sich zum
Kampfe stellt, wenn die Kisten geöffnet werden.

Die meisten Dendrobien sind zu den temperierten Orchi=
deen zu rechnen. Von den Warmhaus=Arten, welche zahl=
reich vorhanden sind, und den Kalthaus=Arten, deren es wenige
giebt, rede ich hier nicht. Wenn die frühzeitig angesetzten Triebe
am 1. Juni schon gut entwickelt sind, wenn das Wetter warm
bleibt und das Haus Sonne genug hat, und wenn sie dort bis
Ende Juli bei reichlicher Bewässerung bleiben, so werden sie
ohne irgend welche weitere Mühe vortrefflich gedeihen und im
nächsten Winter uns durch reichliche Blüten für die geringe
Mühe entschädigen. Bei einer solchen Behandlung gedeihen
D. Wardianum, Falconeri, crassinode, Pierardii, crystal-
linum, unter Umständen auch Devonianum und vor allen
Dingen D. nobile vortrefflich, was ich aus eigener Erfahrung
behaupten kann.

Dendr. Wardianum wird heutzutage fast ausschließlich
aus Burmah eingeführt, und zwar aus der Nähe der Rubin=
Minen, woselbst ihr Lieblingsaufenthalt zu sein scheint. Als
die erste Pflanze im Jahre 1858 von Assam kam, hielten die
Botaniker sie für eine Varietät von D. Falconeri. Dieser
Irrtum war damals verzeihlich; denn die assamische Varietät
hat weniger kräftige und dabei herabhängende Bulben wie
unsere heutigen Exemplare. Vor der Annexion von Burmah
war das Sammeln von Orchideen daselbst ein sehr schwieriges
Geschäft. Die römisch=katholischen Missionare betrieben das=
selbe als eine Art Nebenverdienst, und jeder dort eindringende
Sammler wurde mit mißtrauischen Augen angesehen. Man

verbot ihm, die Mauern der Stadt Bhamo zu verlassen, wo=
durch er gezwungen war, Eingeborne nach den gewünschten
Pflanzen auszusenden, während er selbst hilflos in der Stadt
liegen bleiben mußte.   Seine Rivalen, die Geistlichen, welche
besser mit den Sitten und der Sprache des Landes vertraut
waren, genossen größere Freiheiten.   Sie organisierten eine
Art Streifkorps, welches um die Stadt herumschwärmte und
die mit Beute beladenen Eingeborenen bei deren Rückkehr
überfiel.   Unzweifelhaft erhielt auch irgend jemand den
Wert der solchergestalt gemachten Beute; aber wer schließ=
lich der Glückliche war, blieb schwer festzustellen, und der un=
glückliche Reisende war auf alle Fälle der Enttäuschte.   Es
kam zu sehr unerfreulichen Auftritten, besonders bei 2 oder 3
Gelegenheiten, wo die Sammler die Stadtthore erreicht hatten,
ohne abgefangen zu werden.   Die unglücklichen Reisenden
nämlich, welche in der Welt nichts zu thun hatten, bewachten
fortwährend die 4 Thore der Stadt, rannten von einem zum
andern, um auszuschauen, ob einer ihrer Leute käme; das
ließt sich sehr komisch, aber für derartigen Sport ist Burmah
etwas zu warm.   Zu guter Letzt reichte Herr Sander eine
Petition an den österreichischen Erzbischof ein, unter dessen
geistlicher Herrschaft diese Missionare standen, und bewirkte
dadurch einige Erleichterung.

      Von den Rubin=Minen kommt noch ein anderes
Dendrobium, welches jedoch so selten ist, daß ich es nur er=
wähne, um die Aufmerksamkeit der Reisenden darauf zu lenken,
nämlich D. rhodopterygium. In der Sammlung des Herrn
Trevor Lawrence befindet oder befand sich ein Exemplar,
während in St. Albans drei solcher vorhanden sind.   Herr
Trevor Lawrence war ebenfalls der glückliche Besitzer einer
scharlachroten Species von Burmah; allein die Pflanze ging ein,
bevor sie einen Namen erhielt, und kein zweites Exemplar ist
bis jetzt gefunden worden.   Auch auf Sumatra befindet sich ein

solches scharlachrotes Dendrobium, D. Forstermanni, welches
jedoch ebenfalls äußerst selten ist. Herr Baron Schroeder soll
3 Exemplare desselben besitzen, die jedoch bis jetzt noch nicht
geblüht haben. Ein anderes sehr interessantes Dendrobium
von Burmah ist D. Brymerianum, bei dem wir seiner Ent=
deckung wegen einige Augenblicke stehen bleiben müssen. Es
wurde von den Missionaren ohne Namen und Beschreibung
nach Europa gesandt, und da die Pflanzen augenscheinlich
noch nicht geblüht hatten, so wurden sie verhältnismäßig
billig verkauft. Man kann sich Herrn Brymer's Verwunderung
vorstellen, als sich die erste Blume öffnete. Die Form ist
einzig in ihrer Art; die glänzend goldgelbe Lippe ist bis zur
Hälfte zart gefranst, ähnlich wie bei Nanodes Medusae und
Brassavola Digbyana. Warum die Natur es mit einer
solch auffallenden Lippe versehen hat, ist eine Frage, welche
sich, wie viele andere, jedem, auch dem gedankenlosesten
Orchideenzüchter, von selbst aufdrängt.

Dendrobium nobile ist so gut bekannt, daß es wohl
kaum einer Erwähnung bedarf. Vielleicht kommt die Zeit,
wo schwärmerische Jünglinge in ihren dichterischen Leistungen
nicht Butterblumen und Gänseblümchen, sondern Dendrobium
nobile ansingen; nur mit einem guten Reim wird es seine
Schwierigkeit haben.

Nicht so gewöhnlich ist Dendrobium nobile var.
nobilius, welches unter einer an die Herren Rollisson gerichteten
Sendung auftauchte. Es wurde vermehrt und vier kleine
Stücke verkauft, die sich noch heute in Kultur befinden. Aber
mit dem Rückwärtsgehen dieser so wohlbekannten und um die
Orchideenkunde wohlverdienten Firma wurde die Mutterpflanze
vernachlässigt und befand sich bei dem Verkauf der Sammlungen
in solch miserablem Zustande, daß kaum ein Gebot für eine
Pflanze abgegeben wurde, welche ihr Gewicht in Gold hätte
wert sein sollen. Ein Handelsgärtner erwarb sie schließlich

für 30 Schillinge. Unter sorgsamer Pflege gelang es ihm, die Pflanze wieder soweit in die Höhe zu bringen, daß er eine Anzahl junger Pflanzen davon zu erzielen vermochte, worauf er die Mutterpflanze für 40 £ verkaufte. Aber von D. nobile giebt es noch andere Varietäten, welche selbst noch wertvoller als D. nobile nobilius sind.

D. nobile Sanderianum hat viel Ähnlichkeit mit letzterem in der Form, ist jedoch bedeutend kleiner, aber dunkler gefärbt. Weiße Varietäten sind ebenfalls vertreten. Baron Schroeder hat ein solches aufzuweisen. Eins wurde in Stevens' Auktionslokal angeboten und als das einzig in Kultur existierende Exemplar hingestellt, was jedoch bestritten werden muß. Ursprünglich war es von Herrn Sander mit D. nob. Sanderianum importiert worden. 43 £ wurden dafür geboten, aber der glückliche Besitzer wollte es dafür nicht hingeben, da Albinos bei Dendrobien sehr selten sind.

D. nobile Cooksoni gab Veranlassung zu einem unliebsamen Mißverständnisse. Es erschien in der Sammlung des Herrn Lange und unterschied sich durch ein umgekehrtes Farbenverhältnis von dem gewöhnlichen D. nobile. Es scheint, als ob die Zahl der verschiedenen Varietäten kein Ende hat. Wenn allgemein bekannt wäre, wie viel Interessantes und welche Überraschung die Blüte einer wirklich neuen eingeführten Orchidee bringen kann, so würden die Auktionslokale sicher nicht alle Käufer fassen können, während jetzt jedes neue Gesicht sofort auffällt. Es giebt Bücher genug, die geschrieben sind, um mehr Licht über diese Pflanzenfamilie zu verbreiten. Allein, wer liest wohl solche Bücher? Keiner. — Selbst Kenner benutzen solche Werke höchstens als Nachschlagebuch.

Die Sepalen und Petalen des D. n. Cooksoni sind an den Enden weiß, der karminrote Fleck ist ebenfalls vorhanden, die Innenseite der Blume dagegen dunkelrot. Herr Lange bemerkte sicherlich diese auffallende Färbung, legte aber kein

besonderes Gewicht darauf. Herr Cookson war bei einem
Besuche, welchen er Herrn Lange machte, ganz von der Schön=
heit der Pflanze hingerissen und bat seinen Freund, ihm ein
Exemplar in Tausch zu überlassen. Gern willigte dieser ein,
und Herr Cookson hatte nun nichts Eiligeres zu thun, als
eine Blume an Prof. Reichenbach zu senden, welcher ganz
entzückt von der lieblichen Erscheinung war und sie zu Ehren
des Senders D. n. Cooksoni nannte. Dagegen protestierte
jedoch Herr Lange, welcher sie nach seinem Besitztum Heathfield-
sayeanum benannt wissen wollte. Reichenbach jedoch weigerte
sich, auf derartige persönliche Beweggründe hin eine Änderung
des Namens vorzunehmen. Als Botaniker konnte und durfte er
nicht anders verfahren: Was geschrieben steht, das bleibt geschrieben.

Von Neu=Guinea werden sicherlich noch wundervolle
Arten zu erwarten sein.[1]) Verschiedene Neuheiten von dort
sind bereits in Kultur, während von anderen nur trockene
Blumen existieren. Zu erwähnen sind D. Phalaenopsis
Schroederianum, D. Goldiei, eine Varietät von D. superbiens, aber noch größer als diese. Das schneeweiße D. Alber-
tisii, ferner D. Broomfieldianum, welches an Laelia anceps
alba erinnert, woraus folgt, daß es als das schönste von allen
Dendrobien zu bezeichnen ist. Die Schönheit dieser Species
beruht hauptsächlich in der Lippe, welche bald lavendelblau, bald
rot angehaucht erscheint. Eine andere Art ist sehr nahe mit
D. bigibbum verwandt, jedoch größer in Form und mit
spitzeren Sepalen; sie ist D. Statterianum getauft worden; die
Farbe ist leuchtend dunkelrosa, welche nach der Lippe zu noch
tiefer erscheint. Die Seitenlappen sind zurückgebogen und
bilden eine Art Röhre, während der mittlere Lappen gerade=
aus steht und von dunkel=purpurnen Adern durchzogen ist.
Wie D. bigibbum, so hat auch diese Art auf der Lippe einen

[1]) Sind inzwischen eingetroffen; Dendrobium Victoriae Augustae
z. B. ist 2 m hoch mit Rispen von $^3/_4$—1 m Länge.

hervorstehenden, behaarten Kamm, welcher jedoch nicht weiß,
sondern dunkel-purpurrot gefärbt ist. Ich gebe die ausführ-
liche Beschreibung dieser Art, weil sie nur wenigen bekannt
ist. Sicherlich werden im Laufe der Zeit die holländischen
und deutschen Gebiete Neu-Guineas uns noch mit wunderbaren Neuheiten versehen.[1]

Erst kürzlich hatte ich den Vorzug, das lieblichste
Dendrobium, welches ich je gesehen habe, zu bewundern:
D. atro-violaceum. Die prächtigsten Blumen hängen wie
Trauben herunter, ca. 10—12 an einem Triebe. Die Sepalen
und Petalen sind elfenbeinfarbig, von einem leichten grünen
Hauch überzogen und über und über grün gefleckt. Die
Lippe ist zurückgebogen und bildet eine Art Trichter, dessen
Außenseite dunkel-violett gefärbt ist, während die ganze Lippe
von ebensolchen Adern durchzogen wird.

Ich habe inzwischen gehört, daß das Publikum
von dieser Pflanze nichts wissen will. Die Blütenstände
hängen zu sehr herab und die Farbenkontraste seien zu auf-
fällig. Sollte das wirklich die Ansicht vieler sein, so ist es
ganz und gar nutzlos, Kunstschulen zu gründen und dem
Publikum durch Wandervorträge über Ästhetik irgend ein Kunst-
verständnis beibringen zu wollen. Dann ist uns (Engländern)
ein Sinn für Kunst versagt.[2]

---

[1] Sehr richtig! Was das deutsche Gebiet betrifft, so sind jedoch
die wirklichen Herren dieses Landes die Eingeborenen, welche sich ein
Eindringen in ihr Gebiet ebenso energisch wie erfolgreich verbeten haben.
Die paar Fetzen des Landes, welche sich z. Z. noch nominell in den
Händen der Neu-Guinea-Kompagnie befinden, haben eine sehr schöne
Ausbeute an neuen Pflanzen aller Art ergeben, welche bekanntlich auch
wissenschaftlich bearbeitet sind. Das Vordringen anderer Sammler
haben trotz der von Berlin aus erlassenen Weisungen die dortigen
Autoritäten nach Möglichkeit gehindert.

[2] Daß Caviar nichts für das Volk ist, sollte Herrn Boyle bekannt sein, wenigstens wußte es vor nun 300 Jahren bereits ein Engländer, mag sein Name Shakespeare oder Baco gelautet haben.

Auch Madagaskar wird uns noch manche Neuheiten liefern. Es hat uns bereits mit einem roten Cymbidium überrascht. Daß ein solches Wunder existierte, war schon bekannt, und drei Sammler setzten ihr Leben aufs Spiel, desselben habhaft zu werden. Zwei von ihnen sahen Europa niemals wieder. Der Dritte fand zwar den Schatz, kehrte aber mit vollständig zerrütteter Gesundheit nach Hause zurück. Diejenigen Gegenden Madagaskars, welche für Botaniker und Sammler am meisten Interesse haben, müssen in der That die ungesundesten und gefährlichsten Distrikte dieser Insel sein. Léon Humblot speiste einst mit seinem Bruder und 6 Landsleuten in Tamatave, von wo sie ihre Erforschungsreise zu Gunsten der Wissenschaft in das Innere antraten. Nach Verlauf von 12 Monaten war er der einzige Überlebende. Einer dieser Unglücklichen, welcher für Herrn Cutler in Bloomsbury Street, London, Schmetterlinge und Vögel sammelte, schoß, wie allgemein gesagt wird, auf ein Götzenbild der Eingeborenen. Aus Wut darüber tränkten ihn die Priester mit Fett und verbrannten ihn. Herr Humblot selbst hatte schreckliche Abenteuer zu bestehen. Er stand in Verbindung mit der französischen geographischen Gesellschaft und entdeckte vor ca. 10 Jahren Phajus Humblotii und Ph. tuberculosus in den ungesundesten Morästen tief im Innern des Landes. Einige wenige Pflanzen überlebten die lange Reise und wurden unter beträchtlicher Aufregung in Stevens' Auktionslokale zum Verkauf angeboten. Zum zweiten Male setzte Humblot sein Leben für dieses Unternehmen ein und sammelte eine große Menge für Herrn Sander, aber um welchen Preis! Zwölf Monate lang lag er totkrank im Hospital zu Mayotte, und bei seiner Ankunft in Marseille wurde er von den Ärzten aufgegeben. Ph. Humblotii ist in der That ein Wunder von Schönheit, die Blüte von blaß-rosaroter Farbe, mit einer großen dunkelroten Lippe und einer hellgrünen Säule versehen.

Ein jeder, welcher seinen „Darwin" genügend kennt,
weiß, daß Madagaskar die Heimat von Angraecum ist.
Allesamt sind heimisch in Afrika,[1] so viel ich weiß, mit Aus=
nahme des A. falcatum, welches sonderbarerweise von Japan
stammt. Man muß in der That vermuten, daß diese Species
vor langer, langer Zeit von den unternehmenden Japanern
nach dorthin gebracht und afflimatisiert wurde. Ebenso
komisch ist, daß die einzige Aërides und ein Dendrobium,
welche außerhalb der tropischen Zone gefunden wurden, auch
in Japan vorkommen.[2] A. arcuatum stammt von Transvaal,
und man darf mit Recht hoffen, daß noch andere in Süd=
Afrika mit der Zeit entdeckt werden. Ein rosarotes Angraecum,
welches noch sehr selten ist, bewohnt die Westküste. Soweit
bekannt, ist dies die einzige bunte[3] Species. Es trägt den
Namen des Herrn Du Chaillu, welcher unglücklicherweise den
Fundort vergessen hat. Alle Versuche, den Standort in sein

---

[1] Nein, denn es giebt brasilische Angraecum-Arten, welche
botanisch nicht gut von der Gattung zu trennen sind. Allerdings sind
es sämtlich kleinblütige Arten, „botanical Orchids" im schlimmsten
Sinne des Wortes.

[2] Diese Methode, pflanzengeographische Schwierigkeiten zu
lösen, macht der Phantasie Herrn Boyle's alle Ehre, aber auch nur
dieser. Weswegen die Japaner, falls sie je Madagaskar betraten,
was absolut unerwiesen ist, gerade eine direkt unschöne Pflanze mit
nach Hause nahmen, deren Kultur noch dazu gar nicht leicht ist,
und die schöneren, leichter zu kultivierenden Arten stehen ließen, ist
eine Frage, welche selbst unser phantasievoller Autor nicht sofort wird
beantworten können. — Schließlich möchte doch auch noch die That=
sache zu berücksichtigen sein, daß Angr. falcatum gar nicht in
Madagaskar wächst, also nicht von dort irgend wohin eingeführt
werden konnte.

[3] Angraecum Chailluanum ist nicht bunt, es ist tief crême=
farben und hat etwa die Farbe von etwas angealtertem Elfenbein.
Es giebt nur ein Angraecum von nicht weißer Farbe, nämlich Angr.
citratum, bei welchem dieser gelb=weiße Farbenton noch etwas mehr
poncé ist.

Gedächtnis zurückzurufen, waren vergebens, er entsinnt sich nur, daß er es einst auf seiner Rückreise nach Europa auf einem kleinen Streifzuge vorfand. Herr Sander würde sofort einen Sammler danach ausgesandt haben, wenn er ihm nähere Angaben hätte machen können.

Das ausgezeichnet schöne Angr. Sanderianum stammt von den Comoren; es ist eine entzückende Pflanze mit herrlichem Duft. Nach den Berichten der Sammler wächst es in einem irdischen Paradiese. Schon kleine junge Pflanzen erregen die Bewunderung des Beschauers durch ihre lieblichen schneeweißen 20—30 cm langen Blütenrispen. Welch' herrliches Bild ein in St. Albans gezüchtetes großes Exemplar mit meterlangen Blütenrispen bot, ist schwer zu beschreiben. A. Scottianum stammt von Zanzibar und wurde von Sir John Kirk entdeckt.[1]) Zu erwähnen ist ferner A. caudatum von Sierra Leone, welches durch seine Sporne, die 15—20 cm lang sind, an A. sesquipedale erinnert. Zu dieser Gruppe sind noch A. Leonis und Kotschyi zu rechnen, deren Sporne die Länge von ca. 10 cm erreichen, während diejenigen von A. Scottianum und Ellisii nur eine Länge von ca. 7 cm aufzuweisen haben. Natürlich hängt die volle Ausbildung der Blüten und somit auch der Sporne von der Geschicklichkeit des Gärtners ab. Die Gattung Angraecum ist also wenigstens mit einem starken Teil ihres ganzen Bestandes in Madagaskar heimisch. Sie hat einen besonderen Reiz vor allen anderen Gattungen durch die an jeder Art höchst auffallenden Merkmale, besonders in der Struktur der „Säule", also gerade in dem Organe, welchem alle Botaniker die höchste Beachtung

---

[1]) Nein. Der Entdecker dieser schönen Pflanze ist ein Deutscher Namens Johann Maria Hildebrandt, ein Mann, welcher vor Leon Humblot und besser als Ellis unsere Kenntnis der Flora von Madagaskar gefördert hat.

schenken und dessen Wichtigkeit Ch. Darwin in seiner be=
kannten Arbeit äußerst scharfsinnig entwickelt hat. Die Frage,
ob die Pflanze Angraecum oder Aeranthus sesquipedalis
zu nennen ist, oder wie sonst noch, ist von rein botanischem
Interesse.

Entdeckt wurde sie vor ca. 30 Jahren von dem Missionar
Ellis, welcher die ersten Pflanzen nach Europa sandte. Der
stattliche Wuchs, die herrlichen gelblichweißen Blüten ziehen
die Bewunderung aller auf sich, und der Sporn bietet ein
Problem zu tiefem Nachdenken. In unserer Kultur erreicht
die Länge desselben 20—25 cm, welche jedoch in der Heimat
weit überschritten wird. Er hat die Dicke einer Gänsekiels,
ist vollkommen hohl und nur an der Spitze mit einer Flüssigkeit
angefüllt. Auf Grund eingehenden Studiums des Baues
der Blüte knüpfte Darwin an diesen Sporn eine Hypothese,
die unter den Ungläubigen Lachen und Kopfschütteln erregte.
Bei der ungewöhnlichen Länge des Spornes machte er
auf die Thatsache aufmerksam, daß der Honig sich auf dem
Grunde ungefähr 25 cm von der Öffnung entfernt,
befinde. Unter der Voraussetzung, daß jeder auch noch so
kleine Teil der Blüte gleichmäßigen Anteil an der Arbeit
der Befruchtung nehmen müsse, und daß alle Teile in
Wechselbeziehung zu einander stehen müßten, schloß er, daß
es auf Madagaskar ein Insekt (wahrscheinlich einen Nachtfalter)
geben müsse, dessen Rüssel den Honig zu erreichen und also
die Pollenmassen wegzuholen imstande sei. Wäre der Nektar
der Öffnung der Blüte näher, so würde ein Insekt mit
schwächerem und kürzerem Rüssel imstande sein, ihn auszu=
saugen, ohne das Staubgefäß zu berühren. Diese Folge=
rung zeigt die intensive geistige Kraft Darwins in ihrer ganzen
Größe. Auf Grund eines logischen Prozesses konstruierte er sich
ein noch nie gesehenes Insekt, und er setzte so großes Vertrauen
auf seine Schlußfolgerung, daß er erklärte: „Wenn dieses

große Insekt in Madagaskar ausstirbt, so wird sicherlich das Angraecum sesquipedale ebenfalls zu Grunde gehen." Ob Darwins Behauptung durch die Auffindung eines solchen Insektes in Madagaskar zur Wahrheit geworden ist, habe ich nicht feststellen können. Aber man lacht nicht straflos über Darwin. Lange vor seinem Tode wurde in Süd=Brasilien ein Nacht= falter aufgefunden, dessen Rüssel ca. 22—25 cm lang ist und deshalb zur Befruchtung dieses Angraecums lang genug wäre. Bei dem heutigen Stand der ganzen Frage herrscht jedoch kein Zweifel, daß ein ähnliches Insekt auf Madagaskar existieren muß.

Achtes Kapitel.

Warmhaus=Orchideen.

In den vorhergehenden Kapiteln habe ich mein Bestes gethan, den Beweis zu liefern, daß die Kultur der Orchideen absolut kein Geheimnis ist. Die Naturgesetze sind klar und einfach, leicht zu verstehen und zu handhaben, und Ausnahmen giebt es nur in einigen wenigen Fällen. Die Kultur der Odontoglossen und Dendrobien ist natürlich nicht dieselbe wie die der Rosen; aber eine einigermaßen intelligente Person lernt es leicht, sie zu behandeln. Mit Warmhaus=Orchideen ist die Sache ein wenig schwieriger, allein die Besitzer eines Warm= hauses beschäftigen in der Regel einen mit der Kultur ver= trauten Gärtner. Die Warmhaus=Orchideen kommen meist aus den Ebenen der heißen Zone und sind reicher an Arten, wie die der kalten und gemäßigten Zone. Auch sind sie häufigen Abweichungen von den Kulturregeln unterworfen, und eben deshalb nicht jedermann zu empfehlen. Sie ver=

langen im Winter eine Mindesttemperatur von 15,5° C
in der Nacht und von 21—22° C. im Sommer, was bei
unserem Klima eine unausgesetzte Heizung erfordert.

Als die wärmste von allen Orchideen ist wohl Peristeria
elata zu nennen, die Espiritu Santo-Blume, „Blume des
heiligen Geistes" genannt. Beim Anblick dieser Blume kann
man die Schwärmerei der Spanier verstehen, als ihnen dieselbe zum ersten Male vor Augen kam. Glaubt man doch
eine weiße Taube mit ausgebreiteten Flügeln zum Himmel
emporschwebend zu sehen. Vielleicht an demselben Tage drang
das Gerücht von der Größe und dem Reichtum Perus zu ihnen,
und dieses himmlische Zeichen ermutigte sie vorzudringen. Allein
das Reich der Inkas widerstand dem Einfalle dieser Räuber,
obgleich sie die Entdeckung der Blume des Espiritu Santo für
ein günstiges Zeichen hielten. Peristeria elata ist eine so
wohlbekannte Pflanze, daß es zwecklos wäre, mich länger mit
einer Beschreibung aufzuhalten; allein ein kleines Ereignis aus
ihrer Geschichte bedarf hier der Erwähnung. Der berühmte
Sammler Benedikt Roezl reiste im Jahre 1868 über Panama
heimwärts. Die Fahrt nach Colon kostete damals 60 Dollar,
ein schönes Stück Geld, welches ausgeben zu müssen Roezl sehr
bedauerte. Er fand jedoch heraus, daß die Eisenbahngesellschaft
Fahrkarten von Station zu Station zu ermäßigten Preisen
ausgab, um ihren Beamten Erleichterungen zu verschaffen.
Roezl zog ebenfalls Vorteil aus diesem System und legte so
die Reise über den Isthmus für 5 Dollar zurück. Auf einer
Zwischenstation mußte er einige Stunden auf den nächsten
Zug warten, und er benutzte diese Zeit, um einen kleinen Aus-
flug in die nächste Umgebung zu machen. Peristeria traf
er in Masse an — allein Roezl befand sich auf seiner Ferien-
reise. Zu seinem größten Erstaunen jedoch fand er eine
Masdevallia, eine Gattung, welche keineswegs ein Freund von
allzuviel Sonne ist, im heißesten Sonnenscheine, Seite an

Seite der Peristeria. Er konnte dem Drange nicht wider=
stehen, mit geübter Hand einige dieser Pflanzen ihrem Stand=
orte zu entreißen, und brachte sie lebend nach England. Am
selben Tage, als sie zum Verkauf angeboten wurden, kam die
Kunde von Livingston's Tod nach London, und diese Gelegen=
heit benutzend taufte er seine Pflanze M. Livingstoniana.
Nur wenige kennen den Standort dieser seltensten aller Mas=
devallien, und kein Exemplar ist seitdem wieder nach Europa
gekommen. Die hübsche Blume ist weiß, rosa an den Enden,
mit gelben Schweifen an den 3 Sepalen. Sie gedieh in
der nächsten Umgebung der Station Culebras an der Panama=
Eisenbahn. Ob sie jetzt noch dort wächst? Bei Culebras
scheiterte bekanntlich die Riesenenergie des Herrn von Lesseps;
die Gegend hatte wenigstens vorübergehend ein ganz anderes
Aussehen erhalten, wenn sie auch jetzt wieder in Todesschweigen
zurückgesunken ist.

Die Vanden gehören zweifellos zu den „wärmsten"
Gattungen, und nimmt Vanda Sanderiana den ersten Platz
ein. Sie wurde auf Mindanao, der südlichsten der Philippinen,
von Herrn Roebelin entdeckt, als er sich auf der Suche nach
dem roten Phalaenopsis befand, auf welches wir noch zurück=
kommen werden. Vanda Sanderiana ist die imposanteste
unter den Schönheiten dieser Gattung, in gewisser Hinsicht fast
zu imposant und wuchtig, sowohl im Wuchs, wie in den
gewaltigen Blüten. Diese haben einen Durchmesser von
7 cm. Die Grundfarbe ist blaßlila, braungelb überzogen
und mit einem Netze von rotbraunen Adern bedeckt. Bis=
weilen sitzen mehr als 12 Blüten an einem Blütenstand,
von denen eine Pflanze oftmals 4 bis 5 hervorbringt. Vom
praktischen Standpunkte aus ist jedoch mit dieser Vanda kein
gutes Geschäft verbunden.

Zunächst kommt sie sehr selten vor, und dann ist das
Sammeln derselben mit großen Schwierigkeiten verbunden, da sie

hoch oben auf Bäumen wächst, welche zu diesem Zwecke ge=
fällt werden müssen.   Ferner überstehen nur wenige Pflanzen
die lange Reise.   Dazu kommt noch, daß der Sammler Ein=
geborene zum Sammeln anstellen muß, welche pro Pflanze,
ohne Rücksicht auf die Größe derselben, bezahlt werden.   Sehr
natürlich ist es daher, das die schlauen Eingeborenen manche
schöne große Pflanzen in Stücke zerschneiden, um die Anzahl
größer erscheinen zu lassen.   Daß manche solcher Stücke sich zu
Tode bluten, ist ihnen natürlich einerlei; sie streichen ihr Geld
ein.   Außerdem kommen die Manilla=Dampfer nur einmal monat=
lich nach Mindanao.   Da man nun ca. 3 Monate sammeln
muß, um soviel Pflanzen zusammenzubringen, daß ein kleiner
Vorteil dabei herauskommt, so haben am Ende dieser Zeit alle
Pflanzen, welche in den ersten Tagen gesammelt wurden, ihre
Lebenskraft eingebüßt; denn Vanda hat keine Bulben und
also keine Reservenahrung zur Verfügung.   Zwischen Manilla
und Singapore ist nur alle vierzehn Tage Dampfschifffahrts=Ver=
bindung, und dann hängt der Sammler auch noch von der Gnade
oder Ungnade des Kapitäns ab, ob dieser eine solche Ladung
an Bord nehmen will.   Im bejahenden Falle errichtet der
Sammler sich eine Art Stellage aus Bambusrohr, auf der er
seine Pflanzen ausbreitet, die er während der vierzehntägigen
Reise täglich mehrere Male begießen muß und durch Schattendecken
vor den direkten Sonnenstrahlen zu schützen hat.   Sehr oft
kommt es vor, daß Kapitäne sich zu einer solchen Ladung sehr
schwer oder gar nicht verstehen wollen.   In Singapore an=
gelangt, ist es notwendig, die Pflanzen einer nochmaligen ge=
nauen Untersuchung zu unterwerfen, um sie für die Weiterfahrt
nach Hause versandfähig zu machen.   Auch dann wird oft
die Ladung von den Schnelldampfern verschmäht, und der
Sammler kann sich glücklich schätzen, wenn eines der Thee=
schiffe in Singapore sich seiner erbarmt und ihn samt seiner
kostbaren Beute in 35 Tagen nach England bringt.

Zieht man alle diese Mühen und Gefahren in Be=
tracht, so darf man sich nicht wundern, daß Vanda San=
deriana eine kostbare Pflanze ist. Die stärkste Pflanze, die
je Europa erreichte, wurde von Sir Trevor Lawrence für
80 Guineen erworben. Sie hatte 8 Triebe, von denen die
größten über 1 m lang waren. Trotz dieses hohen Preises hat
bis jetzt keine Einführung wirklichen Nutzen gebracht.

Die hauptsächliche Heimat der Vanda=Arten ist Java.
Im vollen Schmucke ihrer dichten, dunkelgrünen Belaubung
gewähren sie einen prachtvollen Anblick. Ob bei einem ge=
wissen Alter die unteren Blätter abfallen, kann ich nicht sagen.
In Herrn Sander's Sammlung befindet sich ein Riesenexemplar
von Vanda suavis mit elf Trieben, welches im Jahre 1847 ein=
geführt wurde. Der längste Trieb mißt ca. 5 m und ist von oben
bis unten im Besitze aller Blätter. Bei schlechter Kultur
lassen sie leicht die unteren Blätter fallen. Den häßlichen
Anblick kann man natürlich dadurch aus der Welt schaffen,
daß man den Trieb vom Stamme abschneidet und den oberen
Teil desselben frisch einpflanzt. Das schönste Exemplar, von dem
ich je hörte, soll im Besitze des Barons Alphonse von Rothschild
in Ferrières bei Paris sein, und zwar ist dies eine Vanda Lowii.
Sie beansprucht einen großen Raum, und alljährlich sind ihre
12 Stämme mit einer Unzahl von 3—4 m langen Blüten=
rispen geschmückt, welche mit Tausenden von gelben und
braunen Blüten bedeckt sind. Vanda=Arten bewohnen den
ganzen malayischen Archipel, und auch auf dem Festland von
Indien sind sie nicht selten. Die herrliche Vanda teres kommt
von Sylhet und aus Burmah, und mag als Abzeichen des
Hauses „Rothschild" gelten. In Frankfurt, Wien, Ferrières
und Gunnersbury, also in allen Sitzen dieser Familie, werden
große Mengen dieser Pflanzen kultiviert und bringen Jahr
für Jahr ihren herrlichen Blütenflor hervor. Im Verein mit
Palmen und Farnen bieten sie ein Bild, an welchem sich

das Auge kaum satt sehen kann. Eine kleine Geschichte
knüpft sich an diese Vanda, gelegentlich eines Besuches der
Königin von England in Waddesdon. Vanda teres hatte
zum ersten Male in Europa und zwar in Syon=House bei
Kew geblüht, und die ersten Blüten wurden der damaligen
jungen Prinzessin in Form eines kleinen Bouquets überreicht.
Viele Jahre später geschah es, daß Baron Ferdinand von
Rothschild dieselbe Blume zu dem Bouquet wählte, welches
er der jetzigen Königin bei ihrem Besuche überreichte; außer=
dem war der ganze Speisesaal damit geschmückt. Dies zeigt
uns, daß eine Pflanze, welche vor mehr als 60 Jahren
eine Gabe, wert einer Königin, war, jetzt so allgemein ge=
worden ist, daß sie in Massen zur Zimmerdekoration Ver=
wendung findet. Tausende von Unterthanen der jetzigen
Königin genießen dieselbe Freude, welche ihr vor ihrer Regierung
nur von einem Herzog als etwas Außerordentliches geboten
werden konnte. Es ließen sich viele Betrachtungen hieran
knüpfen; doch kehren wir zu unserem Thema zurück.

Vanda teres ist nicht so gewöhnlich, daß eine Be=
schreibung überflüssig wäre. Sie gehört zu der Klasse der
wenigen kletternden Orchideen und ersteigt die sonnigsten
Sprossen unserer sonnigen Gewächshäuser. Wenn man die
Kultur streng ihren Gewohnheiten anpaßt, so kann man
sie leicht zum Blühen bringen; andernfalls werden selbst ge=
schickte Gärtner eine undankbare Arbeit mit ihr haben. Sir
Hugh Low erzählte mir, er habe alle Bäume rund um das
Gouvernements=Gebäude in Penang mit Vanda teres und
ihrer nächsten Verwandten, Vanda Hookeri. bekleidet, welche
sich so wohl fühlten, daß er täglich einen Korb voll dieser
herrlichen Blumen sammeln lassen konnte. Eine sehr seltene
Varietät ist Vanda limbata von der Insel Timor; ihre
Sepalen und Petalen sind von dunkelgelber Farbe mit purpurnen
Spitzen und weißen Streifen und wie eine Schaufel geformt.

Es möge mir erlaubt sein, hier eine persönliche Erinnerung einzuschalten in der Hoffnung, daß einer meiner Leser vielleicht imstande sein wird, uns das Gewünschte zu schaffen. Vor langen Jahren, welche mir jetzt wie eine andere Existenz vor meiner jetzigen erscheinen, auf einer Reise in Borneo, besuchte ich die Antimon-Minen von Bidi. Der Direktor, Herr Bentley, zeigte mir vor seinem Hause einen großen Tapong-Baum, auf welchem eine, nach seiner Aussage, blaue Orchidee wachsen sollte. In Bezug auf die Namen der Orchideen waren wir damals in der Wildnis sowohl wie in England selbst noch sehr unwissend. Nach meiner Rückkehr nach England veröffentlichte ich eine Beschreibung dieser blauen Orchidee nach dem Bericht des Herrn Bentley, wonach „die Blüten in einer blauen Rispe von den Ästen herunter hingen und ein solch' herrliches Bild darboten, wie es die Kunst nicht wiedergeben könne." Diese Pflanze galt als einzig in ihrer Art, und selbst Einwohner dieser Gegend, Malayen und Dayaks, kannten sie nicht. Was das für eine Orchidee war, ist eine unbeantwortete Frage geblieben; daß sie jedoch wirklich existierte, ist eine Thatsache. Herr Bentley sandte die Pflanze an den Direktor der Minen-Gesellschaft nach England, woselbst sie in guter Beschaffenheit anlangte. Ich selbst sah den Brief, in welchem Herr Templar den Empfang bestätigte und einen Check von 100 £ dafür einschloß. Was weiter aus der Pflanze wurde, ist mir niemals zu Ohren gekommen. Unwillkürlich vermutet man, daß eine Orchidee mit blauen Blütenrispen eine Vanda sein muß. Die Beschreibung mag für Vanda coerulea passend sein; allein diese kommt von den Khasya-Bergen. Käme Vanda coerulescens von jener Gegend, so hätten wir die Antwort auf die Frage gefunden; allein sie stammt aus Burmah und ist wie Vanda coerulea nicht auf Bäumen zu finden. Vielleicht kann einer meiner Leser über den Verbleib der Pflanze des Herrn Templar Auskunft geben.

Die Renanthera-Arten verlangen im allgemeinen große Hitze. Es möge mir gestattet sein, hier zu nutz und frommen mancher Käufer einen kleinen Geschäftskniff gewisser Firmen festzunageln, bei welchem es sich zumeist um R. coccinea handelt. Nach den botanischen Berichten stammt die Pflanze bekanntlich aus Cochinchina. Orchideen, die soweit her kommen, müssen natürlich bei ihrer Ankunft sehr eingeschrumpft sein. Umsomehr sind selbst erfahrene Gärtner, wenn sie auf den Auktionen Pflanzen von frischem Aussehen mit saftigen Blättern erblicken, überzeugt, daß dieselben in bester Beschaffenheit und voller Lebenskraft sind. Dem Anscheine nach müssen die Pflanzen bereits ein Jahr lang in Kultur gewesen sein, und man kauft im vollen Vertrauen auf ein ferneres gutes Gedeihen. Nur zu oft jedoch tritt eine merkwürdige Veränderung mit den Pflanzen ein. Die Blätter schrumpfen ein, sie bekommen ein krankes Aussehen und nach Verlauf einiger Wochen sehen sie ebenso trostlos aus wie frisch importierte Pflanzen. Der Grund ist sonderbar. Durch irgend einen Zufall fanden einige Pflanzen dieser Renanthera coccinea ihren Weg nach Rio, wo sie wie Unkraut wachsen und größer und stärker werden wie in ihrer asiatischen Heimat. Händler mit etwas weitem Gewissen benutzen diesen Umstand und bringen frisch eingetopfte, in voller Lebenskraft stehende Pflanzen auf den englischen Markt. Bei der geringen Entfernung kommen die Pflanzen in frischem, saftigen Zustande an und werden zum Verkauf gestellt, bevor das Einschrumpfen der Stämme und Blätter eintritt. Möge diese Aufklärung zur Vorsicht beim Einkaufe mahnen! Es ist die alte Geschichte: kauft gut etablierte Orchideen nur von den großen Importhäusern, so lange ihr nicht vorzieht, eure Pflanzen selber heranzuziehen.

Renanthera coccinea ist eine zweite kletternde Species und verlangt noch mehr wie V. teres einen Platz unter dem

Dache des Gewächshauses, wo die Sonne ihre stärkste Macht entwickelt. Selbst bei der besten Pflege dauert es oft lange, bevor sie ihre edelgeformten, dunkelroten und orangegelben Blüten ent= faltet. Andererseits wächst sie stark und rasch und ist an und für sich von dekorativem Werte. Der Herzog von Devon= shire kultiviert Exemplare in Chatsworth, welche alljährlich regelmäßig im reichsten Blütenflore prangen. Diese Pflanzen stehen in einer Höhe von ca. 6 m, klettern an Birkenstämmen empor und nehmen ihren jetzigen Standort seit ca. 50 Jahren ein. Zu dieser Gruppe gehört noch eine andere Art, welche jedoch unter dem Namen Vanda Lowii bekannter ist, als unter dem Namen Renanthera, und welche man zu den botanischen Kuriositäten rechnen muß. Wie (gelegentlich) Catasetum und Cycnoches erzeugt sie zwei verschiedene Arten von Blüten an ein und demselben Blütenschaft. Bei den beiden erstgenannten Gattungen handelt es sich um die auch äußerlich verschiedenen männlichen und weiblichen Blüten, bei R. Lowii dagegen hat die Wissenschaft noch nicht den Grund für diese Erschei= nung entdeckt. Die gewöhnliche Färbung der Blüten ist grünlichgelb, mit braunen Flecken; sie messen ca. 8 cm im Durchmesser und bekleiden einen Blütentrieb von ca. 3,5 m Länge. Die beiden ersten Blüten an der Basis aber bilden einen strengen Kontrast zu den übrigen. Sie sind bedeutend kleiner, verschieden in ihrer Gestalt, schwarzgelb von Farbe und rötlich gefleckt. Es würde ein großes Verdienst sein, Licht in diese zur Zeit noch dunkle Frage zu bringen.

Infolge der großen Liebhaberei verbreiten sich die Orchideen heutzutage mit Schnelligkeit über die ganze Erde, und man dürfte sich nicht wundern, wenn man hörte, daß gelegentlich irgend eine Art, in ein anderes passendes Klima verpflanzt, sich höchst üppig entwickelt, wie dies bei R. coccinea beobachtet worden ist. Bis jetzt kann ich noch keine andere Art nennen; allein Herr Sander versichert

mich), daß in Gegenden, die selbst Orchideen erzeugen, eine
große Nachfrage nach diesen Pflanzen herrscht. Einen Beweis
dafür liefert ein bereits oben erwähnter Brief. Selbst Hindus,
Chinesen, Japanesen und Siamesen von hohem Range zählt
Herr Sander zu seinen Kunden. Nicht selten laufen Be=
stellungen von Kaufleuten aus Calkutta, Singapore, Hongkong,
Rio de Janeiro und auch aus kleineren Städten ein. Es
klingt in der That komisch, daß manche dieser Herren Pflanzen
unter großen Kosten kommen lassen, welche ein einigermaßen
intelligenter Eingeborener in beliebiger Menge und mit ge=
ringen Kosten für sie sammeln könnte. Die hauptsächlichen Be=
stellungen beziehen sich jedoch in der Regel auf Pflanzen, welche
in den betreffenden Ländern nicht wachsen. Natürlich kultivieren
sie ihre Pflanzen im Freien, und man darf hoffen, daß die=
selben gelegentlich Samen tragen werden.[1] Selbst das im
vorigen Kapitel erwähnte Angr. sesquipedale würde in
Süd=Brasilien ein Insekt finden, welches seine Befruchtung
bewirken könnte. (?) Die Arten, welche ein ihren Anforde=
rungen entsprechendes Klima finden, werden sich von selbst fort=
pflanzen. Man darf fast mit Bestimmtheit glauben, daß die
Zeit nahe ist, wo man Cattleyen in den Wäldern Indiens,
Dendrobien am Amazonenstrom und Phalaenopsis in den
Küstenländern von Central=Amerika antreffen wird. Und es
giebt viele, die ungeduldig dieser Zeit entgegensehen.

Herr Burbidge machte in einer Orchideen=Konferenz den
Vorschlag, daß Plantagenbesitzer in einem für Orchideen
geeigneten Klima selbige in Masse für den Export heranziehen
sollten. Die Idee ist ausgezeichnet, und wenn infolge der
großen Konkurrenz Thee, Kaffee, Zucker und andere Produkte

---

[1] Mit dieser Hoffnung steht es schwach. Die Vanilla-Kultur ist
überall, wo sie regelmäßige Erträge liefern soll, auf künstliche Befruch=
tung angewiesen.

Ost- und Westindiens keinen großen Nutzen mehr abwerfen, so werden vielleicht manche Pflanzer diese Kultur in die Hand nehmen.[1]) Vielleicht wird sie bereits gehandhabt, ohne daß bis jetzt Resultate bekannt geworden sind. Einen Fall, der allerdings wenig Mut einflößt, kann ich hier anführen. Ein Sammler des Herrn Sander, Herr Kerbach, verheiratete sich in Columbien und beschloß, dem Rate des Herrn Burbidge Folge zu leisten. Er legte eine Orchideenpflanzung an und versuchte durch Kreuzung neue Arten zu schaffen. Allein es ist mir nicht bekannt, ob er Kenntnisse in der Kultur der Orchideen besaß. Daß er den Anfang mit dem so schwierigen Züchten von Hybriden machte, war ein sehr kühnes Unternehmen, und bereits nach Verlauf von 18 Monaten[2]) sah er ein, daß seine neue Beschäftigung nicht den erwünschten Erfolg hatte, weshalb er bat, wiederum in die Dienste seines früheren Herrn eingestellt zu werden. Es ist klar, daß der zukünftige Orchideen-Züchter vorsichtig zu Werke gehen und hübsch bescheiden zunächst mit den Pflanzen beginnen muß, welche in seiner Nachbarschaft wachsen, um einem befriedigenden Resultate seiner Arbeit entgegensehen zu können; denn nicht nur in unseren Gewächshäusern zeigen die Orchideen unerklärliches Behagen und Mißbehagen. Manche haben in dem reichen civilisierten Costa Rica Versuche mit Cattl. Dowiana. teils zum Vergnügen, teils für geschäftliche Zwecke, angestellt, jedoch alle ohne Resultat. In diesen tro=

---

[1] Ist längst geschehen. Ich erinnere an Herrn v. Türkheim, welcher auf seiner Kaffeeplantage in Alta Vera Paz Lycaste Skinneri alba für den Export züchtet. Ob Engländer es bisher gethan haben, weiß ich nicht. Ferner an Herrn Rich. Pfau, San José, Costa Rica.

[2]) Was wollen 18 Monate bei solcher Arbeit sagen. Zwischen Aussaat und Blüte vergingen bei Stanhopea Spindleriana Kreuzung von St. oculata und tigrina, 4 Jahre, bei Cattleyen können 10 Jahre darüber hingehen. Siehe das Schlußkapitel.

pischen Gegenden finden in sehr beschränktem Umkreise geringe klimatische Veränderungen statt, welche auf Pflanzen, deren Existenz größtenteils von der Luft abhängt, sofort ihren störenden Einfluß ausüben. Man sagt z. B., daß die Trichopilia-Arten ihre Heimstätte in Bogota haben. Und doch ist es eine Thatsache, daß sie in unmittelbarer Nähe dieser Stadt nicht gedeihen wollen, während in der Entfernung von einigen Meilen die Wälder damit angefüllt sind. Dies beweist, daß der Orchideenpflanzer sehr vorsichtig zu Werke gehen muß. Pflanzen, welche in derselben Gegend wachsen, muß er vermehren und nicht übereilig seine Sammlung auf den Markt bringen wollen. In der Regel halten sich frisch aus den Wäldern geholte und in ihrer Heimat etablierte Pflanzen nicht so gut wie frischgesammelte unetablierte. Der Grund ist vermutlich der, daß die Pflanzen den Rest ihrer Kraft verausgabt haben, um sich in die neuen Bedingungen hineinzufinden und nun die ganz veränderten Bedingungen auf dem Transport nicht ertragen können. Nicht etablierte Pflanzen befinden sich dagegen in einer Art Schlafzustand.

Von einem Herrn höre ich jedoch, der wirklich mit Erfolg seine Orchideen kultiviert. Es ist Herr Rand, welcher in Brasilien am Rio Negro eine neu angelegte Pflanzung von Hevea Brasiliensis, einem dort einheimischen Kautschukbaume von hohem Werte, besitzt. Vor einigen Jahren wandte sich derselbe an Herrn Godseff in St. Albans mit der Bitte, ihm einige Vanda Sanderiana und andere östliche Arten zu senden. In Tausch schickte er ein neues Epidendrum, welches ihm zu Ehren Ep. Randii genannt wurde, herüber. Es ist eine der schönsten dieser Gattung, mit braunen Sepalen und Petalen, einer karmesinroten Lippe und zwei großen weißen Seitenflügeln. Er kultiviert am Rio Negro dieses Epidendrum wie noch manche andere einheimische Art auf Bambusgestellen in großem Maßstabe, desgleichen gedeiht eine

weiße Cattleya superba, welche Herr Rand persönlich ent=
deckte, vorzüglich unter seiner Pflege. Nach seinen letzten
Berichten scheinen sich die orientalischen Arten jenseits des
atlantischen Oceans ganz wohl zu fühlen und sich vollständig
dem dortigen Klima anzupassen.

Alle Vanda-Arten sollten in der Heimat der Cattl.
superba gut gedeihen, überhaupt jede Pflanze, welche eine
feuchte Atmosphäre zu ihrem Gedeihen nötig hat. Obgleich
fast alle Cattleyen mit einer mittleren Temperatur vorlieb
nehmen, so verlangen doch einige wenige das Warmhaus.
Von zweien, Cattl. Dowiana und Cattl. aurea, habe ich
bereits in einem früheren Kapitel Rühmens genug gemacht.
In Sa. Catharina in Brasilien wächst Cattl. guttata Leopoldi
im Verein mit Laelia elegans und L. purpurata. Vor
20 Jahren waren diese vier so häufig, daß ihre völlige Aus=
rottung ganz unmöglich schien. Doch kein Sammler besucht
heutzutage noch jene Gegend. Berge und Thäler, welche in den
buntesten Farben prangten, liegen öde und jeden Schmuckes
beraubt da, trotzdem die Natur ihre Schätze wohl verborgen
hielt. Laelia elegans und Cattl. guttata Leopoldi wachsen
auf schroffen, steilen Felsen, die für den menschlichen Fuß
kaum betretbar sind. Die Blüten der ersteren sind weiß und
rot, die der letzteren schokoladenbraun mit dunkelroten Flecken
und einer tief=purpurnen Lippe. Jene Gegend muß im vollen
Schmucke ihrer Blumen einen herrlichen Anblick gewährt
haben, wie wohl kaum jemals wieder zu erwarten steht. An
Stricken ließen sich die Eingebornen herab, um der kostbaren
Beute habhaft zu werden, und rotteten alljährlich alles aus,
was in ihren Bereich kam. Nur wenige Exemplare, die auf
ganz unzugänglichen Felsen wuchsen, blieben verschont, und
ein jeder Besitzer einer L. elegans sollte sich seines Eigentums
wegen glücklich schätzen. Als die beste Varietät ist L. elegans
Statteriana zu nennen. Der karminrote Fleck am Ende

der schneeweißen Lippe hebt sich scharf und deutlich ab, wie von Künstlerhand geschaffen.

Cattl. guttata Leopoldi stammt aus einer anderen Gegend. Sie verbreitet einen lieblichen Geruch. In St. Albans sah ich neulich eine Pflanze mit 3 Blütentrieben in voller Blüte; jeder Trieb wies ca. 20 einzelne Blüten auf, und ihr Duft übertraf den aller anderen Pflanzen in demselben Hause.

Die Vernichtung hat ferner Laelia purpurata in Sa. Catharina ereilt, von wo die besten in Kultur befindlichen Varietäten stammen. Der vollen tropischen Sonne ausgesetzt, auf steilen Felswänden, die über die unzugänglichsten Moräste hervorragten, so wurde diese Laelia angetroffen. Manche Gärtner geben dieser Laelia zu viel Schatten, wodurch ein gutes Resultat unmöglich wird.

Eine geringere Varietät gedeiht auch auf dem Festlande, woselbst sie auf Bäumen wachsend gefunden wird, während die auf Sa. Catharina nur an Felsen angetroffen wurde. Cattl. Acklandiae nimmt ebenfalls einen hohen Rang unter den Warmhaus-Orchideen ein. Sie gehört zu den Zwerg= pflanzen dieser Klasse und erregt allgemeines Erstaunen durch die auffallende Größe ihrer Blüten, deren sie zwei an jedem Blütentriebe trägt. Sie messen 5 cm im Durchmesser; die Sepalen und Petalen sind auf schokoladenbraunem Grunde gelb gestreift; die Lippe ist groß, rosa bis dunkel=purpurn gefärbt. Sie stammt von Bahia, woselbst sie Seite an Seite mit Cattl. amethystoglossa wächst, einer reizenden Arten, mit langen, dünnen Bulben, an deren Spitze sich 2 Blätter entwickeln. Wenn beide zusammen blühen, muß die Wirkung eines solchen Blumenbeetes in der That einzig sein, oben die in Büscheln stehenden Blüten der Cattl. amethystoglossa. von rötlichblauer Färbung mit purpurnen Flecken und einer amethystfarbenen Lippe, darunter die schokoladenfarbenen Blüten der Cattl. Acklandiae mit ihren rosafarbenen Lippen.

Cattleya superba kommt, wie schon bemerkt wurde, ebenfalls am Rio Negro in Brasilien vor; sie hat einen großen Verbreitungsbezirk, selbst am oberen Rio Meta in Kolumbien ist sie anzutreffen. Gärtner halten wegen ihrer schwierigen Kultur nicht viel von ihr, da sie nur selten und sehr schwer zum Blühen zu bringen ist. Wahrscheinlich ist der Mangel an genügend starkem Sonnenschein der Grund. Baron Hruby, ein böhmischer Edelmann und Besitzer einer der bekanntesten und besten Sammlungen Österreichs, dazu ein Orchideen=Liebhaber und =Enthusiast, wie es wenige giebt, scheint jedoch keine großen Schwierigkeiten mit ihr zu haben. Seine Sammlung steht mit Recht in gutem Rufe wegen der ausgezeichneten Kultur seiner Pflanzen. Selbst die Warm= haus=Orchideen wachsen dort wie Unkraut. Wir Engländer müssen uns trösten, daß Kalthaus=Orchideen unter unserm trüben Himmel gedeihen, und es wäre unklug, mit Leuten wetteifern zu wollen, denen ein helles trocknes Klima gewisse Kulturen erleichtert. Der Kurator des botanischen Gartens in Kew versichert uns jedoch in seiner kleinen, aber ausgezeichneten Broschüre „die Orchideen", daß der verstorbene Herr Spyers Cattleya superba mit Erfolg kultivierte, und setzt auch seine Methode auseinander. Ich selbst habe niemals die Blume gesehen. Herr Watson beschreibt sie folgendermaßen: „Die Blüten messen 12 cm im Durchmesser, sie sind von leuchtend rosaroter Farbe, weißlich angehaucht und äußerst wohlriechend. Die Lippe ist nierenförmig, dunkel=purpurn mit einem weißen und gelben Flecken am mittleren Abschnitt. Die spitzen Seitenlappen umschließen die Säule wie eine Röhre."

In derselben Gegend wie Cattleya superba wächst unter ganz ungewöhnlichen Umständen Galeandra Devoniana. Ihr Lieblingsaufenthalt ist die höchste Spitze einer gewissen Palme in Sümpfen, die selbst die Eingeborenen wegen der dort herrschenden Fieber und Mosquitos fürchten. Sie wurde

von Sir Robert Schomburgk entdeckt, welcher ihre Blüten
mit unsrem Fingerhut (Digitalis) verglich. Die röhrenförmigen
Blüten sind purpurn, die Lippe ist schneeweiß mit lila
Streifen im Schlunde.

Die Phalaenopsis gehören ebenfalls zu den Warmhaus-
Orchideen und nehmen als eine der älteren Gattungen
noch immer einen hervorragenden Rang unter den Orchideen
ein. Wir besitzen eine Beschreibung und Zeichnung aus dem
Jahre 1750, während erst im Jahre 1838 eine lebende
Pflanze in den Besitz der Herren Rollisson kam, welche sie
an den Herzog von Devonshire für 100 £ verkauften. Es
giebt viele Leute, welche die großen Phalaenopsis-Arten als
die lieblichsten und schönsten Orchideen betrachten, und ohne
Zweifel muß ihnen ein hoher Wert zugestanden werden. Die
meisten stammen von den Philippinen, von Java, Borneo,
Cochinchina und Burmah; selbst in Assam sind einige
Arten vertreten. Oberst Berkeley fand während seines Aufenthaltes als Gouverneur auf den Andamanen Inseln das
schneeweiße Phal. tetraspis und das purpurne Ph. speciosa,
beide auf niedrigen Büschen wachsend. So viel mir bekannt
ist, gedeihen fast alle Arten in der nächsten Nähe des Meeres,
wo die Atmosphäre mit Salz getränkt ist. Dies ist bei der
Kultur in Erwägung zu ziehen. Herr Partington, einer der
berühmtesten Phalaenopsis-Kultivateure seiner Zeit, pflegte
Salz auf die Wege seines Phalaenopsis-Hauses zu streuen, um
durch die Ausdünstung desselben die Luft damit zu sättigen.
Heutzutage werden die Phalaenopsis der Lady Howard de
Walden zu Maidstone, deren Gärtner denselben Prinzipien
huldigt, als die besten angesehen. Diese Pflanzen stehen unter
Einflüssen, welche uns noch ganz unbekannt sind. Nur die
Erfahrung allein kann uns mit der Zeit Aufschluß geben, ob
ein gewisses Haus oder eine gewisse Umgebung zu ihrem Ge-
deihen nötig ist. Es ist eitel Geldverschwendung, von

Zeit zu Zeit Änderungen in der Kultur vorzunehmen.
Wenn sie einmal den ihnen gegebenen Platz nicht lieben, so
ist nichts mit ihnen zu machen. Wahrscheinlich ist Maidstone
in Kent, das Besitztum der Lady Howard de Walden, besonders für ihre Bedürfnisse geeignet; jedenfalls aber versteht
auch ihr Gärtner aus den günstigen Bedingungen den besten
Vorteil zu ziehen. Einige seiner Pflanzen haben zehn Blätter!
Dem Laien mag es seltsam klingen, wenn eine solche Thatsache einer Erwähnung wert erachtet wird, allein eine ein-
gehende Erklärung würde sich zu tief in technische Einzelheiten
verlieren. Bemerkt mag hier noch werden, daß auch die berühmte
Schwanenhals-Orchidee, Cycnoches chlorochilon, in Maidstone besser gedeiht, als irgendwo sonst in England.

Die ersten, welche Phalaenopsis in England einführten,
waren die Herren Rollisson in Tooting, deren Geschäft schon
seit Jahren nicht mehr besteht, das aber in den Annalen
der Gärtnerei als eines der ersten großen Geschäfte dieser Art
fortleben wird. Im Jahre 1836 führten sie ein lebendes
Exemplar von Phalaenopsis amabilis ein, welche Art bereits
80 Jahre früher beschrieben und abgebildet war. Einige
Monate danach war der Herzog von Devonshire so glücklich,
Ph. Schilleriana lebend nach Europa zu schaffen. Der verstorbene Herr B. S. Williams erzählte mir einen eigentümlichen
Vorfall, welcher sich mit dieser Art zutrug. Es hieß, sie
komme von den Philippinen und verlange daher eine sehr
warme, feuchte Temperatur. Zufällig jedoch geriet ein kleines
Stück in eins seiner Kalthäuser in Holloway, welches dort
monatelang unbeachtet blieb. Als endlich der Vorfall bemerkt
wurde, stellte es sich zur allgemeinen Verwunderung heraus,
daß das Tropenkind in dem kälteren Hause sich kräftiger entwickelt hatte als da, wo ihm, wie man annahm, die richtige
Wärme zu teil geworden war. Als Kuriosität wurde die Pflanze
dort ungestört gelassen, und ich fand sie nach vier Jahren

noch in vollem Besitze ihrer Kraft. Niemand soll sich
jedoch hierdurch veranlaßt fühlen, seine Phalaenopsis mit
Odontoglossen zusammen kultivieren zu wollen; Herr Williams
selber versuchte niemals dasselbe Kunststück mit einer zweiten
Pflanze. Dieses Vorkommnis ist eine jener Überraschungen,
welche ein Orchideenzüchter von Zeit zu Zeit erlebt.

Es giebt viele seltene Arten dieser Gattung, welche
man in Katalogen kaum verzeichnet findet. Für Liebhaber,
denen eine Neuheit oder Seltenheit stets willkommen ist, will
ich hier einige Namen anführen. Ph. Manni, benannt zu
Ehren des Herrn Mann, des früheren Direktors des indischen
Forstdepartements, ist gelb und rot; Ph. cornucervi gelb
und braun; Ph. Portei, eine natürliche Hybride zwischen
Ph. rosea und Ph. Aphrodite, blüht weiß mit einer amethyst=
farbenen Lippe. Sie kommt äußerst selten in Wäldern in der
Nähe von Manila vor. Das schönste von allen ist Ph. Sanderiana, an welches sich wiederum eine kleine Erzählung knüpft.

Sobald es den Eingebornen der Philippinen verständlich
wurde, daß die Erzeugnisse ihrer Natur in Europa sehr gesucht
waren, erzählten sie von einer scharlachroten Varietät eines
Phalaenopsis, welche das Herz der Sammler vor Freude
hüpfen ließ. Allein das kostbare Ding wurde niemals ge=
funden, und trotz eifrigen Nachforschens konnte auch kein glaub=
würdiger Zeuge aufgefunden werden, welcher die Pflanze mit
eigenen Augen gesehen hatte. Jahr für Jahr ging dahin, und
das scharlachrote Phalaenopsis wurde Gegenstand des Spottes.
Die Eingebornen ließen jedoch nicht von ihrer Aussage ab,
und Herr Sander war so sehr von dem Vorhandensein der
Pflanze überzeugt, daß er beim Eröffnen einer neuen Dampfer=
linie Herrn Roebelin aussandte, um der Sache auf den Grund
zu kommen. Sein Eifer und seine Klugheit halfen ihm wie
gewöhnlich zum Ziel, und nach Verlauf von ca. 25 Jahren
wurde das Gerücht zum Teil wenigstens zur Wahrheit.

Ph. Sanderiana ist freilich nicht scharlachrot, aber wenigstens
dunkelrosa und jedenfalls eine herrliche Pflanze.

Demselben Sammler verdanken wir die Einführung
eines der stolzesten Aerides, A. Lawrenciae, mit wachs=
artigen Blüten von weißer Farbe, die mit purpurnen Flecken
und einer tiefpurpurnen Lippe geziert sind. Neben der herr=
lichen Farbenschönheit hat es auch den Vorzug, die größte
Art dieser Gattung zu sein. Roebelin sandte zwei Pflanzen
aus dem fernsten Osten nach Hause, von denen er weder eine
Blüte gesehen noch eine Beschreibung erhalten hatte. Drei
Jahre lang wurden sie in St. Albans kultiviert, bevor eine
derselben zur Blüte kam. Zu einer Auktion nach London
gebracht, ging sie für den Preis von 235 Guineen in den
Besitz von Sir Trevor Lawrence über.

Manche Coelogynen, die als „kalt" bezeichnet werden,
gedeihen während des Wachstums entschieden besser in der
Temperatur eines Warmhauses. Coelogyne cristata stammt
von Nepal, wo sie sich im heißesten Sonnenschein am wohlsten
fühlt. Doch ich will nur einige wenige anführen, die eine
warme Temperatur nötig haben.

Zu den auffallendsten und zugleich schönsten der Gattung
gehört Coel. pandurata aus Borneo. Die Rispe ist mehr
treffend als schön beschrieben worden als eine Reihe 3 1/2 cm
breiter, grüner Frösche mit schwarzen Zungen. Die ganze
Blüte ist glänzend grün, die Lippe ist von mehreren Furchen,
welche mit schwarzen, sammetartigen Haaren besetzt sind,
durchzogen, so daß es aussieht, als ob sie wie eine Zunge
aus dem Munde heraushängen. Es ist sonderbar, daß eine
so wunderbar schöne Pflanze so selten kultiviert vorkommt;
jedoch glaube ich, daß sie sich bei uns nur wenig
heimisch fühlt. Coel. Dayana, auch auf Borneo einheimisch,
eine unserer neuesten Einführungen, ist nach Herrn Day in
Tottenham bei London benannt. Es möge mir gestattet sein,
hier eine Bemerkung zur Ermutigung für arme aber begeisterte

Mitglieder unserer Orchideen=Brüderschaft einzuschalten. Als Herr Day kürzlich seine Sammlung verkaufte, zahlte ein amerikanisches Syndikat 12000 $\mathcal{L}$ baar, und die zurück= gebliebenen Pflanzen brachten auf der Auktion weitere 12000 $\mathcal{L}$; so wenigstens lautet der bisher nicht wider= rufene Bericht.[1] Coel. Dayana ist selten und demzu= folge hoch im Preise, jedoch hat Herr Sander kürzlich eine große Anzahl eingeführt. Die Rispe ist zuweilen meterlang und bildet einen hängenden Kranz von leder= gelben, chokoladefarbig gestreiften Blumen. Coel. Massangeana von Assam gleicht der vorhergehenden, jedoch ist die Lippe dunkel=karmesinbraun, mit gelben Linien und weißem Rande. Die neueste und bei weitem schönste der ganzen Gattung ist Coel. Sanderiana, eingeführt durch den Herrn, dessen Namen sie trägt und der der „König der Orchideen" genannt wird. Diese prächtige Art hat bis jetzt nur einmal in Europa geblüht; Baron Ferdinand von Rothschild ist der glückliche Besitzer. Die schneeweißen Blüten, gewöhnlich sechs an einer Rispe und jede $3^1/_2$ cm breit, haben ganz dunkelbraune Streifen auf der Lippe. Gefunden wurde sie auf Borneo von Herrn Förstermann, demselben Sammler, der das prachtvolle, scharlachrote Dendrobium auffand, welches in einem früheren Kapitel erwähnt wurde. Meine Angabe, daß Baron Schröder drei Exemplare besäße, hat sich inzwischen als ein Irrtum herausgestellt. Herr Förstermann konnte sich blos drei Exemplare verschaffen, von welchen zwei auf der Reise eingingen; Herr Baron Schröder kaufte das dritte, welches jedoch ebenfalls zu Grunde ging, und bis jetzt sind keine weiteren gefunden worden.

Von Oncidien giebt es manche Arten, welche Warmhaus= Kultur verlangen. Zu ihnen gehört O. splendidum, dessen Geschichte eigenartig ist. Zuerst tauchte es in Frankreich vor

---

[1] Wobei nicht gesagt ist, was Herrn Day die Sammlung ge= kostet hat.

ungefähr dreißig Jahren auf. Ein Schiffskapitän brachte ein
halbes Dutzend Exemplare nach St. Lazare heim, welche er dem
Eigentümer des Schiffes, Herrn Herman gab. Letzterer über=
gab sie den Herren Thibaut und Ketteler in Sceaux, welche
die Exemplare teilten, die dann in verschiedene Hände kamen.
Zwei der Originalstücke fanden ihren Weg nach England, und
auch diese scheinen geteilt worden zu sein. Die Annalen des alten
Auktionslokals in King Street bezeugen, daß eifrige Bieter
den Preis für ein winziges Stück mit einem Blatt bis auf
30 Guineen (600) Mark trieben. Die ganze Einführung ver=
schwand in kurzer Zeit, was nicht zu verwundern ist, wenn alle
Exemplare auf so· unbarmherzige Weise zerstückelt wurden.
Seitdem war diese Art verloren, bis Herr Sander seine Auf=
merksamkeit auf sie lenkte. Kein Bericht war vorhanden, wo=
her sie gekommen war. Der Name des Schiffes oder selbst der
des Kapitäns hätte Aufschluß gegeben, wäre ein solcher zu
finden gewesen; denn man hätte dann aus dem Schiffstage=
buch ersehen können, welche Häfen besucht worden waren.
Ich könnte von geheimnißvollen Orchideen erzählen, deren
Heimat auf weniger genaue Angaben hin aufgefunden wurde.
Jedoch hier war kein Anhaltspunkt. Herr Sander hatte die
Pflanze sorgfältig beobachtet, während noch einige Exemplare
am Leben waren, und der Bau ihres Blattes brachte ihn auf
die Vermutung, daß sie der Flora von Central=Amerika an=
gehören und ferner, daß sie in einer sehr warmen Gegend ein=
heimisch sein müsse.

Er beauftragte daher einen seiner Reisenden, Herrn
Oversluys, die kostbare Pflanze in Costa Rica zu suchen.
Ein Jahr nach dem andern verstrich, bis Herr Oversluys mit
Entschiedenheit erklärte, daß O. splendidum vielleicht im
Himmel oder in der Hölle wachse, jedoch nicht in Costa Rica
zu finden sei. Aber Theoretiker sind halsstarrig, und Jahr für
Jahr wurde er zurückgesandt. Endlich im Jahre 1882, als

er durch eine bereits öfters durchforschte Gegend ritt, sah er auf einer grasigen Ebene große Flächen mit blaßgelben Blüten gesprenkelt. Er hatte dieselben schon wiederholt bemerkt, sie aber nicht weiter beachtet, da es sein Beruf war, Orchideen zu sammeln. Bei dieser Gelegenheit fügte es sich, daß er einer dieser Massen nahe kam und nun das gesuchte Oncidium erkannte. Es war dies der gewöhnliche Fall. Das Gesuchte wird übersehen, weil es zu nahe und ins Auge fallend ist. Indes hatte Herr Oversluys wenigstens die eine Entschuldigung: wer konnte ahnen, ein Oncidium im hohen Grase, der vollen Sonnenhitze ausgesetzt, zu finden?

Oncidium Lanceanum ist wahrscheinlich die „wärmste" Art dieser Gattung. Die Glücklichen, welche es kultivieren können, behaupten, es biete keine Schwierigkeit; aber wenn es nicht kräftig und vollkommen gesund ist, bekommt es „Flecken" (spots) und geht schnell zu Grunde. In den Gewächshäusern der „New Plant & Bulb Company" zu Colchester (nun er= loschen) gedieh O. Lanceanum mit einer erstaunlichen Üppig= keit und entwickelte solche enorme Blätter, daß es, dicht am Glase hängend, mitten im Sommer Beschattung überflüssig machte.[1]) Doch dies war ein außergewöhnlicher Fall. Der Anblick ist unbestreitbar großartig, wenn die Pflanze in voller Blüte steht. Die Sepalen und Petalen sind gelb, mit breiten braunen Streifen, die Lippe ist violett. Die Rispen bleiben einen, mitunter zwei Monate in voller Schönheit.

Ein Oncidium, welches jederzeit die Aufmerksamkeit des Publikums auf sich zieht und die dankbare Anerkennung seiner Besitzer findet, ist O. Papilio. Die seltsame Form der Blüte bezauberte den Herzog von Devonshire — Großvater des jetzigen — der wohl der erste englische Pflanzen=Liebhaber von hohem Range war, in solchem Maße, daß er sich versucht

---

[1]) Sollte die Seeluft hierbei mitgewirkt haben?

fühlte, die Forschungsreisen zu unternehmen, durch welche so
viele schöne Pflanzen in Europa eingeführt wurden.

Die „Schmetterlings=Orchidee" ist so bekannt, daß ich
mich nicht bei ihrer Beschreibung aufhalte. Nun stelle man sich
aber diese interressante Blume ganz in Blau vor, anstatt in
Gold und Braun! Ich habe nie erfahren können, woraufhin
dies Gerücht entstanden sein kann. Aber der berühmte Lind=
ley starb mit dem unerschütterlichen Vertrauen, daß ein
blaues O. Papilio zu finden sei. Einst glaubte er, ein
Exemplar zu haben, jedoch blühte es, und mit seinem Triumph
war es für dieses Mal nichts. Ich selbst hörte davon vor
zwei Jahren und gab mich der Hoffnung hin, daß etwas an der
Sache sei. Ein Freund, welcher in Natal lebte, versicherte mir,
es auf dem Tisch des Direktors des botanischen Gartens zu
Durban gesehen zu haben; es stellte sich jedoch heraus, daß es
eine der schönen Erd=Orchideen gewesen war, von denen Süd=
Afrika eine so große Menge aufzuweisen hat, und welche in
unsren Sammlungen immer noch recht spärlich vertreten sind.
Es giebt Gärtner, wie Herr Cook zu Loughborough, bei
welchen Disa grandiflora wie Unkraut wächst. Herr Watson
in Kew erklärte, daß Disa racemosa üppig unter verhältnis=
mäßig einfachen Kultur=Bedingungen gedeiht. Ich erzielte ein
gleiches Resultat mit Disa Cooperi, jedoch ohne eine besondere
Geschicklichkeit meinerseits. Ein kleiner Triumph gebührt indes
mir allein. Ganz im Anfang, noch angespornt durch den
Mut gänzlicher Unwissenheit und mit einem von keinerlei
Detailkenntnis getrübten Blick, kaufte ich acht Bulben von
Disa discolor und brachte alle zur Blüte. Niemand in
Europa hatte dies zuvor gethan, noch niemand hat versucht,
es zu wiederholen, wie ich aufrichtig hoffe; denn eine wert=
losere Blume giebt es nicht. Doch hier hieß es — Ego
feci — und das Exemplar im Kew=Herbarium trägt meinen
Namen.

Gerüchte sollten indes nicht unbeachtet bleiben, wenn
es gewiß ist, daß sie von einheimischen Quellen zu uns kommen.
Einige der am meisten Aufsehen erregenden Funde sind von
je her aufmerksamen Eingebornen zu verdanken gewesen. Die
Geschichte von Phalaenopsis Sanderiana habe ich bereits erzählt. Ein Zulu war es ferner, welcher den Sammler auf
die Spur der neuen gelben Calla brachte. Die blaue Utricularia war der Beschreibung nach bekannt, und ihre Existenz
wurde lange bezweifelt, ehe sie selbst gefunden wurde. Utricularia gehören in der That nicht zu den Orchideen, jedoch
Botaniker allein halten an dem Unterschied fest. Das Orchideen
züchtende Publikum hat es sich einmal angewöhnt, sie zu den
Orchideen zu rechnen. Die Eingebornen von Assam behaupten,
daß ein hellgelbes Cymbidium von unbeschreiblicher Schönheit
dort vorkomme, und wir hoffen, es eines Tages zu entdecken.
Die Malagaschen reden von einem scharlachroten Cymbidium.

Die meisten Epidendren vertragen so viel Wärme, als
ihnen während ihres Wachstums zugeführt werden kann. Alle
verlangen mehr Sonnenschein, als England ihnen bieten kann.
Die Orchideen-Liebhaber scheinen mit den schönen Formen
dieser Gattung nicht so bekannt zu sein, als sie es sollten.
Sie setzen ein Mißtrauen in alle eingeführten Epidendren.
Manche wertlose Arten allerdings gleichen in ihrem Habitus
den besten, so daß die aufmerksamsten Kenner nicht daran
denken, auf einer Auktion zu kaufen, wenn sie kein Vertrauen
in des Verkäufers Ehrlichkeit setzen und seiner Beschreibung
Glauben schenken. Aber einige der selten anzutreffenden
Arten sind wunderbar schön; an einem sonnigen Platz sind
sie leicht zu ziehen und gar nicht kostspielig. Epidendrum rhizophorum ist in E. radicans[1] umgetauft

---

[1] Hier irrt sich Herr Boyle, denn er redet thatsächlich von zwei
ganz verschiedenen Pflanzen. Die Bevorzugung des Namens radicans
ist wissenschaftlich gerechtfertigt. Ep. radicans wächst nur in Mexico
und Guatemala, nicht in Brasilien.

worden, ein Name, welcher auf die mexikanische Varietät zu beschränken wäre; denn die Pflanze kommt auch in Brasilien vor, jedoch mit einem Unterschied. Die erstere wächst auf Sträuchern als wahrer Epiphyt, die letztere hat ihre Wurzeln im Boden am Fuße der höchsten Bäume und steigt bis zum äußersten Gipfel, vielleicht fünfzig Meter hoch empor. Die Blüten zeigen ebenfalls Unterschiede; aber im allgemeinen sind sie glänzend orangerot, die Lippe ist gelb mit scharlach= rotem Rande. Vierzig oder fünfzig derselben zu einem herab= hängenden Büschel vereinigt, gewähren einen prächtigen Anblick. Herr Watson sah vor einigen Jahren eine Pflanze, welche 86 Blütenköpfe trug. Die Blütezeit dauert drei Monate.

Epid. prismatocarpum ist ebenfalls recht hübsch, mit schmalen dolchförmigen Sepalen und Petalen, rahmweiß mit schwarzen Flecken, die Lippe purpur=braun oder violett, mit blaßgelbem Rande.

Von den vielen Dendrobien für Warmhaus=Kultur liefert Australien einen guten Teil. Hier ist zunächst D. bigibbum zu nennen, welches selbstverständlich zu bekannt ist, um einer Beschreibung zu bedürfen; es ist auf den kleinen Inseln der Torres=Straße einheimisch. Diese Art blühte in Kew schon im Jahre 1824, jedoch die Pflanze ging ein. Die Herren Loddiges in Hackney führten es dreißig Jahre später von neuem ein. Es folgt D. Johannis aus Queensland. Seine Blüten sind braun und gelb, leicht orangefarben gestreift, die Blumen= blätter sind seltsam gedreht. D. superbiens, ebenfalls von der Torres=Straße, ist rosa=purpurn mit weiß gerändeten Sepalen und Petalen, die Lippe ist karmesinrot. Das schönste von allen ist D. Phalaenopsis. Es entwickelt unmittelbar unter der Spitze der Scheinbulbe eine lange schlanke Rispe, welche sechs oder mehr Blüten von 3½ cm Durchmesser trägt. Die Sepalen sind lanzettförmig, die Petalen zweimal so breit, rosa=lila mit dunkleren Adern, die Lippe mit überwölbenden

Seitenlappen karmesinbraun im Schlunde, blasser und ge=
streift am vorderen Rande. Es wurde zuerst im Jahre 1880
durch Herrn Forbes von Timor Laut nach Kew gesandt.
Aber Herr Fitzgerald hatte einige Jahre zuvor Abbildungen
von einer in der Hauptsache gleichen Art veröffentlicht, welche
er auf dem Besitztum des Kapitän Bloomfield zu Balmain
in Queensland, nahe an tausend Meilen südlich von Timor,
gefunden hatte. Herr Sander ließ es aufsuchen und hat
Herrn Fitzgeralds Varietät unter den Namen D. Phalaenopsis
Statterianum eingeführt. Es ist kleiner als die Grundform
und karmesinfarben anstatt lila.

Die Bolbophyllum-Arten gehören zu den Wundern der
Natur. Es sei hier beiläufig erwähnt, obschon es nicht von
Bedeutung ist, daß diese Gattung die größte und vielleicht
die kleinste aller Orchideen enthält.

B. Beccarii hat Blätter, welche $1/_2$ m lang und 20
bis 25 cm breit sind! Seine Stämme umschlingen die dicksten
Bäume und können von Unkundigen für die Windungen
einer Boa gehalten werden. Außerdem verbreitet diese Art
den abscheulichsten Geruch, welcher in der Pflanzenwelt vor=
kommt, was viel sagen will. Doch diese Punkte sind unwichtig.
Der Reiz der Bolbophyllen liegt in ihrer Fähigkeit, Insekten
zu fangen. Diejenigen, welche die Ausstellung der Londoner
Gartenbau=Gesellschaft im „Temple" im vorigen Jahre be=
suchten und denen es gelang, durch die Menge zu dringen,
die vor dem von Sir Trevor Lawrence ausgestellten B. bar-
bigerum versammelt war, konnten etwas davon sehen. Diese
kleine aber höchst wunderbare Pflanze stammt von Sierra
Leone. Die lange gelbe Lippe ist mit der Säule nur ganz
leicht verbunden, so daß sie unaufhörlich in Bewegung ist.
An dem äußersten Ende befindet sich eine Bürste von seiden=
artigen Haaren, welche sich vor= und rückwärts mit maschinen=

mäßiger Genauigkeit bewegen; kein Wunder, daß die Pflanze
von den Eingeborenen für lebend gehalten wird. Der Zweck
dieser Verrichtung ist, Fliegen zu fangen, was andere Arten
auf ähnliche, wenn auch weniger raffinierte Weise bewerkstelligen.
Einige sind auch sehr hübsch, wie B. Lobbii, das durch seine
reine, klare Orangenfarbe den Blick fesselt. Die Lippe balan=
ciert leicht und zittert bei jedem Hauch. Wenn der dünne
Stiel durch eine Fliege, welche an die Blüte anstößt,
zurückgebogen wird, dreht sich das zitternde Käppchen und
hängt hervorstehend; ein anderes leichtes Schütteln, wenn
die Fliege sich dem Saftbehälter nähert und es fällt Hals
über Kopf, wie ein Schuß, herab und schließt das Insekt
ein, wodurch die Blume befruchtet wird. Wenn wir
wünschten, in einem klugen Kinde Interesse zur Botanik
zu erregen — mit Rücksicht auf den Geschmack am Schönen
— so würden wir ihm B. Lobbii verschaffen müssen. B. Dearei
ist auch sehr niedlich, goldbraun mit rot gefleckt, mit einem
breiten oberen Sepalum, und sehr schmalen flatternden Petalen;
die unteren Sepalen haben breite rote Streifen, die Lippe ist
gelb und natürlich wie immer eingelenkt auf einer Art von
Thürangel; jedoch sind die gymnastischen Vorstellungen dieser
Art nicht so auffallend als die der meisten anderen Arten
dieser Gattung.

Ein neues Bolbophyllum, B. Godseffianum. wurde
kürzlich von den Philippinen eingeführt. Es besitzt dieselbe
Vorrichtung, ist aber viel schöner. Die Blumen sind $2\frac{1}{2}$ cm
breit und haben die Farbe von „altem Gold" mit
karmesinroten Streifen an den Petalen. Das obere Sepalum
zeigt einen fast durchsichtigen Hautsaum, welcher das Aussehen
von Silberstickerei hervorruft.

Bis zur Einführung des Bolbophyllum Beccarii im
Jahre 1867, wurden die Grammatophyllen als die Riesen
der Familie betrachtet. Herr Arthur Keyser, holländischer

Resident zu Selangeor, erzählt von einem Exemplar, welches
an einem Durianbaume gefunden wurde. Es war mehr
als zwei Meter hoch, über vier Meter breit, trug
sieben Blütenrispen und hatte ein Gewicht, welches fünfzehn Mann kaum zu tragen imstande waren. Herr F. W.
Burbidge hörte in der Nacht einen Baum im Walde fallen,
von dem er vier Meilen entfernt war. (?) Als er den Ort
aufsuchte, fand er auf dem Stamme ein Grammatophyllum,
groß genug, um einen Frachtwagen zu füllen, welches eben
seine goldbraunen, gefleckten Blüten öffnete. Die Rispen
waren dick und zwei Meter lang. Wir dürfen nicht hoffen,
daß wir je solche Kolosse in Europa zu sehen bekommen.
Die ganze Gattung enthält ausschließlich solche unbezwingbare
Gestalten. G. speciosum erreicht in der Kultur zwei Meter
Höhe, ist also hoch genug, um bescheidene Liebhaber zufrieden
zu stellen, besonders wenn es Blätter von mehr als $1/2$ m Länge
ausbildet. Die Blüten haben — oder sollten es wenigstens
— 8 cm im Durchmesser; sie sind tiefgelb und purpurrot
gefleckt. In Kew sind gegenwärtig Riesenexemplare in
Kultur, von welchen große Dinge erwartet werden. Es folgt
G. Measureseanum, nach Herrn Measures, einem bekannten
Liebhaber, benannt. Die Blüten sind blaß-lederfarbig, braun
gefleckt, die Enden der Petalen und Sepalen mit Flecken der
gleichen Nüance getüpfelt.

In den letzten Monaten hat Herr Sander von den
Philippinen G. multiflorum erhalten, welches nicht nur das
schönste, sondern auch das am leichtesten zu kultivierende von
allen bis jetzt eingeführten zu sein scheint. Die blaßgrünen
und -gelben, braun gesprenkelten Blüten stehen nicht vereinzelt wie gewöhnlich, sondern kaum einen Centimeter von
einander entfernt und hängen in Guirlanden herab. Wir können
uns der Hoffnung hingeben, daß wir in kurzer Zeit imstande
sein werden, selbst ein Urteil zu fällen; denn Herr Sander hat dem

königlichen Garten zu Kew ein Geschenk mit einem Pracht=
exemplar gemacht, welches unstreitig die gewaltigste Orchidee
ist, die jemals nach Europa gebracht wurde. Sie ist im
Viktoria=Hause zu finden, wo sie üppig wächst. Ihre schlangen=
ähnlichen Stämme sind 3 m hoch, und die alten Blüten=
stände ragten bis zu 6 m Höhe empor.

Neuntes Kapitel.

Eine verschollene Orchidee.

Nicht wenige Orchideen sind verschollen oder vielleicht
verloren, d. h. sie sind beschrieben worden, benannt, schmachten
auch wohl noch in großen Sammlungen, aber, da nichts
über ihre Herkunft bekannt ist, können sie nicht wieder gefunden
werden. Dies ist der Fall mit Cattleya Jongheana, Cym=
bidium Hookerianum und Cypripedium Fairianum. Jedoch
eine, auf welche der Titel noch vor einigen Tagen genau ge=
paßt hätte, ist inzwischen wiedergefunden: Cattleya labiata
vera. Sie war die erste, welche den Namen Cattleya
trug, obschon nicht die erste aus dieser Gattung, welche ent=
deckt wurde; denn dies war C. Loddigesii. Diese ist einige
Jahre länger bekannt, wurde jedoch damals Epidendrum
genannt. Es ist sonderbar, wie die Wissenschaft in der
neueren Zeit bisweilen zu Ansichten des vorwissenschaftlichen
Zeitalters zurückkehrt. Professor Reichenbach hat bekanntlich
in seinen rein botanischen Arbeiten (z. B. im VI. Band von
Walper's Annalen) die Gattung Cattleya abgeschafft und alle
Arten derselben unter Epidendrum gebracht. Cattl. labiata
vera wurde durch Herrn W. Swainson aus Brasilien an

Dr. Lindley gesandt und kam im Jahre 1818 in Liverpool
an. Dies ist sicher festgestellt, denn Dr. Lindley erwähnt es
in seinen „Collectanea Botanica"; aber Märchen und Fabeln
aller Art haben die Thatsachen dieses Ereignisses inzwischen
verdunkelt. Es wird allgemein berichtet, daß Sir W. Jackson
Hooker, Professor der Botanik zu Glasgow, Herrn Swainson,
welcher in Brasilien naturwissenschaftliche Objekte sammelte,
bat, ihm einige Flechten zu senden. Dieser that es, und in
den Kisten kamen eine Masse Orchideen an, welche zur Verpackung
der Flechten gedient hatten. Weniger passendes Material hätte
nicht gefunden werden können; es scheint, daß es hauptsächlich als
Stopfmaterial angewandt wurde, um den Inhalt der Kisten
fest zu halten. Der Gewährsmann für diese Einzelheiten, die
nicht ohne Wichtigkeit sind, ist Sir Jos. Paxton. Die Orchidee,
welche unter solchen erniedrigenden Umständen ankam, erwies
sich als neu, und Lindley gab ihr den Namen Cattl. labiata;
damals war kein Grund vorhanden, „vera" hinzuzufügen.
Er stellte eine neue Gattung auf und rettete so für alle
Zeiten das Andenken an Herrn Cattley, einen bedeutenden
Gartenbesitzer zu Barnet. Es war kein Grund vorhanden, zu
vermuten, daß es eine seltene Art sei. Einige Jahre später
sandte Herr Gardner, ein Reisender, welcher Vögel und
Schmetterlinge sammelte, eine Masse Cattleyen nach Hause,
die er auf den steilen Abhängen der Pedro Bonita-Gebirgs=
kette und auch auf der Gavea gefunden hatte. Diese Orchideen
gingen einige Zeit unter dem Namen C. labiata. Paxton
gratulierte damals sich und der Welt in seinem „Flower
Garden", daß der Vorrat von dieser schönen Pflanze so be=
deutend vergrößert sei. Man bedenke, es war die Zeit der
Postwagen, wo Botaniker nicht so viel Gelegenheit hatten,
Vergleiche anzustellen. Es ist zu erwähnen, daß Gardner's
Cattleya am nächsten verwandt mit der von Swainson
eingeführten war; sie ist heutzutage bekannt als C. labiata

Warneri. Die echte Form hat jedoch unverkennbare Merkmale. Einige ihrer Verwandten zeigen sehr selten eine doppelte Blüten= scheide, welche aber bei C. labiata vera nie fehlt, und es ist eine interessante Frage, weshalb diese allein ihre Blüten so sorgfältig beschützt. Man könnte — mit dem nötigen Vorbehalt — vermuten, daß ihr Standort noch feuchter sei, als der von anderen Varietäten. Sodann haben einige Pflanzen Blätter, welche rot, andere solche, welche grün auf der Unterseite sind, und die Blütenscheiden sind dann stets ebenso gefärbt; diese Sonderbarkeit kommt jedoch regelmäßig nur bei C. labiata Warneri vor. Drittens — und dies ist der größte Vorzug unserer Pflanze — blüht sie im späten Herbst und füllt somit eine Lücke in der Blütezeit unserer Orchideen aus. Diejenigen, welche eine solche Pflanze besitzen, können das ganze Jahr hindurch Cattleyen in Blüte haben; aber nur sie allein. — Dementsprechend bildet sie in der Einteilung der „Reichenbachia" eine Sektion für sich allein, als die einzige Art, welche nach der Ruhezeit Blüten aus dem dies= jährigen Triebe bringt. Sektion II enthält die Arten, welche noch vor der Ruhezeit aus dem Jahrestrieb blühen, Sektion III diejenigen, welche aus dem vorjährigen Triebe nach der Ruhe= zeit blühen. Alle diese Abteilungen haben zahlreiche Arten; C. labiata vera steht jedoch allein.

Wir brauchen nicht auf den Streit einzugehen, welcher sich bei Einführung von Cattleya Mossiae im Jahre 1840 erhob, und an Erbitterung zunahm, als andere Formen derselben Klasse erschienen, ja auch jetzt noch nicht aufgehört hat. Es genügt, zu erwähnen, daß J. Lindley sich weigerte, C. Mossiae als eine besondere Art anzuerkennen, obwohl er allein den Handelsgärtnern gegenüberstand, welche noch eine Schar von begeisterten Liebhabern hinter sich hatten. Der große Botaniker erklärte, er könne in der prächtigen neuen Cattleya nichts sehen, was ihn berechtige, sie als eine „Art"

von der bereits bekannten C. labiata zu unterscheiden, aus=
genommen die immer schwankende Färbung. Die Art und
Weise des Wuchses und die Blütezeit seien keine wissen=
schaftlich brauchbaren Merkmale. Da der Bau der Pflanzen
in der Hauptsache identisch ist, so war das Zugeständ=
nis, daß C. Mossiae als eine Abart der C. labiata
zu betrachten sei, das äußerste, was er (Lindley) bewilligen
wollte. Dies geschah im Jahre 1840. Fünfzehn Jahre später
kam C. Warscewiczi, jetzt gigas genannt, in den Handel,
ein Jahr später C. Trianae, C. Dowiana im Jahre 1866
und C. Mendellii im Jahre 1870, alle, genau genommen,
nur Formen von Cattl. labiata. Bei jeder Einführung
wurde der Streit erneuert und ist bis jetzt noch nicht vorüber.
Aber auf Lindley folgte Sir Joseph Hooker und auf Hooker
Reichenbach als höchste Autorität, und jeder behauptete seinen
Standpunkt. Selbstverständlich sind viele Cattleyen als so=
genannte Arten anerkannt, jedoch Lindleys Standpunkt ist noch
der allein giltige. Kehren wir nun zur verschollenen Orchidee
zurück.

Mit der Zeit wurde der Wert von C. labiata vera
anerkannt, die wenigen existierenden Exemplare — aus der
Einführung des Herrn Swainson — brachten immer höhere
und höhere Preise; ihre Vorzüge waren zu auffallend. Abgesehen
von ihrer Blütezeit, erwies sie sich als die kräftigst wachsende und
am leichtesten zu kultivierende Cattleya. Ihre Form war
wenigstens so schön als die irgend einer anderen, und sie zeigte
eine außergewöhnliche Neigung zu variieren. Nur wenige
Pflanzen waren, wie gesagt, in Kultur, aber diese enthielten
drei Varietäten. Van Houtte führt uns in seiner „Flore des
serres" zwei vor: C. labiata candida von Syon=House,
rein weiß mit Ausnahme des ockergelben Schlundes, welcher
bei allen Exemplaren vorkommt, und C. labiata picta, dunkel=
rot, aus der Sammlung des Herrn J. J. Blandy in Reading.

Die dritte, C. labiata Pescatorei, weiß mit dunkelrotem Fleck auf der Lippe, war erst Eigentum der Herren Rouget=Chau= vier in Paris, jetzt gehört sie dem Herzog von Massa.

Unter solchen Umständen fingen die Händler an, sich ernstlich zu regen. Anfänglich hatten in der That die Unter= nehmungslustigsten gehofft, eine Pflanze einführen zu können, welche sie für sehr häufig hielten, da sie in Rio als Pack= material gebraucht wurde. Doch bald wurden sie ihres Irrtums inne. Rio als den Mittelpunkt betrachtend, begaben sich Sammler nach allen Richtungen. Wahrscheinlich giebt es kein bedeutendes Importgeschäft weder in England noch auf dem Festlande, welches nicht Geld — und bisweilen recht bedeutende Summen — aufgewendet hat, um C. labiata vera aufzusuchen. Eben so wahrscheinlich ist es aber, daß niemand bei dieser Spekulation verloren hat; denn obwohl man von der gesuchten Pflanze keine Spur fand, ja nicht einmal ein Gerücht über ihr Vorkommen hörte, so wurden doch von allen Sammlern neue Orchideen, neue Zwiebeln — hauptsächlich Eucharis — Dipladenien, Bromeliaceen, Caladien, Maranten, Aristolochien und andere mehr entdeckt. Demzufolge hat die verlorene Orchidee der Botanik im besonderen und der Mensch= heit im allgemeinen unermeßliche Dienste geleistet. Man kann sagen, daß die Jagd nach ihr siebzig Jahre anhielt, daß sie Sammler veranlaßte, Wege durch fast alle Provinzen Brasiliens einzuschlagen; fast alle — denn es giebt noch heutzutage ganz undurchforschte Strecken. Ein Reisender könnte z. B. von Para nach Bogota, ca. 2000 (engl.) Meilen weit, durch noch unberührtes Gebiet reisen, welches sich nach beiden Seiten in einer Breite von 600 Meilen erstreckt. Man möchte fragen, was Herr Swainson, falls er am Leben war, that, während seine Entdeckung so die Welt aufregte. Er lebte noch, und zwar in Neu=Seeland, bis zum Jahre 1855; aber er bot keine Hilfe, und es kann kaum bezweifelt werden, daß er nicht

imstande war, solche zu leisten. Die Orchideen waren wohl
zufällig in seine Hände gekommen, möglicherweise in entfernten
Gegenden von einem Unbekannten, der in Rio starb, ge=
sammelt. Swainson fand sie und gebrauchte sie als Pack=
material für seine Flechten.

Nicht weniger sonderbar ist es in dieser merkwürdigen
Geschichte, daß verschiedene Stücke der echten alten Pflanze
während jener Zeit auftauchten. Lord Howe besitzt ein
schönes Exemplar in Bothwell Castle, welches nicht von
Swainsons Einführung herrührte. Sein Gärtner schrieb vor
fünf Jahren: „Ich bin ganz sicher, daß mein Neffe mir er=
zählte, das kleine Stück, welches ich von ihm vor vierzig
Jahren erhielt, rühre von einer frisch importierten Pflanze her,
welche mit einem Schiff der Herren Horsfall angekommen war.“
Lord Fitzwilliam scheint eine Pflanze durch ein anderes Schiff
erhalten zu haben. Jedoch der staunenerregendste Fall ereignete
sich in neuerer Zeit. Vor ungefähr sieben Jahren erschienen zwei
Pflanzen in dem Gewächshaus des Zoologischen Gartens
in Regent's Park; wie sie dahin kamen, wird ein ewiges
Geheimnis bleiben. Herr Bartlett, der Direktor des Zoolo=
gischen Gartens, verkaufte sie für einen hohen Preis; doch
konnte er eine gleiche Summe, die ihm geboten wurde für
Auskunft, auf welche Weise die Pflanzen in seine Hände
gekommen waren, nicht verdienen; denn er war nicht im=
stande, eine solche zu erteilen. Ohne Zweifel kamen sie in
Gesellschaft einiger Affen an; aber wann und aus welcher
Gegend Südamerikas konnte auch die genaueste Durchsicht
seiner Bücher nicht ergeben. Im Jahre 1885 erhielt Dr. Regel,
Direktor des botanischen Gartens zu St. Petersburg, einige
Pflanzen.

Und nun berichten die Garten=Zeitungen, daß die ver=
lorene Orchidee gefunden worden ist, und zwar durch Herrn
Sander in St. Albans. Sicherlich verdient er dieses Glück,

wenn ein zwanzigjähriges Suchen so genannt werden kann.
Ich glaube, es war um das Jahr 1875, daß Herr Sander
den Sammler Arnold aussandte, welcher fünf Jahre hin=
durch Venezuela bereiste. Er glaubte sich versichert zu haben,
daß die Pflanze nicht in Brasilien zu suchen sei. Nach
Columbia sich wendend, ließ er in den folgenden Jahren durch
Chesterton, Bartholomeus, Kerbach und die Brüder Klaboch
dies Gebiet absuchen. Nach Brasilien zurückkehrend, durch=
forschten seine Reisenden Oversluys, Smith, Westwood jeden Fuß=
breit Landes, welchen Swainson, seinen Büchern nach, betreten
hatte. Zu derselben Zeit folgte Clarke Gardners Spur durch
die Pedro Bonita= und Topsail=Berge. Dann durchstreifte
Osmers die ganze Küstenlinie Brasiliens von Norden nach
Süden, für welche Reise er fünf Jahre gebrauchte. Endlich
unternahm Digance die Suche, starb aber noch in demselben
Jahre. Diesen Männern verdanken wir zahllose große Ent=
deckungen. Um blos die bedeutendsten zu erwähnen: so fand
Arnold Cattleya Percivalliana. Von Columbien wurde ge=
bracht: Odont. vex. rubellum, Bollea coelestis, Pescatorea
Klabochorum; Smith sandte Cattleya O'Brieniana, Clarke
die Zwergcattleyen pumila und praestans; Lawrenceson fand
Cattleya Schroederae, Chesterton Cattleya Sanderiana,
Digance Cattleya Diganceana, welche am 8. September
1890 einen Preis von der königl. Gartenbau=Gesellschaft
erhielt. Jedoch nicht die leiseste Spur wurde von der ver=
lorenen Orchidee entdeckt.

Im Jahre 1889 wurde ein Sammler von Herrn Moreau
in Paris nach Central= und Nord=Brasilien geschickt, um
Insekten aufzusuchen. Er sandte fünfzig Pflanzen; denn Herr
Moreau ist auch ein Orchideen = Liebhaber, und da er keinen
Grund hatte, den Fundort zu verheimlichen, als Herr
Sander bei einem Besuche den so lange gesuchten Schatz er=
kannte, gab er jede mögliche Auskunft. Inzwischen hatte die

Internationale Gartenbau=Gesellschaft zu Brüssel eine Anzahl
Pflanzen erhalten und, sie als Neuheit betrachtend, ihnen den
Namen C. Warocqueana gegeben, in welchem Irrtum sie
beharrte, bis Herr Sander den Markt überschwemmte.

Zehntes Kapitel.

Eine Orchideen=Farm.

Meine Aufsätze brachten mir eine Flut von Anfragen,
was ebenso verwirrend als schmeichelhaft für einen beschäftig=
ten Journalisten ist. Je 3 von 4 Briefen lauten so: „Ich
liebe Orchideen; ich hatte keine Ahnung, daß sie so leicht zu
kultivieren und so billig sind. Ich will damit anfangen.
Wollen Sie so freundlich sein, mich zu unterrichten" — hier
wurden dann die verschiedensten Wünsche laut. Über die
Temperatur und die Blumentöpfe, die Auswahl der Arten
und die Erdsorte, die Bauart eines Glashauses und die Brauch=
barkeit für den Fenstergarten, mit Abschweifungen aller Art
dazwischen, wurde ich um Rat gefragt. Ich beantwortete die
Anfragen, so gut ich konnte. Es ist indes zu befürchten, daß
die genauesten Fragen und die weitgehendsten Beantwortungen
durch die Post nicht die Grundlage, das A B C der Wissen=
schaft, liefern, welches den gänzlich Unerfahrenen not thut;
auch ist dies nicht leicht aus Handbüchern zu erlernen. Ge=
schrieben von Männern, die von ihrer Jugend an mit dem
A B C der Orchideenkunde vertraut sind, enthalten diese Werke,
welche die Anfangsgründe lehren wollen, beklagenswerte Lücken.
Es ist wenig, was ich in der Sache thun kann; doch im

Vertrauen, daß die Kultur dieser Pflanzen binnen kurzem so allgemein sein wird, wie die der Pelargonien unter Glas — und fest überzeugt, daß derjenige, der dies beschleunigt, ein wirklicher Wohlthäter in seinem Fache ist — bin ich bereit, alles zu thun, was in meinen Kräften steht. Indem ich die Mittel bedenke, durch welche dieses Ziel erreicht werden kann, erscheint es mir wesentlich, daß ich zunächst vermeide, den Studierenden zu langweilen. Er soll so geleitet werden, daß er fühlt, wie angenehm die Beschäftigung selbst dann ist, wenn die prosaischen Einzelheiten behandelt werden, und es scheint mir nach reiflicher Überlegung, daß die Beschreibung einer großen Orchideen= Handelsgärtnerei am besten unserm Zwecke entsprechen würde. Da kann ich zugleich Mittel und Wege, wie auch die Er= gebnisse zeigen. Wir kommen, so zu sagen, mit einem Schritt vom Getreideboden ins Erntefeld, von der Werkstätte zum vollendeten Erzeugnis.

„Orchideen=Farm" ist keine übertriebene Benennung des Etablissements zu St. Albans. Hier allein in ganz Europa sind, so viel ich weiß, drei Morgen Landes (mehr als ein 1 ha) ausschließlich für Orchideen=Kultur in Anspruch genommen. Es ist möglich, daß es noch größere Gewächshäuser giebt — alles ist ja möglich; jedoch sind solche mehr oder weniger für verschiedene Pflanzen=Gattungen bestimmt, und die einzelnen Abteilungen sind nicht sämtlich unter einem Dache zu finden. In dem Geschäft, welches ich zur Erläuterung unseres Themas gewählt habe, braucht man bloß einen Korridor zu überschreiten, um aus den Arbeits=Schuppen in den Schau= raum zu treten. Wir können unsere prüfende Besichtigung am Wohnhause beginnen. Sachverständige der Landwirt= schaft besuchen, glaube ich, Scheunen, Ställe, Maschinenräume und dergleichen, ehe sie die Felder besichtigen. Wir wollen dasselbe thun, doch unser Weg bietet uns außergewöhnliche

Zerstreuung. Er führt von der Hausthür unter einem glas=
bedeckten, etwa zehn Meter langen Bogengang hin, bis er an
einer Wand von Tuffstein endet; diese reicht bis an das Dach
und nötigt den Besucher, sich entweder rechts oder links zu
wenden. Wasser rinnt herunter und fällt plätschernd in ein
Bassin. Die schroffe Vorderseite ist von unten bis oben mit
Orchideen besetzt. Coelogynen haben ihre herabhängenden
Blütenrispen verloren, die bis vor kurzer Zeit den Felsen wie
mit Schnee bekleideten. Aber da sind Cymbidien mit ihren ge=
bogenen Rispen von grünen und schokoladefarbenen Blüten;
Dickichte von Dendrobien mit zahllosen elfenbeinweißen und
rosaroten, purpurnen und orangefarbenen Blüten; scharlachrote
Anthurien, große Massen von Phajus und immergrünen
Calanthen, mit Dutzenden von Blütenstengeln aus den breiten
Blättern aufsteigend; Cypripedien von wunderbarer Form und
auffallender Färbung; Oncidien, welche ihre ellenlangen, schlanken
Guirlanden herabhängen lassen, mit Blüten goldgelb und ge=
fleckt, purpurn und weiß, in Hunderten von Nüancen. Die
Spitze des Felsens ist durchweg mit Cattleyen besetzt, eine
glänzend dunkelgrüne Bewaldung gegen den blauen Himmel.
Die Trianaes sind fast vorüber, doch kommt hier und da eine
verspätete Schönheit zum Vorschein, weiß oder rosa mit karme=
sinroter sammetartiger Lippe. Im allgemeinen sind sie durch
Mossiaes ersetzt. Auf meterbreiten Beeten erheben sich Dutzende
großer Blüten in allen Nüancen von fleischfarben, karmesin
und purpurrosa. Hier ist die in der Heimat ausgerottete
Laelia elegans von so stämmigem und üppigem Wuchse,
daß die beraubten Inselbewohner wohl einen Trost beim
Anschauen derselben finden würden. Über alle dem rankt
an dem Gitterwerk des Daches, der vollen Sonne aus=
gesetzt, Vanda teres empor, in Blättern und Stamm rund
wie ein Bleistift, welche das Eisenwerk bald mit ihren
karmensinroten, gold= und fleischfarbenen Blüten bekleiden

wird.[1]) Der Weg nach unserm Ökonomiehofe unterscheidet sich von den gewöhnlichen dieser Art, er führt durch ein Zauberland.

Wir finden eine Thür durch eine Felsenpartie maskiert, ähnlich der, welche ich oben schwach und unvollkommen zu beschreiben versuchte; sie führt auf einen breiten Korridor, der in seiner ganzen Länge von ca. 130 m mit mexicanischen Orchideen in Körben, so dicht wie nur möglich, behängt ist. Links befindet sich eine Reihe von Glashäusern, rechts unter dem Niveau des Korridors die Werkstätte; das Ende ist zur Zeit durch Bastmatten versperrt. Doch deutet diese Zwischenwand darauf hin, daß etwas geplant ist, was nicht wenig zu den verblüffenden Sehenswürdigkeiten hier beitragen wird. Der Besitzer hat bereits zur Beförderung seiner Waren eine Zweigbahn und findet es vorteilhaft, eine Station für sich und für die Bequemlichkeit seiner Kunden zu haben. Hinter der Zwischenwand liegt jetzt eine Masse von Trümmern und Schlamm, von gebrochenen Mauern und Heißwasserröhren, die mit Filz eingewickelt sind, um die kalte Luft abzuhalten. Vor einigen Wochen war diese Wildnis mit Glas bedeckt, jedoch war es nötig, die Enden der langen Häuser zu beseitigen, um Raum für den Bau zu gewinnen, in welchen Besucher direkt aus dem Eisenbahnwagen treten. Der Bahnsteig ist bereits fertig, nett und sauber, ebenso sind die großen Kessel, die imstande wären, eine Baumwollspinnerei zu treiben, neu gebaut in ihren Heizstellen.

Emsige Regsamkeit bietet sich unseren Blicken, wenn wir durch Öffnungen in der Wand des Korridors hinunter sehen. Hier ist das Zimmer der Setzer für das prächtige dreisprachige Werk über Orchidologie Die „Reichenbachia", welches langsam

---

[1]) Ich war zu voreilig. Vanda teres weigerte sich zu blühen. (Anmerkung des Verfassers.)

von Jahr zu Jahr fortschreitet; da ist die Druckerei
ohne Schnellpressen oder arbeitersparende Maschinerie; jedoch
die geschicktesten Arbeitsleute, das schönste Papier, die
besten und kostspieligsten Arten der Vervielfältigung sind
hier zu finden, um mit den großen Werken der Vergangen=
heit durch Abbildungen aus dem Gebiete moderner Wissen=
schaft zu wetteifern. Diese Abteilung brauchen wir jedoch
nicht zu besuchen, auch nicht die Räume weiter unten, wo
mechanische Arbeiten verrichtet werden.

Der „Einführungsraum" erfordert zuerst Beachtung.
Hier langen Woche für Woche Kisten zu Fünfzigen und Hun=
derten aus allen Gegenden der Welt an, werden ausgepackt
und der Inhalt wird aufgeschichtet, bis oben Platz gemacht
werden kann. Es ist ein langer, breiter, niedriger Raum,
mit Tischen an der Wand und in der Mitte, angefüllt mit
Dingen, welche dem Uneingeweihten zum größten Teil als
trockne Stöcke oder tote Zwiebeln erscheinen. Orchideen
überall! Sie hängen in dichten Bündeln von der Decke
herab, liegen auf und unter jedem Tisch und hängen
an den Wänden. Arbeitsleute gehen fortwährend ab und
zu mit Lasten, welche eine Karre füllen könnten, und während
der ganzen Zeit häufen sich unter den Händen einer
kleinen Gruppe von Arbeitern in der Mitte des Raumes
neue Vorräte an. Sie sind beim Auspacken von soeben
angekommenen Kisten, welche, 80 an der Zahl, gestern abend
von Burmah eingetroffen sind, und während wir zusehen,
bringt ein Bursche ein Telegramm, 50 weitere Kisten von
Mexiko ankündigend, welche auf der Waterloo=Station um
2 Uhr 30 Min. nachmittags eintreffen. Groß ist der Verdruß
und die Besorgnis bei dieser Nachricht; denn irgendwo ist ein
Fehler gemacht worden; die Anzeige hätte 3 Stunden früher
eintreffen sollen. Orchideen dürfen nicht auf Stationen ein=
treffen, ohne daß ein erfahrener und verschwiegener Mann

zum Empfang gegenwärtig ist, und der nächste Zug geht erst um 2 Uhr 44 Min. von St. Albans ab. Groß ist die Empfindung der Verantwortlichkeit, aufregend die Befürchtung einer Widerwärtigkeit, welche durch dieses Versehen hervorgerufen wird.

Die Kisten aus Burmah sind mit Dendrobien gefüllt, crassinode und Wardianum in Schichten so dicht wie möglich mit D. Falconeri als Packmaterial. Gewiß eine großartige Sache, anstatt der Hobelspäne oder Moos eine Orchidee von Wert zu verwenden, doch ebenso passend wie einträglich; denn dieses Packmaterial wird nächstens zur Auktion gesandt und für einen verhältnismäßig geringeren Preis als der des wertvolleren Inhalts verkauft werden. Wir bemerken, daß die erfahrenen Arbeitsleute beim Auspacken dieser kostbaren Stöcke behutsam zu Werke gehen; bei der Behandlung von Dendrobien ist ja nicht soviel Gefahr und Unannehmlichkeit zu befürchten als bei anderen Arten; aber Schiffsratten springen mitunter heraus und versetzen ihnen abscheuliche Bisse. Skorpione und Tausendfüße sind in den dichten Wurzeln von D. Falconeri gefunden worden, stechende Ameisen und sehr große Spinnen sind durchaus nichts Unerhörtes, während Kellerasseln von Riesengröße erwartet und sofort getötet werden müssen. Aber die Leute werden bald vorsichtig durch Erfahrungen mit weit gefährlicheren Ladungen. In den Massen von Arundina bambusaefolia unter jenem Tisch lauern gewiß Tausendfüßler, vielleicht gar Skorpione, die bei der ersten Durchsicht nicht bemerkt worden sind. Glücklicherweise ist dieses Ungeziefer bei der Ankunft durch die Kälte träge und betäubt, und bis jetzt ist keiner von den Leuten — vorsichtig wie sie sind — gestochen worden; doch Ameisen sind lebhaft und tückisch wie daheim. Eine Sendung von Epidendrum bicornutum verlangt etwas Mut. Eine sehr häßliche Ameise liebt die hohlen Bulben; wenn sie gestört wird, schießt sie mit Blitzesschnelle heraus und versetzt der Hand oder dem Arm einen Stich, dem schwer zu entgehen ist. Am schwierigsten sind die Kisten zu hand= haben, welche Schomburgkia tibicinis enthalten. Diese prächtige Orchidee ist so schwierig zur Blüte zu bringen, daß sehr wenige es versuchen. Ich habe die Blüten nur zweimal gesehen. Die Packer zollen dem Widerwillen des Publikums, es zu kaufen, ihren ganzen Beifall, da diese Abneigung die Einführung seltener macht; denn der erste Arbeiter ist wiederholt durch Ameisen verletzt worden. Hingegen werden auch interessante Merkwürdigkeiten gefunden, tropische Käfer, Insekten und Cocons. Dendrobien sind besonders bei Faltern beliebt, D. Wardianum ist mit ihren Gespinsten bedeckt, jedoch sind diese gewöhnlich leer. Bisher haben die Leute keine Schmetterlingspuppen aufbewahrt, augenblicklich haben sie jedoch einige von unbekannten Arten gefunden. Der Eigentümer bekommt zuweilen komische Ratschläge und fremdartige An= erbietungen zu Hilfeleistungen. Da von Insekten die Rede ist, erinnert er sich eines Briefes, den er in der vorigen Woche erhielt. Er lautet also:

Meine Herren!

Ich habe gehört, daß Sie bedeutende Orchideen=Züchter sind; habe ich recht, wenn ich annehme, daß die Pflanzen in ihrem Wachstum oder ihrer Fortpflanzung oft von Insekten oder Raupen heimgesucht werden, welche ihr Gedeihen verhindern oder aufhalten, und daß diese Insekten oder Raupen durch kleine Schlangen vernichtet werden können? Ich habe Ländereien in meinem Besitz, und wenn kleine Schlangen Ihnen in Ihrer Orchideen=Kultur nützlich sind, so schreiben Sie mir, da ich Ihnen welche liefern könnte, wenn ich wüßte, daß dieselben Wert für Sie haben.

Von da steigen wir nach den Pflanz=Räumen, wo ein Dutzend Leute sich bemühen, mit dem Wachstum der ein=

geführten Pflanzen Schritt zu halten, d. h. von Tag zu Tag
diejenigen einzupflanzen, welche so schnell Wurzeln schlagen, daß
Verzögerung nachteilig sein würde. Die breiten Tische in der
Mitte sind mit Moos, Heide- und Lauberde und weißem
Sande bedeckt, an jeder Seite sind Handlanger mit Sieben
und Mischen der Erde beschäftigt, während Knaben mit Töpfen
und Körben, Holzblöcken, Scherben und Holzkohlen ab und
zu gehen. Diese Materialien sind haufenweise an den Wänden
auf Gerüsten aufgespeichert; sie füllen die halb unterirdischen
Räume, welche wir im Vorübergehen erblickten. Diese Abteilung unserer Farm gleicht einer Fabrik.

Wieder nach der Oberfläche aufsteigend und quer über
den Korridor schreitend, wollen wir Nr. 1 der gegenüber-
liegenden Glashäuser besichtigen. Ich kann mir nicht ein-
bilden und noch weniger kann ich beschreiben, welchen Eindruck
dieser Anblick auf einen völligen Neuling machen würde. Diese
Häuser — es sind deren zwölf nebeneinander — sind 60 m
lang, und das schmalste ist 11 m breit. Dasjenige, welches
wir betreten, ist nur für Odontoglossum crispum und einige
Masdevallien bestimmt. Hier waren eines Tages 22 000
Töpfe; mehrere Tausend sind verkauft, andere Tausende hereingebracht worden, und die Anzahl, welche es gegenwärtig enthält, kann nicht überschlagen werden. Der Besitzer hat keine
Zeit, sich in dergleichen Berechnungen einzulassen, er treibt
en gros-Handel. Man telegraphiere eine Bestellung auf tausend
„Crispums,“ und es wird kein Aufsehen in diesem Geschäft
erregen. Man glaubt im allgemeinen, daß nur ein Groß-
händler einen solchen Auftrag erteilen könne, doch dies ist
durchaus nicht der Fall. Niemand würde es glauben, wenn
er es nicht von einem der großen Handelsgärtner gehört
hätte, in welchem Maßstabe Orchideen von Privatpersonen
kultiviert werden. Unser Freund hat einen Kunden, welcher
seinen Vorrat von O. crispum allein auf der Höhe von

10000 Stück hält; doch andere, welche weniger genau nach=
zählen, mögen vielleicht noch mehr haben.

Der Thür gegenüber ist ein hohes Gerüst mit Stufen,
einem Gang in der Mitte und Tischen an jeder Seite.
Diese sind voll von O. crispum, jedes mit einer oder zwei
Blütenrispen, welche herabhängen, sich ineinander flechten und
wieder aufwärts steigen. Nicht alle sind gegenwärtig in
Blüte. Diesen sehenswerten Anblick werden wir erst im
nächsten Monat genießen. Zwei Monate dauert die Blütezeit,
und nur ganz allmählich nehmen die Blüten ab, so daß der
zufällige Besucher die Verringerung kaum bemerkt. So lang
und dicht sind die Blütenrispen, so groß die einzelnen Blüten, daß
das Haus von oben bis unten mit schneeweißen Guirlanden
geschmückt erscheint. Doch hier ist noch mehr zu sehen. Oben
befinden sich ganze Reihen von Körben mit herabhängenden
Blütenrispen. Auf breiten Tischen an der Wand unter der
Stellage entfalten tausend andere ihre kleinen, jedoch nicht
weniger schönen Blumen. Wer kann diesen Anblick beschreiben?
Ich bin es nicht imstande!

Die Einrichtungen der Farm sind es jedoch, mit welchen
wir uns jetzt beschäftigen wollen, und da giebt es manches
zu sehen, worauf der Liebhaber sein Augenmerk richten
sollte. Betrachten wir zunächst die Backsteine unter unseren
Füßen. Sie haben eine Vertiefung, welche Wasser enthält,
obgleich die Fußbekleidung des Besuchers trocken bleibt. Auf
jeder Seite des Weges liegen flache Tröge, die immer mit
Wasser gefüllt sind. Unter der Stellage ist ein Haufen von
Laub, hier von einem Wasserbehälter, da von einer grünen
Farngruppe unterbrochen. Dünne, durchlöcherte, eiserne
Röhren durchlaufen das Haus von einem Ende zum andern,
so daß, wenn ein Hahn aufgedreht wird, die Beete durchnäßt,
die Tröge und Backsteine gefüllt werden, ohne daß eine Pflanze
getroffen wird. Unter solch fortwährender Durchnässung geht

das Laub unter den Tischen in Verwesung über und entwickelt
ähnliche Gase und Dämpfe, als die, in welchen die Orchideen
in ihrer Heimat sich so wohl befunden haben. Nach diesem
Muster sollte der Liebhaber sein Gewächshaus einzurichten
suchen, jedoch meine ich nicht, daß diese umständlichen Vor-
richtungen alle wesentlich sind. Nur wenn, wie hier, mit
der Natur gewetteifert wird, solche Blumen und Knollen
hervorzubringen, wie es nur unter so seltenen Bedingungen
geschehen kann, nur dann empfiehlt es sich, dies System
nachzuahmen. Indes nehmen es Orchideen nicht so genau.

Am anderen Ende öffnet sich dieses Haus in einen
prächtigen Bau, ausschließlich zur Ausstellung blühender
Exemplare bestimmt, welche eine größere Wärme erfordern.
Er ist 100 m lang, 9 m breit und 6 m hoch. Die
darin befindlichen Röhren würden aneinander gelegt nahezu
eine englische Meile lang sein. Wir sehen, welche Hülfsmittel
diesem Geschäft zu Gebote stehen, wenn es sich darum handelt,
solch eine Schaustellung zu veranstalten. Hier stehen die
mächtigen Schaupflanzen von Cymbidium Lowii, von denen
neun die Besucher der Gartenbau-Ausstellung in Berlin, im
Jahre 1889, in Erstaunen setzten, mit 150 Blütenrispen, alle
zu gleicher Zeit geöffnet. Wir bemerken hier eine Menge
Pflanzen, welche fast ebenso schön sind, und hunderte, welche
ein königlicher Gärtner mit Stolz betrachten würde. Sie
überragen eine die andere in einer großen Gruppe. Auch andere
Cymbidien sind hier, aber nicht das schöne C. eburneum. Seine
großen weißen Blüten, welche aufrecht an einer kurzen Rispe
stehen, schmücken ein Kalthaus, in welchem sie sich durch ihren
herrlichen Duft bemerkbar machen, noch ehe wir sie sehen.

Weiter vorn befindet sich eine Gruppe von Dendrobien,
so mit Blüten bedeckt, daß die Blätter nicht zu sehen sind.
Das lieblichste von allen, nach meinem Geschmack, wenn überhaupt Vergleiche gestattet sind, ist D. luteolum von

zartem Schlüsselblumengelb; leider ist es selten zu sehen, da
es sich nicht an unsere Behandlung gewöhnen will. Nun
kommt eine Gruppe von Cattleyen und Vandeen aus ver=
schiedenen Gattungen. Der Weg ist an einer Seite mit
Begonia corallina eingefaßt, einer Art, welche zu sehr wuchert
und zu kleine Blüten hat, um einen Platz im gewöhnlichen
Gewächshaus zu verdienen, hier aber, wo sie sich an das
Glasdach rankt und zu jeder Jahreszeit mit unzählbaren rosa=
farbenen Sprossen geschmückt ist, prächtig aussieht.

Hinter diesem Ausstellungs-Hause liegen die kleinen zur
Züchtung von Kreuzungen bestimmten Abteilungen, auf welche
ich in einem andern Kapitel zurück komme. Hier sind auch
die Phalaenopsis, die Vandeen, die Bollea, Pescatorea,
Anoectochilus und andere zierliche aber eigensinnige Schön=
heiten untergebracht.

Wir treten in die zweite Reihe der Gewächshäuser ein,
welche den Odontoglossen, Masdevallien und „kalten" Orchi=
deen vorbehalten ist. Sie sind ebenso gefüllt wie die vorher=
gehenden. Nun gelangen wir wieder in den Korridor und nach
Nummer drei, welches von Cattleyen und dergleichen in Be=
sitz genommen ist. Hier ist eine hohe Felsengruppe, mit einem
Teich am Fuße, in welchem das Wasser angenehm plätschert.
Viele besonders große Exemplare sind hier ausgepflanzt, Cypri=
pedien, Cattleyen, Sobralien, Phajus, Laelien, Zygopetalum
und hundert andre, alles Prachtexemplare, das will sagen mit
zehn, zwanzig, fünfzig Blütenrispen. Ich will keine weitere
Beschreibung versuchen. Wer Kenner ist, dem wird die ein=
fache Aufführung der Namen genügen, dem Nichtkenner kann
dieser Anblick nicht durch Worte beschrieben werden. Doch
die Sobralien verdienen besonderer Erwähnung. Hier stehen sie
in Massen, mehr als $^1/_2$ m dick, wie ein Bambusdickicht, mit
einer Menge ihrer großen Blüten am Ende der Stengel, im all=

gemeinen an Iris (?) erinnernd, aber vergrößert und doch noch
schöner. Die Natur machte sich einen Spaß, wenn sie jeder dieser
edlen Blumen nur einen Tag gab, während häßliche braune
Epidendren sechs oder neun Monate andauern. Ich glaube, es
giebt, wenigstens unter den Orchideen, keine Pflanze, welche die
Sobralien an stolzer Haltung, verbunden mit Zartheit, übertrifft.

Ich darf mich nicht zu lange bei dem Wunderbaren vor
uns, über uns und an unserer Seite aufhalten, eine Andeutung
muß genügen. Da sind Körbe mit Laelia anceps, 1 m
im Durchmesser, ganz so wie sie vom Baume abgenommen sind
und wie sie in den Urwäldern seit Jahrhunderten wuchsen. Eine
von ihnen, die weiße Varietät — welche ästhetisch gebildete Un-
gläubige anbeten könnten, auch wenn sie sonst an Nichts glauben
— öffnete zu Weihnachten hundert Rispen. Wir halten uns
nicht mit genauem Zählen auf, und wer hätte wohl dazu Lust;
aber ein begeisterter Philister zählte eines Tages die Blumen
der ungeheuren Masse jener Laelia albida, und stellte fest, daß
sie sich auf zweihundert und elf beliefen, wenn er nicht, wie
jemand vermutete, Blüten und Blütenstände verwechselt hat,
in welchem Falle die Zahl mit zwei oder drei multipliziert
werden müßte. Doch dergleichen macht hier kein Aufsehen.

In der Nähe steht die höchst seltene scharlachrot blühende
Utricularia, welche in den Blattwinkeln einer Vriesea wächst,
wie in einer immer gefüllten Schale; bis jetzt ist jedoch ihre
Blüte in Europa blos mit geistigen Augen gesehen worden.
Es ist bekannt, oder es sollte bekannt sein, daß die Utricularien
nicht zu den Orchideen gehören, ja garnicht einmal in die ent-
fernte Verwandtschaft derselben; sie werden jedoch so allgemein
mit ihnen kultiviert und verlangen eine so ähnliche Behandlung, daß Herr Sander sie ebenfalls führt. Eine kleine Geschichte knüpft sich an die schöne U. Campbelli.

Es war zur Zeit der allgemeinen Jagd nach Cattleya
labiata. Herr Sander, durch eine Notiz Sir Robert Schom-

burgk's irre geführt, sandte einen Sammler nach den Roraima=
Bergen in Guiana, mit dem gemessenen Befehl, nur auf diese
Pflanze zu fahnden und alles andre bei Seite zu lassen. Acht
Monate lang wanderte dieser unter den Indianern auf und
ab, durch Urwald und Lichtungen, über Waldströme und
Felsen, fand aber weder C. labiata noch die seltsame von Sir
Robert Schomburgk beschriebene Art. Dagegen stieß er auf
die schöne Utricularia Campbelli, und trotz des erhaltenen
Befehls brachte er sie an die Küste; doch nur wenige er=
reichten England lebendig. Sechs Wochen wanderten sie auf
den Rücken der Träger von ihren Bergen herab nach dem
Essequibo=Fluß, von da sechs weitere Wochen im Kahn nach
Georgetown mit zwanzigmaligem Umladen, dann wurden sie
eingeschifft. Die einzige Möglichkeit, die Pflanzen lebend zu
erhalten, ist, sie ungestört in den Moosballen zu lassen, in
welchen sie wachsen, ebenso wie andere Arten in den Blatt=
winkeln der Vriesea.

Ich erlaube mir hier eine kleine Abschweifung. Man
könnte es für unwahrscheinlich halten, daß eine starkwüchsige
Pflanze mit auffallenden Blüten und charakteristischen Kenn=
zeichen für ein halbes Jahrhundert und mehr den Augen des
Sammlers entgehen sollte, der doch mit der Sache vertraut
ist und ermuntert wird, keine Kosten zu sparen, wenn die
geringste Aussicht für ein günstiges Resultat vorhanden ist.
Doch wenn die näheren Umstände in Betracht gezogen werden,
hört das Wunderbare daran auf. Ich selbst habe Monate hin=
durch in Borneo, Central=Amerika und der Westküste die
Wälder Afrikas durchstreift und nach meiner Erfahrung kann ich
im Gegenteil nicht begreifen, wie das Aufsuchen einer gewissen
Pflanze anders mit Erfolg gekrönt werden kann als durch reinen
Zufall. Eine Nadel in einem Heubunde zu suchen, ist ein
mehr versprechendes Unternehmen im Vergleich mit dem Auf=
finden einer Orchidee, welche im Gipfel der dicht belaubten

Bäume wächst. Thatsächlich finden die Sammler selten das, was zu suchen sie ausgeschickt werden, wenn die Gegend nicht bereits bereist war und die Eingebornen demzufolge nicht darin eingeweiht sind, dem wissenschaftlichen Reisenden behilflich zu sein. Dies bezieht sich keineswegs auf Orchideen allein. Wenige Menschen, die paar Eingeweihten ausgenommen, wissen, daß Eucharis amazonica nur einmal gefunden wurde, d. h., daß nur eine Sendung nach Europa gekommen ist, von welcher alle die Millionen Exemplare abstammen, die sich gegenwärtig in Kultur befinden. Wo die Pflanze zu Hause ist, wissen wir nicht. Fast ein ganzes Menschenalter hindurch sind gewandte Reisende nach ihr ausgeschickt worden. Herr Sander nahm auch an der Suche teil, und hat wenigstens die Genugthuung gehabt, daß nahe verwandte Arten, nämlich Eucharis Mastersii und Eucharis Sanderiana, durch seine Sammler entdeckt wurden; jedoch die Zwiebel der altbekannten Art ist noch zu suchen.

Doch, nehmen wir unsere Wanderung wieder auf. In diesem dritten Hause befindet sich eine große Kollektion von Cattl. Trianae. welche so spät im vorigen Jahre ankam, daß die Blütenscheiden sich zu gleicher Zeit mit denen von Cattl. Mossiae öffneten. Ich scheue davor zurück, einen Überschlag zu machen, wie viel tausend Blüten gegenwärtig offen sind. So wie die Odontoglossen ihre Tische mit schneeweißen Guirlanden, so bedecken diese Cattleyen die ihrigen mit ihren aufrechten Blütenständen in weiß, rosa und purpurn mit zahllosen Farben-Nüancen.

Plötzlich stutzt unser Führer und schaut nach einem Korb, der oben an der Decke schier unerreichbar hängt. Er enthält einen glatt aussehenden Gegenstand, sehr grün und dick, sicherlich etwas Gutes zu essen. Doch nein! das ist zweifellos ein Blütentrieb, was dort aus der Achsel des fleischigen Blattes hervordringt. Schon ist er 4 cm lang,

11*

dick wie ein Bleistift, mit einer dicken Knospe an der Spitze.
Dergleichen angenehme Überraschungen hat zuweilen der
Orchideen = Züchter! Die Pflanze kam von Borneo vor so
viel Jahren, daß die Notiz darüber verloren ist; aber der
älteste Gehilfe erinnert sich ihrer als eines armseligen Krüppels,
welcher, zwischen Leben und Tod hängend, von einem Jahr
zum anderen mit fortgeschleppt wurde. Interessant ist das
Gespräch, welches nun beginnt. „Mehr einer Vanda als etwas
anderem ähnlich, aber doch keine Vanda", entscheiden die Sach=
kundigen bis auf weiteres. Sie der besonderen Sorgfalt der
verantwortlichen Hände anempfehlend, gehen wir weiter.

Hier erblicken wir auf einem Gerüst die gewichtige Masse
des größten Catasetum, welches jemals gefunden, ja von
welchem jemals berichtet wurde, ungefähr so, wie sie in ihrem
heimatlichen Walde in Guatemala gelegen haben mag. Die
Pflanze ist in dem Zustande, „plump" zu werden, oder Fleisch
anzusetzen. Orchideen schrumpfen auf ihren langen Reisen
ein, und es ist die erste Sorge des Empfängers, jene glatte
und gesunde Rundung wieder herzustellen, welche auf ein
gutes Gewissen, gute Verdauung und die Fähigkeit, jeder be=
scheidenen Anforderung genügen zu können, schließen läßt.
Unter den Stellagen sind Tausende verdorrter Stöcke, zu=
sammengeschrumpfter und gefurchter Bulben unmittelbar über
den oben erwähnten Haufen von Laub aufgehängt; sie „pumpen
sich voll" in dem feuchten Schatten.

Das größere Exemplar von Catasetum — es sind
ihrer zwei vorhanden — ist ungefähr 1,3 m lang, 1 m breit
und 50 cm dick; wie viel Hunderte von Blüten es bringen
wird, entzieht sich der Berechnung. Ich machte die Bemer=
kung, daß es, geteilt und in passende Töpfe gepflanzt, ein
Kalthaus von nicht unbedeutender Größe füllen würde, aber
eine Teilung desselben scheint nicht beabsichtigt zu sein. Der
Züchter hat einige Kunden, die begierig sein werden, diese

merkwürdigste aller Orchideen zu erwerben, sobald sie auf den Markt kommt.

Am anderen Ende des Hauses befindet sich wieder eine Felspartie, ebenfalls mit einem kleinen Springbrunnen und so viel merkwürdigen Pflanzen, daß deren Schilderung allein den mir zur Verfügung stehenden Raum beanspruchen würde. Doch glücklicherweise steht obenan eine Cattleya Mossiae, ein Seitenstück des Catasetum und ganz entschieden die umfangreichste Orchidee irgend einer Art, die je nach Europa gebracht worden ist. Jahrelang strich Herr Sander, sozusagen, um sie herum und gebrauchte seine schlauesten und diplomatischsten Agenten dazu, sie zu erwerben. Denn es war keine wilde Pflanze, sondern sie wuchs auf einem hohen Baume neben der Hütte eines Indianers, nahe bei Carracas, und war sein Eigentum so gut wie die Früchte seiner Pflanzung. Sein Urgroßvater, so sagte er, hätte sie „gepflanzt", was jedoch höchst unwahrscheinlich ist. Diese Riesenpflanze hatte zwei Äste des Baumes umarmt und bedeckte sie so gänzlich, daß nur die nackten Holzteile an der Spitze sichtbar waren; natürlich wurden die Äste oberhalb und unterhalb der Pflanze abgesägt. Ich nahm das Maß so genau wie es bei einem so unregelmäßig gewachsenen Gegenstande möglich ist, und fand, daß der Stock allein, die Blätter nicht gerechnet, 1,60 m in der Höhe und 1,3 m im Durchmesser hat, es handelt sich, wohlverstanden, um eine Pflanze, deren Lebenssaft durch alle die tausend Glieder cirkuliert; ich wenigstens konnte keine Stelle bemerken, wo der Saftumlauf durch Verwundung oder Krankheit gestört war, oder wo außerhalb stehende Scheinbulben eine selbständige Existenz führten.

Als ich von Laelia elegans sprach, bemerkte ich, daß die brasilianischen Inselbewohner, die sie verloren haben, sich trösten würden, wenn sie sehen könnten, wie heimisch sie sich in der Verbannung fühlt. Der freundliche Leser hält dies vielleicht für eine Übertreibung, doch dem ist nicht so. Die Indianer im tropischen Amerika hegen für eine schöne Orchidee eine solche Vorliebe, daß in vielen Fällen keine Summe und kein Anerbieten von Wert sie veranlaßt, sich von ihr zu trennen, und das Eigentumsrecht ist ausdrücklich gewähr= leistet für jedes Exemplar, das in der Nähe eines Dorfes wächst. Ob der Grund dieses Gefühls Aberglaube ist oder Geschmack, Schönheitssinn oder Wetteifer in dem Bestreben ihre Kirchen zu schmücken, habe ich nicht zu ermitteln vermocht. Besonders stark ist es in Costa Rica entwickelt und dort wenigstens durch den letztangeführten Grund genügend zu erklären. Wundervoll über alle Einbildung muß der Anblick dieser ein= samen Waldkirchen, die kein Europäer außer dem Sammler besucht, an einem Festtage sein. Herr Roezl, dessen Name so bekannt unter den Botanikern ist, hinterließ eine Beschreibung des Anblicks, als er zum ersten Male Laelia majalis sah. Er sagt: „Die Kirche war bekränzt mit ihren Guirlanden, und solche Erregung ergriff mich, daß es mir den Atem benahm."

Dieser Bericht ist ganz glaubwürdig; diejenigen, welche diese wundervolle Pflanze jetzt sehen und auf die Schönheit des Anblicks vorbereitet sind, können kaum Worte finden, um ihrem Gefühl Ausdruck zu geben; wie viel mehr muß das der Fall gewesen sein bei einem Enthusiasten, der unvorbereitet diese Blume sah, welche allerdings ein Gruß aus einer besseren Welt zu sein scheint, und noch dazu nicht einen einzelnen Zweig, sondern Guirlanden davon! Herr Roezl erzählt weiter von Sträußen von Masdevallia Harryana, ca. 1 m und mehr im Durchmesser. Die Eingeborenen zeigten ihm „Gärten", wo diese Art als Schmuck für ihre Kirche gezogen wurde; sie waren zwar nicht kultiviert, aber sicherlich angepflanzt und erstreckten sich über viele Morgen.

Der Indianer, dem die oben beschriebene Cattleya Mossiae gehörte, weigerte sich jahrelang, sich von ihr zu

trennen; er wurde jedoch schließlich durch eine Flinte von be=
sonderer Schönheit, welche anderen wertvollen Geschenken hin=
zugefügt wurde, umgestimmt. Eine Laterna magica übt
großen Einfluß in derartigen Angelegenheiten aus, und der
Sammler nimmt heutzutage eine oder mehrere derselben als
Ausrüstung mit sich. Mit diesem Reizmittel und 47 £ bar er=
warb Herr Sander seine erste C. Mossiae alba; jedoch ist dies in
einem anderen Falle nicht gelungen, trotz eines Gebotes von
100 £ in Dollars oder in Waren nach Belieben des Indianers.

Wir kommen jetzt in ein weites und lustiges Haus, bestimmt
zur Kultur der Victoria regia und anderer tropischer Wasser=
pflanzen. Es erfüllte seinen Zweck für einige Zeit, und ich
habe diese Pflanzen nie wieder unter Umständen gesehen, die
so geeignet waren, ihre Reize zur Entfaltung zu bringen. Da
sich jedoch in den Bassins eine unglaubliche Masse kleiner
schwarzer Fliegen entwickelte, wurde die Kultur dieser Nymphaeen
aufgegeben. Einige wenige wurden beibehalten, gerade genug,
um das Bassin mit ihren blauen und roten Blüten zu schmücken.
Die Decke ist jetzt dicht mit Körben behängt, welche Dendrobium,
Coelogyne, Oncidium, Spathoglottis und solche Arten ent=
halten, die in der Nähe dampfenden Wassers sich wohl fühlen.
Mir fehlen aber jetzt die Worte, und die Wunder hier müssen
unbeschrieben bleiben.

Wir haben bisher nur vier der zwölf Häuser und diese
nur oberflächlich in Augenschein genommen. Das nächste ist
wiederum ein temperiertes, voll von Cattleyen, Oncidien, die
stets Wärme erfordern, Lycasten und Cypripedien — die Auf=
führung der Namen allein würde den ganzen, mir zu Gebote
stehenden Raum beanspruchen. Bei jedem Schritt sehe ich
bemerkenswerte Pflanzen, über welche sich eine Abhandlung
schreiben ließe; aber wir müssen weiter gehen. Das sechste
Haus ist wieder kalt und für Odontoglossum und der=
gleichen bestimmt. Das siebente enthält Dendrobien. Beim

Eintritt sehen wir aber vor uns eine Lycaste Skinneri, welche in einer erstaunlichen Weise die unendliche Fähigkeit der Orchideen, zu variieren, zeigt. Ich habe eine entschiedene persönliche Abneigung gegen diese Art mit ihrer aufdringlichen und anmaßenden Färbung und ihrer steifen Haltung. Doch hier sehen wir ein Exemplar von ganz hervorragender Schönheit. Welch prächtige Aderung der purpur oder rosa gesäumten Blätter! Welch ein Glanz der sammetnen Lippe, die von karmesin in tiefes dunkelrubinrot übergeht!

Und hier ist eine neue Brassia, erst kürzlich von Professor Reichenbach[1]) benannt. Diese seltsame Pflanze ist noch wunderbarer, als die ganze Verwandtschaft der Oncidien. Ihr Sepalum ist 8 cm lang, der „Schwanzteil" 13 cm, mit einer riesigen Lippe dazwischen. In Mexiko soll sie an manchen Orten Polypen- oder Octopus-Blume genannt werden, ein sehr bezeichnender Name. Anstatt der gewöhnlichen, etwas blassen Färbung besitzt diese hier eine ganz bestimmte Farbe, obschon der Grundton ebenfalls blaßgelb und grün ist; die erhabenen roten und dunkelgrünen Punkte darauf gleichen Sammetflecken auf Musselin.

Im achten Hause treffen wir wieder auf Odontoglossen und andere Kalthaus-Arten. Hier ist eine Anzahl von Hybriden oder vielmehr von Pflanzen, welche man für natürliche Hybriden hält, und über welche ich viel zu sagen hätte, wenn der Platz es irgend erlaubte. Natürliche Hybriden sind Pflanzen, welche, nach ihrem Vorkommen zu urteilen, selbständige Arten zu sein scheinen, die aber bei näherer Betrachtung und Prüfung als Kreuzungen zweier verschiedener Arten erkannt werden. Interessante Fragen ließen sich bei der Betrachtung jeder dieser schönen Schaupflanzen aufwerfen, welche sämtlich auf Kreuzungen zwischen Odontoglossum Lindleyanum und O. crispum

---

[1]) Prof. Reichenbach starb zu Hamburg im Mai 1889.

zurückzuführen sind und doch alle verschieden aussehen. Aber
wir müssen weiter zum neunten Hause, von welchem das
zehnte sich abzweigt.

Hier ist es warm, und Dämmerung herrscht über dem
Teile, wo die Angehörigen verschiedener hochtropischer Gattungen
sich von den Strapazen der Reise erholen, wieder mit Saft
füllen und Wurzeln schlagen.

Diese zarten Kinder der Tropen mögen wohl über eine
solche Lehrzeit entrüstet sein. Es muß sie erniedrigen, sich
auf diesen Beeten von Asche und Moos ausgelegt, darüber
verkehrt aufgehängt, oder wohl gar in die Asche eingepflanzt
zu sehen; jedoch wenn sie so vernünftig sind, wie manche
glauben, werden sie einsehen, daß es nur zu ihrem Besten
geschieht. Am Ende des Hauses in vollem Sonnenschein steht
ein kleiner Hain von Vanda teres, so dicht als ihre steifen
Zweige es erlauben. Doch weiter! Hier hängen Holzstücke
so verfault, daß sie kaum zusammenhalten; doch winzige grüne
Punkte darauf deuten dem Erfahrenen an, daß sie binnen
kurzem mit grünen hängenden Blättern und, nach hoffentlich
abermals kurzer Zeit, mit blauen, weißen und scharlachroten
Blüten von Utricularia geschmückt sein werden. Von diesem
Warmhause aus öffnet sich ein sehr langes, enges Haus, wo
Kalthaus-Arten auf Moos und Topfscherben ausgelegt, sich
wieder mit Saft füllen. Viele davon zeigen bereits starken
Wuchs. Die Pleiones oder „indischen Crocus" blühen
reichlich, wie sie da liegen! Diese neu eingeführten Pflanzen
sind zur Ernte, d. h. zum Verkauf reif, noch ehe sie recht besorgt,
d. h. eingetopft werden können. Schöne, seltene und kost=
spielige Pflanzen können hier meterweise gemessen werden;
viele Fuß hoch liegen sie auf den Stellagen und warten auf
Besorgung seitens rühriger Arbeiter. Leider können wir
nur einen kurzen Blick darauf werfen. Das nächste Haus
enthält Odontoglossen, aber so dicht ausgepflanzt, wie Pflänz=

linge für Teppichbeete in einer Handelsgärtnerei. Auch sie warten, bis sie an die Reihe kommen, um in Töpfe gesetzt zu werden. Der übrige Raum ist jetzt angefüllt mit Ladungen von neu angekommenen Pflanzen.

Doch genug davon! Wie wenig von all den Wundern der Orchideen ich auf unserer Wanderung meinen Lesern habe vorführen können, und wie sehr ich mit meiner Schilderung hinter der schönen Wirklichkeit zurückgeblieben bin, das weiß niemand besser als ich selbst.

Elftes Kapitel.

Über Züchtung von Orchideen und Kreuzungs= formen.

Ich erkläre vorweg, daß dies kein wissenschaftliches Kapitel ist. Es ist für die Tausende von Männern und Frauen geschrieben, welche eine kleine Gruppe von Orchideen mit Liebe pflegen und das Wunderwerk ihres Baues mit eben so großem Erstaunen als Interesse beobachten. Sie lesen von solchen Züchtungen, sie sehen die Resultate in wertvollen Exemplaren, sie verschaffen sich Bücher und studieren Ab= handlungen darüber. Aber je mehr sie sich in die Untersuchung vertiefen, desto mehr kommen sie in der Regel zu der Über= zeugung, daß diese Geheimnisse außerhalb des Bereiches ihrer Erkenntnis liegen. Ich erinnere mich keiner Abhandlung, deren ernsthafter Zweck es ist, die Uneingeweihten zu belehren. Lassen wir zunächst die technischen Ausdrücke bei Seite — wiewohl auch dieses Hindernis groß genug ist — so setzt jede der mir zu Gesicht gekommenen Abhandlungen die mechanischen

Handgriffe als bekannt voraus. Alle sind sie von Sachverständigen für Sachverständige geschrieben. Meine Absicht ist
umgekehrt, zu zeigen, daß ein Kind oder der einfältigste Gärtner
fähig ist, die Operation zu verrichten, welche sehr leicht ist,
sobald man weiß, wie man zu Werke zu gehen hat.

Eine junge Dame meines Hauses amüsierte sich, nachdem
sie eben etwas mit Cypripedium bekannt geworden war,
damit, die unglaublichsten Kombinationen zu stande zu bringen:
Dendrobium mit Odontoglossum, Epidendrum mit Oncidium,
Oncidium mit Odontoglossum und dergleichen mehr. Es ist
unnötig, einem Erfahrenen zu sagen, daß in jedem Falle die
Samenkapsel anzuschwellen begann. Ich erwähne diesen Umstand nur zum Beweis, wie einfach diese Operationen sind, sobald einmal ein Wink gegeben und verstanden ist.

Orchideen-Liebhaber von einer gewissen Kühnheit sind
eigentlich erforderlich und erwünscht, weil bis jetzt die Gärtner
von Fach diese Operation zu sehr in einer Richtung vorgenommen haben. Die Namen Veitch, Dominy, Seden u. s. w.
werden bestehen, wenn die mancher Gelehrten vergessen sind;
aber Geschäftsleute sind genötigt, ihren Eifer auf solche Versuche zu konzentrieren, welche sich bezahlt machen. Phantastische Kreuzungen erfordern natürlich einen Aufwand von
Zeit, Platz und Arbeit; erst in den letzten Jahren sind einige
solcher Versuche ernsthaft unternommen worden, und um so
mehr sind die Bestrebungen der Herren Veitch in dieser Richtung deshalb anzuerkennen.

Es ist anzunehmen, daß, wenn erst das Züchten
von Hybriden eine gewöhnliche Beschäftigung für Orchideen-
Besitzer wird — und die Zeit hierfür rückt schnell heran —
leicht eine vollständige Umwälzung die Folge sein dürfte. Es
wird, glaube ich, die lange Liste von sogenannten reinen „Arten“
und gar „Gattungen“, welche heutigen Tages noch anerkannt

sind, bedeutend verkürzt werden. [1]) Ich glaube, unmaßgeb=
lich, wie es einem Ungelehrten gebührt, daß manche Unter=
scheidungs=Merkmale, welche bis jetzt als wesentliche Merk=
male einer echten Art galten, sich in Zukunft als solche einer
Hybride ausweisen werden, als das Resultat einer vor Jahr=
hunderten stattgehabten Kreuzung. Beweisen läßt sich so
etwas meist nicht, da das menschliche Leben so kurz ist; aber
es wird eine solche Menge von Wahrscheinlichkeitsgründen
gesammelt werden, daß vernünftige Leute nicht länger im Zweifel
sein können. Natürlich wird man in botanischen Werken
diese Arten beibehalten, jedoch als Hybriden bezeichnen, als
die Nachkommenschaft vielleicht von wiederum unzähligen
Hybriden. [2])

Ich bin mehr und mehr der Meinung, daß selbst die
Ansicht über Gattungen eine große Umgestaltung erleiden
wird, und ich weiß, daß Leute von Ansehen meine Ansicht
völlig teilen, obwohl sie nicht kühn genug sind, für diese
Ansicht schon jetzt einzutreten. Noch vor wenigen Jahren wären
diese Annahmen als Unsinn erschienen, da alle Thatsachen
mangelten, um sie zu beweisen. So wie unsere Vorfahren
glaubten, daß eine Orchidee durch Menschenhand zu befruchten
unmöglich sei, so glaubten wir bis vor kurzem, daß Gattungen
sich nicht kreuzen ließen. Doch beginnt auch dieser Glaube zu
schwanken. Obschon Kreuzungen von zwei Gattungen bisher
nicht gern vorgenommen wurden, da man nur wenig Gutes
von ihnen erwartete, so sind doch solche Resultate erzielt worden,
daß ein weites Feld zu Versuchen für Leute, wie ich, offen
liegt. Wenn Cattleya mit Sophronitis, Sophronitis mit

---

[1]) Das glaube ich auch. K.

[2]) Auch dieser Fall ist inzwischen eingetreten. Cypripedium Curtisii, bisher als „Art" angesehen, ist nachkonstruiert und als Bastard
nachgewiesen worden.

Epidendrum, Odontoglossum mit Zygopetalum, Coelogyne mit Calanthe gekreuzt sind, so darf man alles erwarten.

Wie viel Hybriden besitzen wir augenblicklich, etabliert, und von Hand zu Hand gehend, so gut wie natürliche Arten? Es ist keine genaue Urkunde darüber vorhanden; aber in einem Kataloge eines französischen Händlers sind diejenigen, welche er liefern kann, mit französischer Genauigkeit aufgeführt; sie belaufen sich auf 416; doch sind eine lebhafte Einbildung und kaufmännischer Unternehmungsgeist den Franzosen nicht weniger charakteristisch als Genauigkeit.

In dem wertvollen „Manual" der Herren Veitch, in welchem eine Fülle von Einzelheiten niedergelegt ist, finde ich 10 Hybriden von Calanthe, 13 von Cattleya und 15 von Laelia, außerdem 16 „natürliche Hybriden", d. h. Arten, welche auf gewisse Wahrscheinlichkeitsgründe hin so klassifiziert sind, sodann die wunderbare Sophro-Cattleya, den Bastard zweier Gattungen, 14 künstliche Dendrobium-Hybriden, und eine, möglicherweise natürliche, sowie 87 künstliche Cypripedium-Hybriden beschrieben. Was die Anzahl der wirklich vorhandenen betrifft, so ist diese so ausgedehnt und vermehrt sich so schnell, daß die Zählung aufgegeben worden ist. Von Phajus ist eine Hybride bekannt, aber mehrere durch Vereinigung mit Calanthe entstandene; von Chysis zwei, von Epidendrum eine, von Miltonia eine und zwei sogenannte „natürliche"; von Masdevallia zehn, darunter zwei „natürliche" u. s. w. Es ist in Betracht zu ziehen, daß diese erstaunlichen Resultate während eines Menschenalters erzielt wurden. Herr Sander in St. Albans bewahrt eine interessante Reliquie auf, das einzige jetzt noch lebende Exemplar der ersten Hybride. Dies ist Cattl. hybrida, die erste dieser Gattung, welche Herr Dominy, der verstorbene Geschäftsführer der Herren Veitch, auf Antrieb des Herrn Harris in Exeter zum größten Erstaunen unserer Großväter züchtete. Herr Harris war also der erste, welcher lehrte, wie Orchideen zu befruchten seien, und der somit der Orchidologie ein neues Feld eröffnete. Diese Pflanze war jahrelang vergessen, bis sie Herr Sander zufällig bei Dr. Jenisch in Hamburg fand und sie nun als eine Merkwürdigkeit bewahrt; denn an und für sich hat sie keinen gärtnerischen Wert. Dominy's erstes Resultat, thatsächlich die allererste zur Blüte gebrachte Garten-Hybride, war Calanthe Dominyi, ein Abkömmling von C. Masuca und C. furcata. Bemerkt mag hier ein für allemal sein, daß bei solchen Doppelnamen der Name der Mutter oder Samenträgerin stets voran steht. Aber noch ein weiteres Interesse ist mit C. Dominyi verknüpft. Beide Eltern gehören zu der Veratrifolia-Gruppe der Calanthen, und merkwürdigerweise ist aus dieser Abteilung noch keine andere Hybride gezüchtet worden. Wir haben hier eins der zahllosen bisher unaufgeklärten Geheimnisse der Kreuzung. Die epiphytischen Calanthen, z. B. C. vestita, wollen sich nicht mit den terrestrischen, wie C. veratrifolia, kreuzen lassen, und ebenso weigern sich die Bastardformen beider, dies zu thun. Im Jahre 1859 blühte C. Veitchii, aus C. rosea (welche in der Regel noch Limatodes rosea genannt wird) und C. vestita entstanden. Keine Orchidee ist so allgemein bekannt, und keine so schön in ihrer Einfachheit. Obgleich der Erfolg so bemerkenswert und der Weg dazu scheinbar so leicht war, so vergingen doch 20 Jahre, ehe selbst die Herren Veitch eine andere Hybride von Calanthe erzielten. Im Jahre 1878 brachte Seden seine Calanthe Sedeni aus C. Veitchi und C. vestita zur Blüte. Andere traten nun in die Schranken, namentlich Sir Trevor Lawrence, die Herren Cookson und Charles Winn. Doch ist das Genus klein; oft wurden dieselben Arten gewählt, der Nachkommenschaft aber neue Namen gegeben, ohne daß der eine wußte, was anderwärts der andere bereits erreicht hatte.

Das Geheimnis, welches ich andeutete, wiederholt sich vielfältig. Große Gruppen von Arten verweigern eine Kreuzung mit ihren nächsten Verwandten, selbst solche, die

von Botanikern als nahezu identisch betrachtet werden. Indes
ist guter Grund zu der Hoffnung vorhanden, daß weitere
Erfahrungen manchen dieser bisher bestehenden „Grundsätze"
beseitigen werden. So ist wiederholt und noch in den letzten
Auflagen unserer maßgeblichen Orchideen = Werke bestimmt
erklärt worden, daß südamerikanische Cattleyen, die nicht nur
unter sich, sondern auch mit den brasilianischen Laelien ge=
kreuzt, fruchtbar sind, eine Verbindung mit ihrer mexikanischen
Verwandtschaft verweigern. Baron Schroeder besitzt eine
Hybride von solchen Eltern dieser entfernten Verwandtschaft,
nämlich von Cattl. citrina (mexikanischer) und Cattl. intermedia (brasilianischer) Herkunft. Sie wurde von Fräulein
Harris zu Lamberhurt in Kent gezüchtet, aber leider nur in
einem einzigem Exemplar, welches schon wiederholt geblüht
hat. Herr Sander hat Cattl. guttata Leopoldii aus Brasilien
mit Cattl. Dowiana aus Costa Rica gekreuzt, was Cattl.
Chamberliana ergab; Laelia crispa aus Brasilien mit der=
selben Pollenpflanze, woraus Laelio-Cattl. Pallas entstand;
Laelia flava aus Brasilien mit Cattl. Skinneri aus Costa
Rica, woraus Laelio-Cattl. Marriottiana entstand; Laelia
pumila aus Brasilien mit Cattl. Dowiana aus Costa Rica,
das Produkt heißt Laelio-Cattl. Normanni; Laelia Dig-
byana aus Central = Amerika mit Cattl. Mossiae aus
Venezuela, Laelio-Cattl. Digbyana-Mossiae gebend; Cattl.
Mossiae aus Venezuela mit Laelia cinnabarina aus
Brasilien = Laelio-Cattl. Phoebe. Bis jetzt noch unbenannt,
da sie noch nicht geblüht haben, sind die in derselben Gärtnerei
gezüchteten Bastarde von Cattl. citrina aus Mexico und
Laelia purpurata aus Brasilien; Cattl. Harrisoniae aus
Brasilien mit Cattl. citrina; Laelia anceps aus Mexico mit
Epidendrum ciliare aus Columbia. In anderen Gattungen
sind mehrere Hybriden, mexikanischer und südamerikanischer
Abkommenschaft, gezüchtet worden, wie L. anceps × Epid.

ciliare. Sophronitis grandiflora $\times$ Epid. radicans; Epid. xanthinum $\times$ Epid. radicans.

Bei den Cypripedien, die sich am leichtesten und sicher= sten kreuzen lassen, sind ostindische und amerikanische Arten mit= einander unfruchtbar. Die Herren Veitch erzielten, wie sie bestimmt glauben, solch eine Kreuzung in einem Falle. Sech= zehn Jahre lang wuchsen die Pflanzen und wuchsen, bis man glaubte, sie würden wie gewöhnlich zu blühen verweigern. Ich schrieb, um genaue Nachrichten zu erhalten, und erhielt zur Antwort, daß endlich ein Exemplar zur Blüte gekommen sei; es zeige jedoch keine Spur amerikanischen Einflusses und man sei zu der Gewißheit gekommen, daß ein Fehler entweder in der Operation oder beim Einschreiben begangen worden sei. Ferner enthalten die Kapseln von einer Menge bigenerischer Befruchtungen oft nicht ein einziges Samenkorn. In anderen Fällen schien der Same ausgezeichnet zu sein, aber er weigerte sich zu keimen, und ferner zeigten gewisse Sämlinge von 2 Gat= tungen nicht die geringste Verwandtschaft mit einer der Eltern. Zygopetalum Mackayi ist bei Herrn Veitch, Herrn Cookson und ohne Zweifel auch bei andern mit verschiedenen Odonto= glossen befruchtet worden; doch die Blüten haben sich stets als die des Zygopetalum Mackayi erwiesen, was, je mehr man darüber nachdenkt, desto unerklärlicher erscheint.

Die Hybriden zeigen die Eigenschaften der Eltern, doch neigen sie sich im allgemeinen, wie in den erwähnten extrem= sten Fällen, der einen Seite mehr zu als der andern. [1] Wenn eine Cattleya oder eine Laelia von der einblättrigen Sektion mit einer der zweiblättrigen befruchtet worden ist, so bringen einige Nachkommen aus derselben Kapsel zwei Blätter, andere nur eins, und andere wieder tragen an verschiedenen Trieben bald eins bald zwei abwechselnd, ohne sich an eine uns bis jetzt bekannte Regel zu binden. So ist es mit der hübschen

---

[1] In den meisten gut beobachteten Fällen überwog der Einfluß des Vaters, also der Pflanze, welche den Pollen lieferte. — K.

Laelia Maynardii aus L. Dayana und Cattleya dolosa, welche von Herrn Sander gezüchtet und nach Herrn Maynard benannt wurde, der diesen Kreuzungs=Kulturen speciell vor= steht. Catt. dolosa hat zwei Blätter, L. Dayana hat ein Blatt, das Produkt aus beiden hat abwechselnd zwei und eins. Die Sepalen und Petalen sind von gleicher rosa=karmesinroter Färbung, mit einer tieferen Nuance geadert, die Lippe ist vom hellsten karmesin, lang, breit und platt, und über der Säule, welche wie bei Catt. dolosa scharf niedergedrückt ist, schön ge= krümmt. Wie man sieht, überwiegt der Einfluß von Catt. dolosa.

Die erste Gattungs=Kreuzung erfordert schon ihrer eigenen Vorzüge wegen einen besonderen Abschnitt für sich allein.[1]) Sophro-Cattleya Batemaniana wurde bei Herrn Veitch von Sophronitis grandiflora und Catt. intermedia erzielt; sie blühte im August 1886. Die Petalen und Sepalen sind scharlach=rosa, die Lippe ist blaß=lila, amethystrot gerandet und rosapurpurn betropft.

Unter Dendrobien ist nur eine natürliche Hybride fest= gestellt, ohne Zweifel ein Abkömmling von D. crassinode und D. Wardianum. (?) Die Herren J. Laing und Söhne in Forest Hill haben ein schönes Exemplar davon; es hat den Wuchs des letzteren und die Blüte des ersteren, ist aber größer und schöner. Man vermutet, daß es noch andere natürliche Dendrobien=Hybriden giebt; von künstlich gezüchteten sind nicht weniger als fünfzig vorhanden.

Phaius — oft Phajus geschrieben — ist so nahe mit Calanthe verwandt, daß für Kreuzungszwecke wenigstens kein Unterschied in Betracht kommt. Dominy gewann Ph. irroratus von Ph. grandifolius und Calanthe vestita; Seden machte dieselbe Kreuzung, gebrauchte aber die Varietät C. v. rubro-

---

[1]) Das ist Geschmackssache. Ich habe die Pflanze bei Baron Schröder in the Dell bei Staines blühend gesehen. Sie ist entschieden mehr interessant als hübsch.

oculata und erhielt Ph. purpureus. Dieser Erfolg ist um so interessanter, als eine der Eltern immergrün, die andre da= gegen laubabwerfend ist. Hierin liegt wahrscheinlich der Grund, daß nur wenige von den Sämlingen fortkommen; sie zeigen den ersteren Habitus. Herr Cookson allein hat bis jetzt einen Erfolg mit Kreuzung zweier Arten von Phaius gehabt. Ph. Cooksoni ist aus Ph. Wallichii und Ph. tuberculosus entstanden. Man kann sagen, daß dies mit Ausnahme von Calanthe Veitchii die beste bis jetzt gewonnene Hybride ist,[1] wenn man alle Eigenschaften, stattliches Aussehen, Blühbar= keit, auffallende Färbung und verhältnismäßig leichte Kultur in Betracht zieht. Eine Bulbe bringt bis zu vier Blüten= ständen, in einem zwölfzölligen Topfe wurden deren 28 gezählt, jeder mit ungefähr 30 Blüten.

Seden hat zwei Kreuzungen von Chysis gemacht, beide mit Zuhülfenahme der prächtigen, aber rasch verblühenden Ch. bractescens, einer der lieblichsten Orchideen mit großen weißen Blüten mit goldigem Centrum. Von Ch. aurea hat niemand, glaube ich, bis jetzt Samen bekommen. Diese Art hat das seltene Vorrecht der Selbstbefruchtung. Warum? möchte man fragen — und sie macht begierig davon Ge= brauch, sobald oder schon bevor die Blume sich zu öffnen be= ginnt; denn wie wachsam auch die Züchter sein mögen, man hat bis jetzt stets die Narben durch die eignen Pollenschläuche befruchtet gefunden, noch ehe eine Kreuzbefruchtung ausgeführt werden konnte.

Ein hybrides Epidendrum ist erzielt worden, nämlich Epid. O'Brienianum von Epid. evectum und Epid. radicans, ersteres purpurn, letzteres scharlach; die neue Pflanze blüht hellkarmesin und ist den beiden ohnehin nahe verwandten

---

[1] Ja, diese Pflanze ist unbedingt herrlich. Sie hat die Schön= heit von Ph. tuberculosus, welche sehr schwer, und die unbändige Lebenskraft von Ph. Wallichii, welche leicht zu kultivieren ist.

Pflanzen ziemlich gleich). Es war eine recht überflüssige Mühe, diese Kreuzung vorzunehmen.

Die Miltonien zählen zwei natürliche Hybriden und eine künstliche, Mil. Bleuana von Mil. vexillaria und Mil. Roezlii, zwei Pflanzen, welche gewöhnlich zu den Odonto= glossen gerechnet werden. Herr Bleu und die Herren Veitch machten diese Kreuzung ungefähr gleichzeitig, doch blühten die Sämlinge des ersteren im Jahre 1889, die der letzteren erst 1891. Hier haben wir einen Beweis für den Vorteil, welchen französische Gärtner genießen. Selbst soweit nördlich wie Paris machten ein heiterer Himmel und reichlicher Sonnen= schein einen Unterschied von mehr als zwölf Monaten. Wenn Italiener zu hybridisieren beginnen, werden wir Wunder sehen — und erst Griechen und Egypter!

Masdevallien sind durch ihre Färbung in der Regel, und mitunter durch starken Geruch, für Insekten so anziehend — und werden auch so leicht befruchtet — daß man glauben sollte, in dieser Gattung manche natürliche Hybriden zu finden; und doch sind nur wenige vorhanden. Reichenbach mutmaßte, daß zwei Arten, welche ihm zur Untersuchung gegeben waren, Abkömmlinge bestimmter Eltern seien. Daraufhin hat Seden beide aus der Kreuzung, die Reichenbach angab, erzielt.

Unter Phalaenopsis haben wir drei natürliche Hybriden; Ph. intermedia erschien zuerst unter einem Transport von Ph. Aphrodite im Jahre 1852. Herr Porte, ein französischer Kaufmann, brachte im Jahre 1861 zwei Exemplare nach Europa. Sie waren etwas verschieden, und er gab ihnen seinen Namen. Die Herren Low führten im Jahre 1874 mehrere ein, von denen abermals eine etwas abweichend war und nach Herrn Brymer benannt wurde. Seitdem sind drei gefunden worden, aber immer in der Nachbarschaft von Ph. Aphrodite; das beste bekannte Exemplar ist im Besitz von Baron Rothschild. Daß sie natürliche Hybriden waren, konnte von vorn herein kaum bestritten werden; Seden kreuzte Ph. Aphrodite nachträglich mit Ph. rosea und lieferte damit den experimentellen Nachweis. Unsere Garten-Hybriden sind Ph. F. L. Ames, ein Ergebnis von Ph. amabilis und Ph. intermedia, und Ph. Hariettae von Ph. amabilis und Ph. violacea gezüchtet und nach der Tochter des Herrn Erastus Corning in Albany, Nord-Amerika, benannt.

Unter den Oncidien giebt es bis jetzt nur zwei natür= liche Hybriden, und diese sind noch zweifelhaft; einige andere hält man dafür; Garten-Hybriden giebt es, meines Wissens, noch nicht. Ähnlich ist es, wie bereits gesagt, mit Odontoglossen, jedoch befruchten diese sich gegenseitig so leicht im natürlichen Zustande, daß ein großer Teil der sogenannten Arten wahr= scheinlich Hybriden sind. Ich komme hierauf später zurück.

Ich habe die Cypripedien bis zuletzt gelassen, weil diese außerordentlich interessante Gattung etwas mehr verlangt, als eine trockne Aufzählung. Darwin legte dar und versuchte zu beweisen, daß das Cypripedium die Urform der Orchideen vorstelle. Er kannte kein Bindeglied zwischen dieser und den späteren, gewissermaßen vollendeteren Gattungen; und es ist sicher, daß eine gewaltige Vernichtung stattgefunden haben muß, die eine Unzahl von Zwischenarten hinweg geräumt hat, während diese einzige Gattung, welche an eine frühere und einfachere Bauart der großen Orchideen-Klasse erinnert, ver= schont blieb. Die geographische Verbreitung beweist, daß Cypripedien in früheren Zeiten viel gewöhnlicher waren und einen größeren Flächenraum als jetzt einnahmen. Ihr Aus= sterben setzt sich auch jetzt noch fort, wie es mit anderen ur= sprünglichen Formen der Fall ist.

Die Herrn Veitch weisen darauf hin, daß, obgleich wenige Pflanzen-Gattungen soweit über die Erde verbreitet sind, wie

Cypripedium, die einzelnen Arten doch auf Gebiete von ge=
ringer Ausdehnung beschränkt sind und oft abgesondert und
von ihrer Verwandschaft entfernt vorkommen. Einige sind so
selten, daß wir von Glück sagen können, daß durch Zufall
einige Exemplare in unsre Häuser kamen, ehe es zu spät war;
denn sie scheinen sogar erst in diesem Jahrhundert ausgestorben
zu sein. Die Herren Veitch führen einige schlagende Beispiele
an. Alle von Cyp. Fairieanum existierenden Exemplare sind
Abkömmlinge von drei oder vier, welche zufällig im Jahre
1856 eingeführt wurden. Zwei Stückchen von Cyp. superbiens fanden sich in einer Sendung von Cyp. barbatum,
keine andern sind seitdem gefunden worden, und es ist zweifel=
haft, ob diese Art in der Heimat überhaupt noch vorkommt.
Nur drei Pflanzen von Cyp. Mastersianum wurden ent=
deckt. Herr Bull erhielt sie in einer Kiste mit ver=
schiedenen Cypripedien, welche vom Direktor des botanischen
Gartens zu Buitenzorg auf Java gesandt wurden; jedoch
konnte weder dieser Herr, noch sein Nachfolger ein anderes
Exemplar finden. Diese drei müssen zufällig in den Garten
gekommen sein, vielleicht als Geschenk eines reisenden
Holländers.

Cyp. purpuratum ist in Hongkong fast ausgestorben und
verschwindet schnell auf dem Festlande. Es wird noch gelegent=
lich in dem Garten eines Eingeborenen gesehen, der, so wird uns
berichtet, sich standhaft weigert, es zu verkaufen. Dies mag
denen unglaublich erscheinen, welche den Chinesen kennen,
doch Herr Roebelin bestätigt es; eine Absonderlichkeit mehr
bei diesem Volk, welches deren schon so viele besitzt. Sammler
hoffen eine neue Heimat von Cyp. purpuratum in Formosa
zu finden, wenn es ihnen erlaubt sein wird, diese Insel zu
bereisen. Selbst unser einheimisches Cyp. Calceolus ist fast
verschwunden; wir erhalten es nur aus Central=Europa, aber
selbst da, wo es in Masse vorkam, vermindert es sich mehr

und mehr.[1]) Dasselbe wird aus Nord=Amerika und Japan berichtet. Im direkten Gegensatz hierzu steht die Thatsache, daß Cypripedien sich mit merkwürdiger Leichtigkeit vermehren, sobald ihren geringen Ansprüchen Genüge geleistet wird, und es ist keine Gefahr vorhanden, daß eine Art, welche vom Aussterben gerettet wurde, unter der Pflege des Menschen umkommen wird.

Dies scheint ein Widerspruch zu sein. Warum sollte eine Pflanze unter künstlichen Verhältnissen besser gedeihen als da, wo sie von der Natur hingestellt wurde? Der Grund liegt in dem altertümlichen Bau der Cypripedien, welcher von Darwin nachgewiesen wurde. Ihre Zeit ist vorüber und die Natur läßt sie von der Erdoberfläche verschwinden. Eine stufenweise Änderung der Umstände macht es dieser Urform der Orchideen schwerer, zu bestehen, und, die drohende Gefahr gewissermaßen erkennend, nimmt sie dankbar unsere Hilfe an.

Die eine Ursache des Aussterbens ist leicht zu verstehen. Cypripedien können sich nicht selbst befruchten, ein einziges ausgenommen, Cyp. Schlimii, welches — infolgedessen, möchte man sagen — sehr schwierig einzuführen und zu ziehen ist; überdies blüht es so reichlich, daß die Sämlinge immer schwächlich sind.[2]) Bei allen Arten ist der Fort= pflanzungsapparat derart, daß die Blüten nicht durch Zufall befruchtet werden können, und nur wenige Insekten sind imstande, diesen Dienst zu leisten. Dr. Hermann Müller beobachtete sehr emsig Cyp. Calceolus. Er bemerkte jedoch nur fünf Arten von Insekten, welche es befruchteten. Cyp. Calceolus besitzt Wohlgeruch und Honig, ein Lockmittel, welches keine der tropischen Arten hat. Ihre Farben sind

---

[1]) Weil es rücksichtslos ausgerottet wird und unsere Wälder ver= schwinden. Wo die Förster die Pflanzenhyänen fernhalten, gedeiht es wunderschön.

[2]) Diesen Zusammenhang verstehe ich nicht. Ich muß hier noch einmal bemerken, daß ich lediglich die Übersetzung revidiert habe. — K.

nicht auffallend genug. Die Lippe ist mehr eine Falle als ein
Lockmittel. Große Insekten, welche hineinkriechen und mit der
Pollenmasse beladen sind, werden gefangen und durch den
klebrigen Stoff festgehalten, wenn sie versuchen durch die
Seitenauswege zu entweichen, durch welche hindurchzudringen
kleinere Insekten zu schwach sind.

Natürliche Hybriden kommen so selten vor, daß ihr
Vorhandensein direkt verneint wird. Das ist zwar nicht ganz
richtig; wenn wir jedoch den Bau dieser Gattung in Betracht
ziehen, so erscheint es nicht mehr außergewöhnlich, daß Cypripedien sich so selten natürlich befruchten.

Cattleyen, Odontoglossen und ähnliche Arten leben
zusammen auf demselben Baume dicht bei einander, während
die Cypripedien größtenteils entfernt von einander, jede Art für
sich, wachsen. Der Grund hierfür ist bereits erwähnt —
Naturgesetze haben sie in den Zwischenräumen, welche nicht
geeignet waren, eine verurteilte Gattung zu erhalten, aussterben lassen.

Ohne Zweifel sind Cypripedien selten fruchtbar, wenigstens
in ihrer Heimat. Die Schwierigkeiten, welche Insekten finden,
diesen Dienst zu leisten, wurden bereits erwähnt. Herr Godseff
macht mich auf einen Grund aufmerksam, der noch merkwürdiger und auffallender ist. Wenn eine Biene die Pollenmasse
einer Cattleya z. B. fortträgt, hängt dieselbe am Kopf oder der
Brust mittelst eines klebrigen Stoffes, der sich an der Pollenmasse befindet, so daß, wenn sie zu einer anderen Blume fliegt,
sie den Pollen auswärts auf die Narbe bringt, während bei
den Cypripedien kein solcher Stoff vorhanden ist; die klebrige
Seite des Pollen selbst ist auswärts gewandt und hängt sich
an einen dort eindringenden Gegenstand. [1] Demzufolge nimmt

[1] Richtiger wäre gewesen, zu sagen, daß die beiden Staubgefäße
in der Regel stark auswärts gedreht sind. Übrigens ist diese ganze Ausführung stark anfechtbar. — K.

ein Insekt, welches durch Zufall an die Pollenmasse stößt, sie sozusagen verkehrt hinweg. Beim Besuch der nächsten Blume bietet sich nicht der zur Befruchtung nötige Teil dar, sondern ein kleines unfruchtbares Kügelchen, welches dahinter ist.[1] Man darf annehmen, daß diese Gattung in früherer Zeit, als sie dieselben Vorteile genoß, deren die späteren Orchideenformen sich jetzt erfreuen, auch Mittel und Wege zur Befruchtung hatte, welche gegenwärtig verschwunden sind.

Unter solchen ungünstigen Umständen ist es nicht zu erwarten, oft Samenkapseln an eingeführten Cypripedien zu finden. Die Herren Veitch erklären, daß sie an der Menge Pflanzen, welche durch ihre Hände gingen, selten eine solche

---

[1] Das wäre richtig, wenn die Insekten das ganze Staubgefäß mitnähmen, was aber schlechterdings unmöglich ist. Ich bin in der Lage, diese ganze Auslassung über die Befruchtung von Cypripedien als verfehlt bezeichnen zu müssen. Der Herr Verfasser befindet sich hier auf keinem ihm vertrauten Terrain. Ich kann nicht Punkt für Punkt disputieren, möchte aber nur auf zweierlei aufmerksam machen. Die Cypripedien sind in unseren Sammlungen eingestandenermaßen leicht befruchtbar und setzen reichlich Samen an, sodann sind sie leicht auf vegetativem Wege vermehrbar — beides ist kein Zeichen von Altersschwäche. Ferner, da die Befruchtung nur durch Insekten bewirkt werden kann, so würden wir eher ein ungeheures Sterben unter gewissen Insektenabteilungen annehmen müssen, durch welches die zur Befruchtung unumgänglich nötigen Tiere vermindert oder vernichtet wurden. Eine massenhafte Vernichtung von Turdus viscivorus, der Misteldrossel, würde nach einer Reihe von Jahren genau dieselbe Erscheinung bei unserer Mistel herbeiführen, und die Mistel macht doch wahrlich keinen altertümlichen oder sonstwie schwächlichen Eindruck. Was die systematische Stellung der Cypripedien angeht, so glaube ich allerdings, daß zwischen ihnen und den übrigen Orchideen sehr viele Bindeglieder fehlen; ich gehe indessen noch weiter und behaupte, daß sie mit dieser Familie nichts weiter als den allgemeinen Typus der Monocotylen gemeinsam haben, im übrigen aber einer ganz anderen Formenreihe angehören. Sie nehmen sich unter den Orchideen ebenso unnatürlich aus, als an einer anderen Stelle des Systems. Ein weiteres Eingehen auf diese Frage ist hier natürlich unmöglich. — K.

fahen. Mit einigen Arten ist es jedoch nicht so schlimm
bestellt. Als die Herren Thompfon in Clovenfords eine
Anzahl von Cyp. Spicerianum einführten, als es zum ersten
mal auf den Markt kam, fanden sie einige Kapfeln, aus
welchen sie einige Hundert Sämlinge erzogen. Kapfeln, voll
von reifen Samen, finden sich ferner oft an importierten
Cyp. insigne.

In den aufgeführten Fällen finden wir die Erklärung
für eine außergewöhnliche Thatfache. Hybriden oder auf
künstlichem Wege erzogene natürliche Arten find stärker im
Wuchs und bringen beffere Blumen als ihre wilden Ver=
wandten. Der Grund ist, daß sie in ihrer Gefangenfchaft
reichliche Nahrung erhalten und alles gethan wird, es ihnen
angenehm zu machen, während die Natur, in der Abficht,
eine Pflanzenform, die sie nicht länger billigt, los zu werden,
sie vernachläffigt und verhungern läßt. [1]

Diefelbe Folgerung macht es uns verständlich, weshalb
Cypripedien sich so leicht zu Kreuzbefruchtungen bereit finden
laffen. Darwin lehrte uns, daß Arten, welche fchwerlich
hoffen können, auf gewöhnliche Art befruchtet zu werden, sich
anstrengen, die Verrichtung so leicht und ficher wie möglich
unter gegebenen Bedingungen zu machen, und keine diefer
feltenen Gelegenheiten unbenutzt zu laffen. Und so ist es auch,
und Orchideenzüchter erklären, daß „jedermann" sich heutzutage
mit dem Kreuzen von Cypripedien befchäftigt.

In der That haben sich viele Leute diefem angenehmen
und intereffanten Zeitvertreib gewidmet, daß die Botaniker es
aufgegeben haben, die zahllofen Kunstprodukte wiffenfchaftlich
festzustellen und zu buchen. Die erste Hybride von Cypri=
pedium wurde von Dominn im Jahre 1869 gezüchtet und
nach Dr. Harris benannt, der, wie bereits gefagt, ihn zur

[1] Wie brutal! Glaubt Herr Boyle an die Natur als eine bewußt handelnde Potenz? — K.

Befruchtung veranlaßt hatte. Seden züchtete die nächste im Jahre 1874, nämlich Cyp. Sedeni von Cyp. Schlimii und Cyp. longiflorum, bemerkenswert als der einzige bis jetzt bekannte Fall, daß Sämlinge stets gleich sind, gleichviel, welche der Elternpflanzen den Pollen geliefert hat. In jedem anderen Falle sind sie verschieden, je nachdem die Funktionen der Eltern wechseln.

Ich will in aller Kürze zwei oder drei Thatsachen berühren, die uns als Laien unerklärlich erscheinen, wenn wir nicht die Lehre von einer speziellen Schöpfung an Ort und Stelle zulassen wollen. Oncidium cucullatum wächst üppig in gewissen beschränkten Bezirken von Peru, Ecuador, Columbia und Venezuela, kommt aber in den weiten, dazwischen liegenden Gebieten nicht vor, ebensowenig irgend ein anderes Oncidium, welches als unmittelbarer Vorfahre angesehen werden könnte. Ist es anzunehmen, daß Winde oder Vögel es über hohe Gebirge und breite Flüsse, mehr als 2000 Meilen weit, nach vier verschiedenen Richtungen trugen, um es auf einem engen Landstrich anzusiedeln?[1] Es ist eine schwierige Frage; ich für meinen Teil möchte eher denken, daß gebildete Auswanderer es mit sich nahmen. Aber selbst Wind und Vögel konnten nicht den Samen von Dendrobium heterocarpum von Ceylon nach Burmah und von Burmah nach Luzon auf den Philippinen bringen, wenigstens kann ich es nicht glauben. Wären die Pflanzen einander gleich an den verschiedenen Plätzen, so würde es weniger von Bedeutung sein. Aber D. heterocarpum von Ceylon hat eine lange dünne Bulbe mit hellgelben Blüten, das von Burmah ist kurz und dick mit blasserer Färbung, das von Luzon ist mehr als 1 m hoch, also höher als alle

---

[1] Für diesen Fall, wie für zahlreiche ähnliche, giebt die Annahme einer Eiszeit eine gute Erklärung. O. cucullatum ist eine ausgesprochene Berg-Orchidee.

seine Verwandten, während die Blüten von derselben Farbe
sind wie bei der zunächst stehenden Varietät; und doch sind
alle 3 botanisch genau dieselbe Pflanze. Ich habe bereits
andere Fälle aufgeführt. Erfahrung hat gelehrt, daß wir in
England keine Odontoglossum-Sämlinge erziehen können; sehr,
sehr wenige sind überhaupt bis jetzt gewonnen worden. Ver=
suche in Frankreich sind besser gelungen. Baron Adolf von
Rothschild hat gegenwärtig vier verschiedene Hybriden von
Odontoglossum mit Knospen in seinem Garten in Armanvilliers
bei Paris, und auch Herr Moreau hat verschiedene Sämlinge.
Sachverständige geben jetzt zu, daß eine große Anzahl unserer
Odontoglossen möglicherweise natürliche Hybriden sein können;
so viele können zweifellos (?) als solche bezeichnet werden, daß
das Spekulationsfeld fast keine Grenzen hat.[1] O. excellens
ist sicher (?) ein Abkömmling von O. Pescatorii und O. trium-
phans, O. elegans von O. cirrhosum und O. Hallii, O.
Wattianum von O. Harryanum und O. hystrix. Es muß
bemerkt werden, daß wir bis jetzt die Abstammung nicht
weiter als bis zu den Eltern verfolgen können, einige sehr
wenige Fälle ausgenommen; jedoch haben Verbindungen seit
undenklichen Zeiten stattgefunden. Ohne Zweifel sind die
Orchideen die jüngsten Kinder der Flora, aber zugleich ihre
lieblichsten. Wir können die vermischte Abkommenschaft er=
kennen von O. crispum Alexandrae, gepaart mit O. gloriosum, O. luteo-purpureum und O. Lindleyanum. Diese
Eltern wachsen nahe bei einander, und es konnte an Verbin=
dungen nicht fehlen. Wir kennen schon jetzt einige doppelte
Kreuzungen, z. B. O. lanceanum, das Resultat einer Verbindung
zwischen O. crispum Alexandrae und O. Rückerianum,
letzteres eine Hybride der ersteren mit O. gloriosum. Wenn

---

[1] Bis jetzt ist, wie Herr Boyle selbst an anderen Orten zugegeben
hat, noch kein Odontoglossum künstlich nachgebildet worden; von zweifellos
ist also keine Rede.

wir bedenken, daß O. Roezlii am Ufer des Flusses Cauca,
O. vexillarium höher hinauf, dagegen O. vexillarium
superbum zwischen beiden wächst, so können wir dreist die
Sonderbarkeit eines breiten dunklen Fleckens auf der Lippe
des letzteren dem Einfluß von O. Roezlii zuschreiben. Des=
gleichen, wenn wir unseren Standpunkt zu Manaos am
Amazonenstrom nehmen, so finden wir im Osten Cattleya
superba, im Westen C. Eldorado und in der Mitte C. Bry-
meriana, welche sicherlich als ein Verbindungsglied der beiden
Arten angesehen werden kann. Ob das stimmt, wird sich
bald herausstellen; denn Herr Alfred Bleu hat die Kreuzung
zwischen C. superba und C. Eldorado vorgenommen und
die Blume wird mit nicht geringem Interesse erwartet.[1]

Diese Fälle und viele andere sind handgreiflich. (?) Wir
sehen heutzutage die Entstehung einer Varietät. In tausend
oder zehntausend Jahren wird sie sich vielleicht durch Verbin=
dungen aller Art, durch veränderte äußere Umstände zu einer
Species entwickelt, oder es sogar zum Rang einer Gattung
gebracht haben.

Ich habe mehrere Male Herrn Cookson genannt. Über
Züchtung von Kreuzungen zu sprechen, ohne Bezugnahme
auf seine erstaunlichen Leistungen, würde in der That un=
natürlich erscheinen. Eines Sonntag Nachmittags, vor zehn
Jahren, beschäftigte er sich, nachdem er Darwins Buch gelesen
hatte, mit der Erforschung der Struktur einiger Cypripedien
und befruchtete sie. Zu seinem Erstaunen fingen die Samen=
kapseln an zu schwellen, und zu gleicher Zeit stieg Herrn
Cooksons Begeisterung für solchen Zeitvertreib. Er wußte
damals nicht, und glücklicherweise gaben ihm diese Versuche

---

[1] Es wäre den Engländern in Verulamium (St. Albans) und
anderwärts der alte Satz Bacos von Verulam ins Gedächtnis zu rufen,
daß das Experiment und dies allein entscheidet, und daß Spekulationen
sich leicht ins Blaue verlieren. — K.

keinen Grund zu vermuten, daß sehr leicht Pseudo-Befruchtung
durch irgend etwas bewirkt werden kann. So ungemein
empfindlich ist nämlich die Narbenfläche der Cypripedien, daß
sie auf bloße Berührung reagiert. Auf die Erregung hin,
welche nur durch ein Blattstückchen verursacht werden kann,
wird sie alle äußerlich sichtbaren Stadien der Befruchtung
durchmachen. Der Fruchtknoten wird anschwellen, reifen und
in gewisser Zeit mit allem Anschein der Befruchtung aufspringen,
jedoch ist, wie voraus zu sehen, kein Same vorhanden. Anfänger dürfen daher nicht so leichtgläubig sein, wenn ihre
kühnen Versuche auch vielversprechend erscheinen.

Von diesem Tage an widmete Herr Cookson seine Muße
der Züchtung von Hybriden und erzielte jene Ergebnisse, welche
jedem, der Interesse an Orchideen findet, bekannt sind. Im Anfang
hatte er reichlich Mißerfolge, jedoch wurden deren weniger und
weniger, so daß er jetzt vertrauensvoll auf 75 Proz. Pflänz-
linge rechnet. Doch hat dies keinen Bezug auf Gattungs-
Kreuzungen, welchen er bis jetzt seine Aufmerksamkeit weniger
geschenkt hat. Mit Cypripedien anfangend, hat er jetzt 94
Hybriden gezüchtet; diese sind samt und sonders von 140
Samenkapseln gewonnen. Von Calanthen erzielte er 16
Hybriden aus 19 Kapseln, von Dendrobien 36 aus 41
Kapseln, von Masdevallien 4 Hybriden aus 17 Kapseln,
von Odontoglossen keine aus 9 Kapseln; von Phajus 2 aus
2 Kapseln; von Vanda keine aus einer Kapsel und von
bigenerischen Hybriden eine aus 9 Kapseln. Außerdem mag
vielleicht noch die eine oder andere vorhanden sein, jedoch
erzeugt aus einer so ungewöhnlichen Verbindung und unter
so zweifelhaften Umständen, daß Herr Cookson nicht davon
sprechen will, bis er die Blüte gesehen hat. Es liegt nicht
in dem Bereiche dieses Kapitels, die Erfolge dieses Herrn im
einzelnen zu besprechen, jedoch selbst für Botaniker und Fach-
leute wird es von Interesse sein, einige der merkwürdigsten

Kreuzungen kennen zu lernen; denn sie sind bisher nicht ver=
öffentlicht. Ich führe auf gut Glück folgende an:

Phajus Wallichii	✕ Phajus tuberculosus
Laelia praestans	✕ Cattleya Dowiana
„ purpurata	✕ „ „
„ „	✕ Laelia grandis tenebrosa
„ „	✕ Cattleya Mendellii
„ marginata	✕ Laelia elegans Cooksoni
Cattleya Mendellii	✕ „ purpurata
„ Trianae	✕ „ harpophylla
„ Percivalliana	✕ „ „
„ Lawrenceana	✕ Cattleya Mossiae
„ gigas	✕ „ Gaskelliana
„ crispa	✕ „ „
„ Dowiana	✕ „ „
„ Schofieldiana	✕ „ gigas imperialis
„ Leopoldii	✕ „ Dowiana
Cypripedium Stonei	✕ Cypripedium Godefroyae
„ „	✕ „ Spicerianum
„ Sanderianum	✕ „ Veitchii
„ Spicerianum	✕ „ Sanderianum
„ Jo	✕ „ vexillarium
Dendrobium nobile nobilius	✕ Dendrobium Falconeri
„ „ „	✕ „ nobile Cooksonianum
„ Wardianum	✕ „ aureum
„ „	✕ „ Linawianum
„ luteolum	✕ „ nobile nobilius
Masdevallia Tovarensis	✕ Masdevallia bella
„ Shuttleworthii	✕ „ Tovarensis
„ „	✕ „ rosea

Von diesen und und vielen anderen hat Herr Cookson in
diesem Augenblick 15000 Pflanzen. Da mein Endzweck der
ist, Liebhaber zu ermuntern, ein gleiches zu thun, mag es
mir vergönnt sein, etwas zu berühren, was unter anderen Um=
ständen nicht am Platze wäre. Orchideenzüchter möchten gern
wissen, wie viel die Kollektion des Herrn Cookson einbringen
würde, wenn man sie kluger Weise auf den Markt brächte.

Ich will nicht die Abschätzungen, welche ich gehört habe,
erwähnen; es genüge, zu sagen, daß sich der Wert auf viele,
viele Tausend Pfund Sterling beläuft, daß der Unterschied
zwischen der höchsten und niedrigsten ein hübsches Vermögen
vorstellt. Und diese große Summe ist nur durch Verstand
erworben, ohne erhöhte Ausgaben, durch Kühnheit von An=
fang an, Nachdenken, Sorgfalt und Geduld, ohne besondere
Kenntnis; denn vor 10 Jahren wußte Herr Cookson nicht
mehr von Orchideen als irgend jemand, der sich für sie inter=
essiert, und sein Gärtner war zuerst ebenso unwissend und von
Vorurteil eingenommen. Die Aussicht, großen Reichtum durch
eine angenehme Beschäftigung zu erwerben, sollte, denke ich, zu
Unternehmungen ermutigen. Jedoch dürfen Liebhaber keine
Zeit verlieren. Fast jeder der berufsmäßigen Orchideenzüchter
bereitet sich vor, in die Schranken zu treten. Diese müssen
jedoch ihre Aufmerksamkeit auf solche Kreuzungen richten,
welche das Publikum anziehen. Ich rate meinen Lesern,
kühn, ja sogar verwegen zu sein. Es ist erfreulich, zu hören,
daß Herr Cookson die Absicht hat, von jetzt an bigenerische
Befruchtungen aufmerksam zu beobachten.[1]

Der gewöhnliche Beweggrund, Orchideen zu kreuzen, ist
natürlich derselbe, welcher den Blumisten in anderen Reichen der
Botanik anspornt. Er sucht Färbungen, Formen, verschiedene
Eigentümlichkeiten auf neue Weise zu verbinden. Orchideen
bieten sich in gewissen Grenzen mit besonderer Leichtigkeit zu
Versuchen dar, und die bei ihnen auftretenden Farben scheinen
uns gewissermaßen einzuladen, Mischungen vorzunehmen.
Betrachten wir Species und Genera zusammen, so ist gelb vor=
herrschend, welches speziell in der großen Abteilung der Oncidien
die Oberhand hat. Purpur und purpurbraun kommen ihm zu=

---

[1] Herr Cookson schreibt mir: Zollen Sie meinem jetzigen Gärtner,
William Murray, einige Anerkennung, der solche in hohem Maße ver=
dient. — Autor.

nächst, weil sie bei Cattleyen in hohem Grade vertreten sind. Es folgt grün, wenn wir die ganze Gruppe der Epidendren einschließen — von denen jedoch nur wenige schön zu nennen sind. Von Magenta (braun) der seltensten der natür= lichen Färbungen, haben wir nur wenige; karmesin in tausend Nuancen ist zahlreich; rein weiß ist ziemlich selten, orange= farben noch seltener, scharlach sehr ungewöhnlich und blau fast unbekannt, jedoch ausnahmsweise schön in den wenigen vorkommenden Fällen. Deshalb ist die Versuchung zum Züchten von Hybriden, um Färbungen zu gewinnen, be= sonders stark.

Sie ist um so stärker durch die prickelnde Ungewißheit, wie wohl der Erfolg der Arbeit sein wird. Soviel ich bis jetzt gehört oder gelesen habe, ist niemand im stande, Regeln aufzustellen, welche auf das Resultat der Verbindungen schließen lassen. Im allgemeinen sind beide Eltern in den Abkömmlingen vertreten; aber wie und in welchem Grade einer von ihnen die Oberhand haben, in welchen Teilen, Färbungen oder Form einer Hybride die gemischte Abkunft sich zeigen wird, darüber wagen selbst Erfahrene eine Mutmaßung nicht zu äußern, einige leichte Fälle ausgenommen.[1]

Nach sorgfältiger Wahl der Eltern mit einem klaren Begriff von dem beabsichtigten Zwecke muß man blind darauf los gehen. Sehr oft wird das gewünschte Ziel in gehöriger Zeit erreicht, sehr oft kommt etwas ganz Unerwartetes zum Vorschein, doch fast immer ist das Resultat schön, ob es nun dem Zweck des Züchters entspricht oder nicht. (?) Außer dem direkten Erfolg bietet aber die Hybridisierung noch auch einen Nutzen inbezug auf die Kultur. So z. B. ist das liebliche Cypripedium Fairieanum so schwierig zu kultivieren, daß

---

[1] In allen von mir untersuchten Fällen, wo die Eltern sicher nachweisbar waren, hatte ausnahmslos die Pollenpflanze den Hauptanteil.

K.

nur wenige Händler es stets vorrätig halten; durch Kreuzung
mit Cyp. barbatum von Mount Ophir, einer wetterharten
kalten Art, erhalten wir Cyp. vexillarium, welches die feste
Konstitution der letzteren und viel von der Schönheit der
ersteren hat. Cyp. Sanderianum aus dem malayischen
Archipel verlangt eine sehr dumpfe Hitze, welche sogar seine
Verwandten selten lieben. Es ist jedoch mit Cyp. insigne
gekreuzt worden, welches überall gedeiht, und obgleich die
Sämlinge bis jetzt nicht geblüht haben, so ist doch nicht zu
bezweifeln, daß sie ebenso gärtnerisch brauchbar ausfallen als die
vorher genannten. Die schönsten Varietäten von Cyp.
insigne sind in großer Menge zu solchen Zwecken verwendet
worden. Wir haben ferner das auffallende Cyp. hirsutissi-
mum; es hat Sepalen von einem unbestimmten Gelbgrün,
ist mit Härchen besetzt und sehr nett gefranst mit beinahe
verblüffendem Kontrast von hellem Purpur. Für's erste ist
es sehr „warm", und zweitens würde es von noch größerem
Effekt sein, wenn etwas weiß eingeführt werden könnte;
es ist mit Cyp. niveum gekreuzt worden, und zuversicht=
lich erwartet man, daß die Abkömmlinge kühlere Behandlung
vertragen, während das obere Sepalum Weiß zeigen wird.
Ebenso ist die reizende Masdevallia Tovarensis warm, weiß
und niedrig; gekreuzt mit Masd. bella nimmt sie deren Eigen=
schaften an, d. h. kühl, im Wuchs hoch und in der Färbung
rot und gelb, wie Herr Cookson bewiesen hat. Ferner wird
Phalaenopsis Wightii, zierlich von Wuchs und klein von
Blüte, kräftig durch Kreuzung mit Phal. grandiflora, ohne
jedoch ihren zarten Farbenton zu verlieren.

Es mag hier erwähnt werden, daß die erste Medaille,
welche von der Royal Horticult. Society für einen Sämling
einer Hybride unter freier Beteiligung ausgesetzt war, mit
Laelia Arnoldiana im Jahre 1891 gewonnen wurde. Die=
selbe Varietät gewann 1892 den ersten Preis. Sie war bei

Herrn Sander von L. purpurata und Cattl. labiata ge=
zogen, im Jahre 1881 angesät und blühte 1891.

Und nun zu der Art des Arbeitens, durch welche diese
und zehntausend andere wünschenswerte Erfolge erzielt werden
können. Ich will nicht von mir selbst sprechen, da das
Publikum keinen Grund hat, gerade mir Glauben zu schenken.
Betrachten wir das Verfahren, wie es in dem großen Ge=
schäft des Herrn Sander in St. Albans gehandhabt wird.

Vor allen Dingen sind zum Züchten von Hybriden die
niedrigen unbeschatteten Häuser bestimmt im Gegensatz zu den
hohen, hundert und mehr Meter langen Bauten, in welchen
die Pflanzen nur wachsen und blühen. Ihre Satteldächer kann
man mit der Hand berühren, und das Glas wird immer sorg=
fältig gereinigt. Das erste und letzte, was der Züchter fordert,
ist Licht, Licht und wiederum Licht. Mangel desselben ist viel=
leicht der Grund für alle getäuschten Hoffnungen. Die große
Mehrzahl der Orchideen, auf die ich Bezug nehme, haben ihre
Heimat in tropischen Ländern, selbst die kalten Odontoglossen
und Masdevallien verdanken diese Eigenschaft nicht dem Breiten=
grade, sondern weil sie Bergbewohner sind. Sie wachsen so
nahe dem Äquator, daß sie den Sonnenschein fast senkrecht
erhalten, und dies länger als ein halbes Jahr. Doch auf
unserer gesegneten Insel fallen an dem hellsten Tage im Hoch=
sommer die Sonnenstrahlen höchstens unter einem Winkel von
28 °, welcher aber immermehr zunimmt, bis sie im Winter
Mühe haben, sich durch die Nebel bei einem Winkel von 75 °
hindurch zu kämpfen. Der Leser mag die Verhältnisse selbst
berechnen; doch muß noch die dicke Luft und die ungeheure
Zahl der nebligen Tage in Betracht gezogen werden. Wir
können demnach nicht den geringsten Teil des Lichtes entbehren.
Der reifende Same muß dicht unter dem Glase stehen, und
so brennend auch die Sonne sein mag, kein Schatten darf ge=
geben werden. Wahrscheinlich ist es, daß die Mutterpflanze
verbrennt, ganz sicher ist, daß sie sehr leiden wird.

Ein solches Haus ist zum Kreuzen der Cypripedien ge=
eignet. Ich wähle diese Gattung zur Erläuterung, da sie,
wie gesagt, so sehr leicht und so sicher ist, daß selbst eine
verständige junge Dame alle Sonderbarkeiten des Baues der=
selben nach einer einzigen Lektion so völlig beherrscht, um sich
mit ihr ebenso gut wie mit Dendrobien, Oncidien, Odonto=
glossen, Epidendren und, ich weiß nicht mit wie vielen anderen,
zurecht zu finden. Die Blätter sind bis jetzt noch grün und
glatt, mit manchen sonderbaren Überresten von Blüten und
manchem Fruchtknoten, der eben zu schwellen angefangen hat.
Jeder Blumenstengel, der befruchtet worden ist, trägt ein nettes
Etikett, welches den Namen des Vaters und das Datum der
Kreuzung angiebt.

Die Natur verliert keine Zeit, man kann fast sagen,
die Scheibe beginnt sofort anzuschwellen. Der Teil, welchen
man die Säule nennt, ist der Endpunkt des Fruchtknotens,
der drei, oder sechs, auch neun Centimeter von dem Blüten=
stengel hinter der Blüte einnimmt. Schon nach wenigen
Tagen wird die Anschwellung sichtbar. Die unbefruchtete
Blume fällt zur bestimmten Zeit ab, jedoch die befruchtete
bleibt, das Labellum ausgenommen, erhalten, bis der Same
reif ist, was vielleicht nach einem halben Jahre eintritt; selbst=
verständlich verwelkt sie. Sehr eigentümlich und unerklärbar
sind die Entwickelungen, welche sich bei verschiedenen Genera
oder selbst Species nach der Befruchtung zeigen. Bei den
Warscewiczellen zum Beispiel schwillt nicht allein der Frucht=
knoten, sondern die ganze Säule an. Phalaenopsis Ludde-
manniana ist besonders merkwürdig. Die schönen Streifen und
Flecken in rosa, braun und purpur nehmen sofort eine grün=
liche Färbung an. Einige Tage später löst sich, wie Be=
obachter behaupten, die Lippe mit einen Ruck ab, dann werden
die Petalen und Sepalen, welche übrig bleiben, fleischiger,
dicker und dicker, während die Nüancen verblassen und das

13*

Grün zunimmt, bis sie endlich die Form einer unregelmäßigen Blüte aus festem grünem Wachs annehmen.

Unser Cypripedium wird den Samen in ungefähr 12 Monaten, vielleicht auch etwas mehr oder weniger Zeit reifen. Dann platzt die Kapsel, welche 2½ cm lang ist und 1 cm im Durchmesser hat. Herr Maynard, verantwortlicher Leiter dieser Abteilung im Geschäft von F. Sander und Co. in St. Albans, schneidet sie ab, öffnet sie weit, und streut die Tausende von Samen, vielleicht 150000, über Töpfe, in denen Orchideen wachsen. Nach unendlich vielen Versuchen hat sich dies Mittel am besten bewährt. Der Same, feiner als ein Staubkorn, beginnt sofort anzuschwellen, erreicht die Größe eines Senfkorns, und in fünf oder sechs Wochen, oder eben so viel Monaten, erscheint ein winziges Blättchen, dann eine kleine Wurzel, bald ein andres Blatt, und in vier bis fünf Jahren können wir die Blüte der Hybride erwarten. Natürlich sind sie lange zuvor in ihre besondern Töpfe gepflanzt worden.

Seltsame Ereignisse kommen oft bei derartigen Versuchen vor, wie man sich denken kann. Vor neun Jahren kreuzte Herr Godseff Catasetum macrocarpum mit Catasetum callosum. Der Same kam zur Reife und wurde zur rechten Zeit gesäet, jedoch keimte nichts an der betreffenden Stelle. Lange Zeit nachher bemerkte Herr Godseff ein kleines grünes Fleckchen in einer Spalte über der Thür desselben Hauses. Es wuchs und wuchs sehr schnell, obwohl es niemals Wasser bekam außer durch einen seltenen Zufall, bis die Kenner es für ein junges Catasetum erklären konnten, und hier ist es seitdem gewachsen, ohne daß ihm Aufmerksamkeit geschenkt wurde; denn es ist eine der Grundregeln der Orchideen-Kultur, eine Pflanze ungestört da zu lassen, wo sie sich wohl befindet, so fremdartig auch die Umstände erscheinen mögen. Dieses Catasetumkorn fand, vom Winde fortgetragen, als es gesäet wurde, einen angemessenen Platz, wo es sich niederließ und lebendig wurde, während alle seine Gefährten, für welche besondere Vorkehrungen getroffen waren, ohne ein Lebenszeichen umkamen. Es gedeiht in der Feuchtigkeit des Hauses und in einigen Jahren wird es blühen. In einem anderen Falle fand man, als alle Hoffnung aufgegeben war, daß der ausgesäete Same aufgehen würde, unter dem hölzernen Gitterwerk, welches den Weg im Hause bildete, eine hübsche Anzahl von Sämlingen.

Der Liebhaber, welcher uns soweit mit Interesse gefolgt ist, wird fragen, wie lange es dauern kann, bis wir ein Resultat unseres Verfahrens erwarten können? Zuerst muß in Betracht gezogen werden, daß sich die Zeit mehr und mehr verkürzt, je nach den Erfahrungen, welche wir gemacht haben. Die folgende Aufstellung lasse ich unverändert, da sie von Herrn Veitch, unserer ältesten Autorität, in der letzten Auflage seines Buches gegeben wird. Doch auf der diesjährigen Ausstellung im Temple führte Herr Norman Cookson Cattleya William Murray, einen Abkömmling von Catt. Mendellii ✕ Catt. Lawrenceana, vor, eine herrliche Pflanze, welche ein Zeugnis erster Klasse erhielt und erst vier Jahre alt war.

Die schnellste Entwicklung hat man bis jetzt bei Calanthe Alexandri gefunden, mit welcher Herr Cookson ein Zeugnis erster Klasse von der Königlichen Gartenbau-Gesellschaft erwarb. Sie blühte innerhalb dreier Jahre nach der Befruchtung. Dendrobien sind vielleicht die, welche am frühesten Erfolg zeigen. Pflanzen sind innerhalb zweier Monate nach der Aussaat pikiert worden und haben im vierten Jahre geblüht. Dann folgen Phajus und Calanthe, Masdevallien; Chysis und Cypripedien erfordern vier oder fünf Jahre, Lycasten sieben bis acht, Laelien und Cattleyen zehn bis zwölf Jahre. Dies sind Herrn Veitch's Berechnungen im allgemeinen, aber es giebt, wie sich denken läßt, unendliche Abweichungen. So blühte seine Laelia triophthalma im achten Jahre, während seine Laelia caloglossa bis zum neunzehnten zögerte. Be= sonders eigentümliche Streiche macht die Gattung Zygope- talum. Z. maxillare gekreuzt mit Z. Mackayi verlangt fünf Jahre bis zum Blühen, aber neun Jahre im umgekehrten Falle. Ein ähnlicher Fall ist auch unter den Cypripedien zu finden. C. Schlimii, gekreuzt mit C. longifolium, blüht in vier Jahren, umgekehrt aber in sechs. Es kann daher nicht in Abrede gestellt werden, daß die Belohnung des Züchters lange auf sich warten läßt; um so ernster sollte man daher bei den Kreuzungen darauf bedacht sein, Resultate anzustreben, welche des Wartens wert sind.

Druck von Fr. Stollberg in Merseburg.